精 品 课 程 新 形 态 教 材
21 世纪应用型人才培养规划教材
"双 创"型人才培养优秀教材

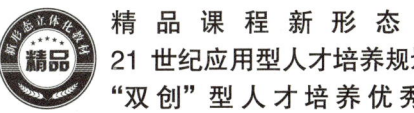

大学语文

主　编　康道军　高世江　李灵通
副主编　姜　燕　向春琳　高艳霞
　　　　谭乐园　何　琳　谢慧蓉
　　　　周　敏

DAXUE
YUWEN

湖南大学出版社·长沙

内 容 简 介

本书在内容的设计和编排上以主题的形式呈现,增强了内容的趣味性,提高了学生的可接受性。本书精选古今中外名家名作,既注重优秀传统文化的审美熏陶,也注重现代人文观念的思想启迪。本书依次从"家国情怀、人格品性、仰望星空、责任担当、生命哲思、风华正茂、情深义重、自信人生、尊师重道"九个与当代大学生紧密相连的话题入手,培养学生的人文素养和语文能力。

本书既可以作为高校的通识课教材,也可作为文学读本进行鉴赏。

图书在版编目(CIP)数据

大学语文/康道军,高世江,李灵通主编. — 长沙:
湖南大学出版社,2021.8(2024.1 重印)
ISBN 978-7-5667-2284-3

Ⅰ.①大… Ⅱ.①康… ②高… ③李… Ⅲ.①大学语
文课 Ⅳ.①H193.9

中国版本图书馆 CIP 数据核字(2021)第 171680 号

大 学 语 文

DAXUE YUWEN

主　　编:康道军　高世江　李灵通
责任编辑:张建平
特约编辑:吴　斌
印　　装:涿州汇美亿浓印刷有限公司
开　　本:787mm×1 092mm　1/16　印张:16.5　字数:370 千字
版　　次:2021 年 8 月第 1 版　印次:2024 年 1 月第 2 次印刷
书　　号:ISBN 978-7-5667-2284-3
定　　价:48.00 元

出 版 人:李文邦
出版发行:湖南大学出版社
社　　址:湖南·长沙·岳麓山　邮　　编:410082
电　　话:0731-88822559(营销部),88820006(编辑室),88821006(出版部)
传　　真:0731-88822264(总编室)
网　　址:http://www.hnupress.com
电子邮箱:3004394696@qq.com

前　言

　　党的二十大报告指出，教育、科技、人才是全面建设社会主义现代化国家的基础性、战略性支撑，科技进步靠人才，人才培养靠教育，教育是人才培养和科技创新的根基，科技创新将为教育注入新动能。本书以培养应用性新型专业人才为目标，以充实当前大学语文课程资源为职责，以继承借鉴开拓创新为追求。体现语文教学的基础性、工具性、人文性特质。着力于在基础教育的层面上，更进一步培植高校学子热爱祖国语言文字的情感，强化母语听、说、读、写基础知识与基本技能，致力于提高语文素养，提升人文精神。

　　基于以上，我们确立了本教材编写的总目标，即充分发挥语文学科在育人方面的功能，从语文学科性质、社会发展对人才的需求、学生实际情况等方面出发，着眼于学生人文精神、文化素养的全面提升。根据这一目标，本教材在体例上打破按照文体或文学史编写的传统成书体式，以"家国情怀、人格品性、仰望星空、责任担当、生命哲思、风华正茂、情深义重、自信人生、尊师重道"九个话题结构全书。在这样的体例安排中，我们力图从文化思想的大范畴领域中建构起一个人文素质教育的网络，让学生能在语文课堂上培养出关心和思考人生、社会、自然、心灵等层面问题的兴趣与能力。

　　本书在选篇上注重内容的丰满与多样性，精选古今中外文质兼美的作品，体裁涉及诗歌、散文、小说、戏剧、杂文和应用文等，做到既重经典，亦重时文，体现时代特色与地域特色。让学子从中领悟到中华民族人文精神的悠久与深邃，母语的优美与广博，知识技能学用的要诀与乐趣。

　　本教材还有一个较为突出的特点，即强化语文教育的实用功能。即文学作品源于生活，高于生活，一定要还原回来指导生活，把学生的思维视角从文学作品带到现实生活中，引导学生观察生活，洞悉社会，明辨是非，选择人生，这也将是今后教学中教师要把握好的一点。

　　在此感谢陈武、鲁春全、冯天云、曾小凤、陈思剑、何渝红、赵小敏、袁春、张姝、王雪佩、尤文双、葛虹局、廖荣娟、王红、陈君、范家灵对本书的出版提出的宝贵意见。

　　由于时间仓促，加之水平有限，本教材难免有不妥之处，欢迎各界专家和读者朋友批评指正。

编　者

目 录

大学语文

目录

第一单元　家国情怀

诗人艾青有句名言：为什么我的眼里常含泪水，因为我对这土地爱得深沉。家国情怀是一种源自内心的质朴情感，也可说是每个人的立身之本。对于当代青年来说，只有常怀感恩之心、砥砺家国情怀，才能自觉地把个人的前途命运与国家、民族、社会紧密地融合在一起。爱我河山、恋我家园，戍边守疆、上下求索。要把家国情怀内化于心、外化于行，铭刻于骨、融化于血。没有伟大的国家和民族，就难言个人的尊严。无论何时，我们都应将家国情怀牢记在心。

使至塞上[1]

王　维

> 本诗选自《全唐诗》。
>
> 王维（701—761，一说699—761），唐代著名诗人，字摩诘，号摩诘居士，河东蒲州（今山西永济）人，祖籍山西祁县。开元九年（721），王维中进士，后历官右拾遗、监察御史、河西节度使判官。唐玄宗天宝年间王维拜吏部郎中、给事中。安禄山攻陷长安时王维被迫受伪职，长安收复后被责授太子中允，唐肃宗乾元年间任尚书右丞，故世称"王右丞"。王维参禅信道，精通诗、书、画、音乐等，以诗名盛于开元、天宝间，尤长五言，多咏山水田园，与孟浩然合称"王孟"。王维精通佛学，受禅宗影响很大，其名和字皆源于佛经《维摩诘经》，其人亦被称作"诗佛"。王维书画各臻其妙，后人推其为南宗山水画之祖，苏轼评价"味摩诘之诗，诗中有画；观摩诘之画，画中有诗"，现存诗400余首，代表诗作有《相思》《山居秋暝》等，留有《王右丞集》传世。

单车[2]欲问边[3]，属国[4]过居延[5]。

征蓬[6]出汉塞，归雁[7]入胡天[8]。

大漠[9]孤烟[10]直，长河[11]落日圆。

萧关[12]逢候骑[13]，都护[14]在燕然[15]。

【注释】

【1】使至塞上：奉命出使边塞。使，出使。

【2】单车：一辆车，车辆少，这里形容轻车简从。

【3】问边：到边塞去察看，指慰问守卫边疆的官兵。

【4】属国：一可指少数民族附属于汉族朝廷而存其国号者，汉唐两朝均有一些属国；二可指官名，秦汉时有一种官职名为典属国，苏武归汉后即授典属国官职，唐人有时以"属国"代称出使边陲的使臣。

【5】居延：地名，汉代称居延泽，唐代称居延海，在今内蒙古额济纳旗北境。一般注本均言王维路过居延，然而王维此次出使实际上无须经过居延，因而林庚、冯沅君主编的《中国历代诗歌选》认为此句是写唐王朝"边塞的辽阔，附属国直到居延以外"。

【6】征蓬：随风飘飞的蓬草，此处为诗人自喻。

【7】归雁：雁是候鸟，春天北飞，秋天南行，这里是指大雁北飞。

【8】胡天：胡人的领空。这里是指唐军占领的北方之地。

【9】大漠：大沙漠，此处大约是指凉州之北的沙漠。

【10】孤烟：一可指古代边防报警时燃狼粪，"其烟直而聚，虽风吹之不散"；二可指塞外多旋风"袅烟沙而直上"；三也可指唐代边防使用的平安火。

【11】长河：指流经凉州（今甘肃武威）以北沙漠的一条内陆河，这条河在唐代叫马成河，疑即今石羊河。

【12】萧关：古关名，又名陇山关，故址在今宁夏固原东南。

【13】候骑：负责侦察、通信的骑兵。王维出使河西并不经过萧关，此处化用何逊诗"候骑出萧关，追兵赴马邑"之意，非实写。

【14】都护：唐朝在西北边疆置安西、安北等六大都护府，其长官称都护，每府派大都护一人、副都护二人，负责辖区一切事务。这里指前敌统帅。

【15】燕然：燕然山，即今蒙古国杭爱山。东汉窦宪北破匈奴，曾于此刻石记功。这里代指前线。

【点评】

这是诗人奉命赴边疆慰问将士途中所作的一首纪行诗，记述出使塞上的旅程以及旅程中所见的塞外风光。诗人把笔墨重点用在了他最擅长的方面——写景。作者出使，恰在春天，途中见数行归雁北翔，诗人即景设喻，用归雁自比，既叙事，又写景，一笔两到，贴切自然。尤其是"大漠孤烟直，长河落日圆"一联，写进入边塞后所看到的塞外奇特壮丽的风光，画面开阔，意境雄浑，近人王国维称之为"千古壮观"的名句。

【思考探究】

1. 诵读名句"大漠孤烟直，长河落日圆"，体悟意境，画出你想象的图景？
2. 背诵全诗，畅想大漠塞外风光，面对如此大好河山，有什么环游祖国的计划？

满江红

岳 飞

本词选自《全宋词》。

岳飞（1103—1142），字鹏举，相州汤阴（今河南汤阴县）人，南宋抗金名将，中国历史上著名军事家、战略家。他于北宋末年投军。从1128年遇宗泽起到1141年为止的十余年间，率领岳家军同金军进行了大小数百次战斗，所向披靡，官至枢密副使，封武昌郡开国公。公元1140年完颜宗弼进兵河南，岳飞出兵反击，先后收复郑州、洛阳等地，又于郾城（今漯河市）大败金军，进军朱仙镇。宋高宗、秦桧却一意求和，以十二道金字牌下令退兵，岳飞在孤立无援之下被迫班师。在宋金议和过程中，岳飞遭受秦桧等人的诬陷被捕入狱，于1142年1月以"莫须有"的"谋反"罪名与长子岳云及部将张宪一同被害。宋孝宗时岳飞冤狱被平反，改葬于西子湖畔栖霞岭，孝宗时追谥武穆，宁宗时追封鄂王，理宗时改谥忠武。明徐阶编《岳武穆遗文》一卷，词存三首。

怒发冲冠，凭阑处，潇潇[1]雨歇。抬望眼，仰天长啸[2]，壮怀激烈。三十功名尘与土[3]，八千里路云和月[4]。莫等闲[5]，白了少年头，空悲切！

靖康耻[6]，犹未雪；臣子恨，何时灭。驾长车，踏破贺兰山[7]缺。壮志饥餐胡虏肉，笑谈渴饮匈奴血。待从头，收拾旧山河，朝天阙[8]！

【注释】

【1】潇潇：形容雨势急骤。

【2】长啸：感情激动时撮口发出清而长的声音，为古人的一种抒情举动。

【3】三十功名尘与土：年已三十，建立了一些功名，不过很微不足道。

【4】八千里路云和月：形容南征北战路途遥远、披星戴月。

【5】等闲：轻易，随便。

【6】靖康耻：宋钦宗靖康二年（1127），金兵攻陷汴京，掳走徽、钦二帝。

【7】贺兰山：贺兰山脉位于宁夏回族自治区与内蒙古自治区交界处。

【8】朝天阙：朝见皇帝。天阙，本指宫殿前的楼观，此指皇帝生活的地方。

【点评】

一般认为，本词是岳飞于宋高宗绍兴十年（1140）七月下旬奉诏被迫班师到入狱之间的一年多时间里所作。作品显示了岳飞极致的愤怒，反映了作者心情的郁闷和沉重，表现了作者抗击金兵、收复故土、恢复河山的强烈愿望，同时充分展现了岳飞的大无畏英雄气概，洋溢着强烈的爱国主义激情，永远激励着中华儿女的爱国情怀。

在封建社会，古人往往都把忠君等同于爱国的表现，因此作品中建功立业的追求、忠君的思想与爱国的精神常常紧密结合。全词以"怒啸"始，以"笑谈"终，一气贯之，气势磅礴，感情激愤，清代陈廷焯在《白雨斋词话》评曰："何等气概！何等志向！千载下读之，凛凛有生气焉。'莫等闲'二语，当为千古箴铭。"

 【思考探究】

1. 词中的哪几句是作者"仰天长啸，壮怀激烈"的原因？请加以分析说明。

2. 这首词是一首穿云裂石、激昂悲壮的杰作，请反复诵读作品，从中摘出你最喜爱的句子，说说你喜爱的理由。

水龙吟·登建康赏心亭

辛弃疾

> 辛弃疾（1140—1207），原字坦夫，改字幼安，别号稼轩，历城（今山东济南）人，南宋豪放派词人、爱国将领，亦有"词中之龙"之称，其与苏轼合称"苏辛"，与李清照并称"济南二安"。他出生在金兵占领区，21岁参加抗金义军，不久回归南宋，历任湖北、江西、湖南、福建、浙东安抚使等职，一生力主抗金，曾上《美芹十论》与《九议》，条陈战守之策。由于辛弃疾的抗金主张与当政的主和派政见不合，因而被贬落职，退隐江西上饶、铅山一带。开禧北伐前后，相继被起用为绍兴知府、镇江知府、枢密都承旨等职，开禧三年（1207），辛弃疾病逝，享年六十八，后赠少师，谥号"忠敏"，现存词六百多首，有词集《稼轩长短句》等传世。

　　楚天千里清秋，水随天去秋无际。遥岑[1]远目，献愁供恨，玉簪螺髻[2]。落日楼头，断鸿[3]声里，江南游子。把吴钩[4]看了，阑干拍遍，无人会，登临意。

　　休说鲈鱼堪脍[5]，尽西风，季鹰归未？求田问舍，怕应羞见，刘郎才气。[6]可惜流年，忧愁风雨[7]，树犹如此[8]！倩[9]何人唤取，红巾翠袖[10]，揾[11]英雄泪！

【注释】

【1】遥岑：远山。岑，小而高的山。

【2】玉簪螺髻：玉做的簪子，像海螺形状的发髻，这里比喻高矮和形状各不相同的山岭。

【3】断鸿：失群的孤雁。

【4】吴钩：古代吴地制造的一种宝刀。这里应该是以吴钩自喻，空有一身才华，但是得不到重用。唐·李贺《南园》："男儿何不带吴钩，收取关山五十州。"

【5】鲈鱼堪脍：用西晋张翰典。《世说新语·识鉴篇》记载：张翰在洛阳做官，在秋季西风起时，想到家乡莼菜羹和鲈鱼脍的美味，便立即辞官回乡。后来的文人将思念家乡称为莼鲈之思。

【6】"求田问舍"三句：《三国志·魏书·陈登传》，许汜曾向刘备抱怨陈登看不起他，"久不相与语，自上大床卧，使客卧下床"。刘备批评许汜在国家危难之际只知置地买房，"如小人（刘备自称）欲卧百尺楼上，卧君于地，何但上下床之间邪"。求田问舍，置地买房。刘郎，刘备。才气，胸怀，气魄。

【7】忧愁风雨：风雨，比喻飘摇的国势。化用宋·苏轼《满庭芳》："百年里，浑教是醉，三万六千场。思量，能几许，忧愁风雨，一半相妨。"

【8】树犹如此：用西晋桓温典。《世说新语·言语》："桓公北征经金城，见前为琅邪时种柳，皆已十围，慨然曰：'木犹如此，人何以堪！'攀枝执条，泫然流泪。"此处借以抒发自己不能抗击敌人、收复失地、虚度时光的感慨。

【9】倩：请托。

【10】红巾翠袖：女子装饰，代指女子。

【11】揾：擦拭。

 【点评】

　　这首词是作者在建康通判任上所作。全词就登临所见发挥，由写景进而抒情，将内心的感情写得既含蓄而又淋漓尽致。虽然出语沉痛悲愤，但整首词的基调还是激昂慷慨的，表现出辛词豪放的风格特色。辛弃疾一生以收复中原为志，以功业自许，却命途多舛、备受排挤、壮志难酬。但他收复中原的爱国信念始终没有动摇，他把满腔激情和对国家兴亡、民族命运的关切、忧虑，全部寄寓于词作之中。本词抒写力图恢复国家统一的爱国热情，倾诉壮志难酬的悲愤，对当时执政者的屈辱求和颇多遣责。

 【思考探究】

　　1. "遥岑远目，献愁供恨，玉簪螺髻"一句，景物描写具有怎样的特点？
　　2. 简要分析本词的表现手法和所表达的思想情怀。

 【相关链接】

出师表
诸葛亮

　　先帝创业未半而中道崩殂，今天下三分，益州疲弊，此诚危急存亡之秋也。然侍卫之臣不懈于内，忠志之士忘身于外者，盖追先帝之殊遇，欲报之于陛下也。诚宜开张圣听，以光先帝遗德，恢弘志士之气，不宜妄自菲薄，引喻失义，以塞忠谏之路也。

　　宫中府中，俱为一体；陟罚臧否，不宜异同。若有作奸犯科及为忠善者，宜付有司论其刑赏，以昭陛下平明之理，不宜偏私，使内外异法也。

　　侍中、侍郎郭攸之、费祎、董允等，此皆良实，志虑忠纯，是以先帝简拔以遗陛下。愚以为宫中之事，事无大小，悉以咨之，然后施行，必能裨补阙漏，有所广益。

　　将军向宠，性行淑均，晓畅军事，试用于昔日，先帝称之曰能，是以众议举宠为督。

愚以为营中之事，悉以咨之，必能使行阵和睦，优劣得所。

亲贤臣，远小人，此先汉所以兴隆也；亲小人，远贤臣，此后汉所以倾颓也。先帝在时，每与臣论此事，未尝不叹息痛恨于桓、灵也。侍中、尚书、长史、参军，此悉贞良死节之臣，愿陛下亲之信之，则汉室之隆，可计日而待也。

臣本布衣，躬耕于南阳，苟全性命于乱世，不求闻达于诸侯。先帝不以臣卑鄙，猥自枉屈，三顾臣于草庐之中，咨臣以当世之事，由是感激，遂许先帝以驱驰。后值倾覆，受任于败军之际，奉命于危难之间，尔来二十有一年矣。

先帝知臣谨慎，故临崩寄臣以大事也。受命以来，夙夜忧叹，恐托付不效，以伤先帝之明；故五月渡泸，深入不毛。今南方已定，兵甲已足，当奖率三军，北定中原，庶竭驽钝，攘除奸凶，兴复汉室，还于旧都。此臣所以报先帝而忠陛下之职分也。至于斟酌损益，进尽忠言，则攸之、祎、允之任也。

愿陛下托臣以讨贼兴复之效；不效，则治臣之罪，以告先帝之灵。若无兴德之言，则责攸之、祎、允等之慢，以彰其咎。陛下亦宜自谋，以咨诹善道，察纳雅言，深追先帝遗诏。臣不胜受恩感激。今当远离，临表涕零，不知所言。

扬州慢[1]

姜　夔

姜夔（1155？—1221？），字尧章，号白石道人，饶州鄱阳（今江西鄱阳县）人，南宋著名词人。

少时随父官游，父死后流寓于湖北、湖南一带。诗人萧德藻赏其才，以侄女妻之，同寓湖州（今浙江吴兴）。姜夔常往来于苏、杭一带，与名人范成大等多有交游。宋宁宗庆元年间他进献《大乐议》及《琴瑟考古图》于朝廷，但未受重视，后又献上《圣宋铙歌十二章》，终获诏参加礼部考试，仍不第。姜夔中年以后寄居、旅食于浙东、嘉兴、金陵，终身未仕，以布衣终。姜夔为诗初学江西诗派，后学陆龟蒙，尤以词著称，精于音律，能自度曲，词风清空峭拔，格调甚高，对南宋风雅词派颇有影响，有词集《白石道人歌曲》等传世。

淳熙丙申至日[2]，予过维扬[3]。夜雪初霁[4]，荠麦弥望[5]。入其城则四顾萧条，寒水自碧。暮色渐起，戍角悲吟[5]。予怀怆然，感慨今昔，因自度此曲[7]。千岩老人以为有《黍离》之悲也[8]。

淮左名都[9]，竹西佳处[10]，解鞍少驻初程[11]。过春风十里[12]，尽荠麦青青。自胡马窥江去后[13]，废池乔木，犹厌言兵[14]。渐黄昏，清角吹寒[15]，都在空城。

杜郎俊赏[16]，算而今重到须惊[17]。纵豆蔻词工，青楼梦好，难赋深情[18]。二十四桥仍在[19]，波心荡、冷月无声。念桥边红药[20]，年年知为谁生！

【注释】

【1】扬州慢：词牌名，这是作者的自度曲。

【2】淳熙丙申：宋孝宗淳熙三年（1176），岁次丙申。至日：冬至日。

【3】维扬：扬州。

【4】霁：雨后或雪后转晴。

【5】荠麦：荠菜、麦子。弥望：满眼。

【6】戍角：军营中吹奏的号角。

【7】自度：在旧有曲调外，自行谱制新曲。

【8】千岩老人：指萧德藻，字东夫，南宋诗人，晚年居湖州，自号千岩老人。《黍离》：《诗经·王风》中篇名，首句为"彼黍离离"，故以名篇，此诗是周大夫抒写故国之

思的篇章，后以"黍离"表示故国之思。

【9】淮左名都：宋设置淮南路（行政区划名），后分为东、西两路，淮东称淮左，以扬州为首府，故云。

【10】竹西佳处：指代扬州。杜牧《题扬州禅智寺》："谁知竹西路，歌吹是扬州。"

【11】少驻：短暂停留。初程：作者此时二十余岁，初至扬州，故云。程：旅程。

【12】春风十里：代指昔日繁华的扬州道上。杜牧《赠别》："春风十里扬州路，卷上珠帘总不如。"

【13】胡马窥江：指金兵南侵。宋高宗建炎三年（1129）金人初犯扬州。绍兴三十一年（1161）、隆兴二年（1164），淮南皆被侵。

【14】"废池"句：意谓扬州遭兵火后，荒废的池沼、尚存的大树，至今仍厌恶谈论战事。

【15】清角：声音凄楚苍凉的号角。

【16】杜郎：晚唐诗人杜牧。他曾担任淮南节度推官、掌书记，写过一些描绘扬州繁华的诗篇。俊赏：爱游赏风景。

【17】算：料想。

【18】"纵豆蔻"三句：意谓见到扬州今日的荒凉，杜牧即使再有才华，也写不出歌咏扬州繁华的诗篇了。纵：即使。豆蔻词工：指杜牧《赠别》诗，中有"娉娉袅袅十三余，豆蔻梢头二月初"的诗句。青楼梦好：指杜牧《遣怀》诗，中有"十年一觉扬州梦，赢得青楼薄幸名"二句。青楼：妓院。

【19】二十四桥：为扬州著名胜迹之一。杜牧《寄扬州韩绰判官》："二十四桥明月夜，玉人何处教吹箫？"

【20】红药：红芍药花。

[点评]

扬州在唐代原是一座繁华的历史名城，但到了南宋时，屡遭金人的侵凌蹂躏，已经萧条荒芜，其景象令人触目惊心。作者初游扬州，目睹今日之凄凉，追忆往昔之繁华，感而命笔，在词中寄寓了深沉的"黍离之悲"。

上片对当时扬州展开描绘，作者精心选择的是荠麦青青、废池乔木、清角吹寒等特征性景物，极写满目荒凉的"空城"景况。下片借助于种种虚拟景象，设想杜牧重到，也将惊于山河之异，在今昔对照中传达出感时伤乱的情怀。整首词运用了借景现情、化景物为情思的手法，其中"废池乔木，犹厌言兵"更具有主观感情色彩，表达了对战争的强烈谴责。

由于唐代诗人杜牧曾在扬州任职，留下了风流俊赏的佳话和不少歌咏扬州的诗篇，而作者早年亦以杜牧自许，故作者将初游扬州的现实见闻与杜牧歌咏扬州繁华的名句糅成一体，将诗境蕴入词境。现实意象与历史意象，在词作中构成了一种比衬关系，从而大大丰富了词作的意蕴。

【思考探究】

1. 何谓作者的"黍离之悲"？联系词前小序及词作予以说明。
2. 具体分析作者是如何"化景物为情思"的？
3. 作者为什么要在词中化用唐代诗人杜牧的咏扬州诗句？体会其表达作用。

【相关链接】

黍 离
《诗经》

　　彼黍离离，彼稷之苗。行迈靡靡，中心摇摇。知我者，谓我心忧；不知我者，谓我何求。悠悠苍天，此何人哉？

　　彼黍离离，彼稷之穗。行迈靡靡，中心如醉。知我者，谓我心忧；不知我者，谓我何求。悠悠苍天，此何人哉？

　　彼黍离离，彼稷之实。行迈靡靡，中心如噎。知我者，谓我心忧；不知我者，谓我何求。悠悠苍天，此何人哉？

指南录后序

文天祥

本文选自《文山先生全集》。

文天祥（1236—1283），字宋瑞，又字履善，自号文山，浮休道人，吉州庐陵（今江西吉安）人，南宋政治家、文学家。宋理宗宝祐四年（1256年），文天祥进士第一，中状元。德祐元年（1275年）元军南下攻宋，文天祥散尽家财，招募士卒勤王。后升任右丞相兼枢密使，奉命前往元军谈判，被扣留，后脱险，回南方重组军队，坚持抗元。祥兴元年（1278）兵败在五坡岭（今广东海丰北）被俘，被押送北方途中写下不朽诗篇《过零丁洋》。次年至大都（今北京），被囚四年，饱受折磨，坚持不降，誓死不屈，从容就义，终年四十七岁。狱中所作《正气歌》，尤被后世传诵，有《文山先生全集》传世。

德祐二年正月十九日，予除右丞相兼枢密使[1]，都督诸路军马。时北兵已迫修门[2]外，战、守、迁皆不及施。缙绅、大夫、士萃于左丞相府，莫知计所出。会使辙[3]交驰，北邀当国者[4]相见，众谓予一行为可以纾祸。国事至此，予不得爱身，意北亦尚可以口舌动也。初，奉使往来，无留北者，予更欲一觇[5]北，归而求救国之策。于是辞相印不拜，翌日，以资政殿学士行[6]。

初至北营，抗辞慷慨，上下颇惊动，北亦未敢遽轻吾国。不幸吕师孟构恶于前[7]，贾余庆献谄于后[8]，予羁縻不得还，国事遂不可收拾。予自度不得脱，则直前诟虏帅失信，数吕师孟叔侄为逆，但欲求死，不复顾利害。北虽貌敬，实则愤怒，二贵酋名曰"馆伴[9]"，夜则以兵围所寓舍，而予不得归矣。未几，贾余庆等以祈请使[10]诣北，北驱予并往，而不在使者之目。予分当引决[11]，然而隐忍以行，昔人云："将以有为也。"[12]

至京口，得间，奔真州，即具以北虚实告东西二阃[13]，约以连兵大举。中兴机会，庶几在此。留二日，维扬帅下逐客之令[14]，不得已，变姓名，诡踪迹，草行露宿，日与北骑相出没于长淮间。穷饿无聊，追购又急，天高地迥，号呼靡及。已而得舟，避诸洲，出北海，然后渡扬子江，入苏州洋，展转四明、天台，以至于永嘉。

呜呼！予之及于死者，不知其几矣。诋大酋，当死；骂逆贼，当死；与贵酋处二十日，争曲直，屡当死；去京口，挟匕首以备不测，几自刭死；经北舰十余里，为巡船所物色，几从鱼腹死；真州逐之城门外，几彷徨死；如扬州，过瓜洲扬子桥，竟使遇哨，无不死；扬州城下，进退不由，殆例送死；坐桂公塘土围中，骑数千过其门，几落贼手死；贾家庄几为巡徼所陵迫死；夜趋高邮，迷失道，几陷死；质明[15]，避哨竹林中，逻者数十骑，几无所逃死；至高邮，制府檄下，几以捕系死；行城子河，出入乱尸中，舟与哨相后先，几邂逅死；至海陵，如高沙，常恐无辜死；道海安、如皋，凡三百里，北与寇往来其间，无日而非可死；至通州，几以不纳死；以小舟涉鲸波[16]，出无可奈何，而死固付之席外矣！呜呼，死生昼夜事也。死而死矣，而境界危恶，层见错出，非人世所堪。痛定思痛，痛何如哉！

予在患难中，间以诗记所遭。今存其本，不忍废，道中手自抄录。使北营，留北关外，为一卷；发北关外，历吴门、毗陵，渡瓜洲，复还京口，为一卷；脱京口，趋真州、扬州、高邮、泰州、通州，为一卷；自海道至永嘉，来三山[17]，为一卷。将藏之于家，使来者读之，悲予志焉。

呜呼！予之生也幸，而幸生也何所为？[18]求乎为臣，主辱臣死有余僇[19]；所求乎为子，以父母之遗体行殆[20]，而死有余责。将请罪于君，君不许；请罪于母，母不许；请罪于先人之墓。生无以救国难，死犹为厉鬼以击贼，义也。赖天之灵，宗庙之福，修我戈矛，从王于师，以为前驱，雪九庙[21]之耻，复高祖之业，所谓"誓不与贼俱生"，所谓"鞠躬尽力，死而后已"，亦义也。嗟夫！若予者，将无往而不得死所矣！向也，使予委骨于草莽，予虽浩然无所愧怍，然微以自文于君亲[22]，君亲其谓予何！诚不自意，返吾衣冠[23]，重见日月[24]，使旦夕得正丘首[25]，复何憾哉！复何憾哉！

是年夏五，改元景炎，庐陵文天祥自序其诗，名曰《指南录》。

【注释】

【1】枢密使：宋朝所置掌管军事的最高长官，位与宰相等。

【2】修门：《楚辞·招魂》："魂兮归来，入修门些。"本指楚国郢都城门，这里代指南宋都城临安的城门。

【3】使辙：指使臣车辆。

【4】当国者：指宰相。

【5】觇：侦察，窥视。

【6】以资政殿学士行：以资政殿学士的身份前往。资政殿学士，宋朝给予离任宰相的荣誉官衔。

【7】吕师孟：时为兵部尚书，叛将吕文焕之侄。构恶：结怨。

【8】贾余庆：官同签书枢密院事。知临安府，后代文天祥为右丞相，时与文天祥同出使元营。献谄：《指南录·纪事》："予既絷维，贾余庆以逢迎继之。""献谄"之事当即指此。

【9】馆伴：接待外国使臣的人员。

【10】祈请使：奉表请降的使节。

【11】分：本分。引决：自杀。

【12】"昔人"句：作者在这里引用韩愈《张中丞传后叙》之语，意谓自己暂时隐忍，保全性命，以图有所作为。

【13】东西二阃：指宋淮东制置使李庭芝和淮西制置使夏贵。阃，城郭门限，这里代指在外统兵将帅。

【14】维扬帅：指淮东制置使李庭芝。维扬，扬州，当时为淮东制置使所驻之地。下逐客之令：文天祥到真州后，与真州安抚使苗再成计议，约李庭芝共破元军。李庭芝因听信谗言，怀疑文天祥通敌，令苗再成将其杀死，苗再成不忍，放文天祥脱逃。

【15】质明：黎明。

【16】涉鲸波：指出海。鲸波，指海中汹涌的大浪。

【17】三山：即今福建福州，因城中有闽山、越王山、九仙山，故名"三山"。

【18】"予之"句：我能活下来是幸运的，但侥幸生存是为了做什么呢？

【19】僇：通"戮"，"死有余僇"同"死有余戮"，犹死有余辜，形容罪大恶极，即使处死刑也抵偿不了所犯罪恶。

【20】以父母之遗体，行殆：《礼记·祭义》："不敢以先父母之遗体行殆。"父母遗体，父母授予自己的身体。殆，危险。

【21】九庙：皇帝祭祀祖先共有九庙，这里以九庙指代国家。

【22】微以：无以。自文：自我表白。

【23】返吾衣冠：回到我的衣冠之乡，即回到南宋。

【24】日月：这里指皇帝和皇后。

【25】使旦夕得正丘首：《礼记·檀弓上》："古之人有言曰：狐死正丘首，仁也。"传说狐狸死时，头必朝向出生时的山丘。作者用这个典故来表明不忘故国的情怀。

【点评】

宋恭帝德祐二年（1276）正月，元军兵临临安城下，南宋满朝文武惊慌失措。文天祥挺身而出，受命于危难之际，出使元营谈判。在敌人面前，文天祥慷慨陈词，力图挽狂澜于既倒，说服敌方撤军。元军扣留了文天祥，并于二月九日押解北上。二月二十九日夜，文天祥一行在镇江逃脱，历尽艰险，经真州等地到达通州，然后航海南下，先到温州，再转福州。他把患难之中所写的诗编成《指南录》，写有自序，每首诗前，多有小序，故该文称后序。文章叙述了他出使元军、被驱北行、中途逃脱、辗转回到永嘉的艰险遭遇，生动再现了作者颠沛流离的艰辛和遭遇困厄的苦况，表达了作者坚强不屈的民族气节和万死不辞的爱国主义精神。

【思考探究】

文天祥被拘留时"但欲求死"，后来随祈请使北行，理当自杀而"隐忍以行"，这两种做法是否矛盾？

【相关链接】

过零丁洋

文天祥

辛苦遭逢起一经，干戈寥落四周星。

山河破碎风飘絮，身世浮沉雨打萍。

惶恐滩头说惶恐，零丁洋里叹零丁。

人生自古谁无死？留取丹心照汗青。

少年中国说

梁启超

梁启超（1873—1929）字卓如，一字任甫，号任公，又号饮冰室主人、饮冰子、哀时客、中国之新民、自由斋主人，广东新会县（今广东省江门市新会区）人，中国近代政治家、文学家。他是康有为弟子，师生二人于清末同倡变法维新，人称"康梁"。戊戌变法失败后逃亡日本。他主要介绍西方政治学说，鼓吹君主立宪，反对民主革命。辛亥革命后一度入袁世凯政府，担任司法总长，之后对袁世凯称帝、张勋复辟等严词抨击，并加入段祺瑞政府。1916年策动蔡锷起兵反袁。他倡导新文化运动，支持五四运动。晚年历任东南大学、清华研究院教授。曾先后主编《时务报》、《清议报》、《新小说》等。所作政论文条理清晰、平易畅达，笔锋犀利，感情奔放；倡导"诗界革命"和"小说界革命"为新诗的产生和小说取得文坛的正宗地位作出了贡献。其著作编为《饮冰室合集》。

日本人之称我中国也，一则曰老大帝国，再则曰老大帝国。是语也，盖袭译欧西人[1]之言也。呜呼！我中国其果老大矣乎？梁启超曰：恶[2]！是何言！是何言！吾心目中有一少年中国在！

欲言国之老少，请先言人之老少。老年人常思既往，少年人常思将来。惟思既往也，故生留恋心；惟思将来也，故生希望心。惟留恋也，故保守；惟希望也，故进取。惟保守也，故永旧；惟进取也，故日新。惟思既往也，事事皆其所已经者，故惟知照例；惟思将来也，事事皆其所未经者，故常敢破格。老年人常多忧虑，少年人常好行乐。惟多忧也，故灰心；惟行乐也，故盛气。惟灰心也，故怯懦；惟盛气也，故豪壮。惟怯懦也，故苟且；惟豪壮也，故冒险。惟苟且也，故能灭世界；惟冒险也，故能造世界。老年人常厌事，少年人常喜事。惟厌事也，故常觉一切事无可为者；惟好事也，故常觉一切事无不可为者。老年人如夕照，少年人如朝阳；老年人如瘠牛，少年人如乳虎；老年人如僧，少年人如侠；老年人如字典，少年人如戏文；老年人如鸦片烟，少年人如泼兰地酒；老年人如别行星之陨石，少年人如大洋海之珊瑚岛；老年人如埃及沙漠之金字塔[3]，少年人如西伯利亚之铁路；老年人如秋后之柳，少年人如春前之草；老年人如死海之潴[4]为泽，少年人如长江之初发源。此老年与少年性格不同之大略也。任公曰：人固有之，国亦宜然。

梁启超曰：伤哉，老大也！浔阳江头琵琶妇，当明月绕船，枫叶瑟瑟，衾寒于铁，似梦非梦之时，追想洛阳尘中春花秋月之佳趣[5]。西宫南内，白发宫娥，一灯如穗，三五对坐，谈开元、天宝间遗事，谱《霓裳羽衣曲》[6]。青门种瓜人，左对孺人，顾弄孺子，忆侯门似海、珠履杂沓之盛事[7]。拿破仑之流于厄蔑，阿剌飞之幽于锡兰，与三两监守吏，或过访之好事者，道当年短刀匹马驰骋中原，席卷欧洲，血战海楼，一声叱咤，万国震恐之丰功伟烈[8]，初而拍案，继而抚髀[9]，终而揽镜。呜呼，面皱齿尽，白发盈把，颓然老矣！若是者，舍幽郁[10]之外无心事，舍悲惨之外无天地，舍颓唐之外无日月，舍叹息之外无音声，舍待死之外无事业。美人豪杰且然，而况寻常碌碌者耶？生平亲友，皆在墟墓；起居饮食，待命于人。今日且过，遑知他日？今年且过，遑恤明年？普天下灰心短气之事，未有甚于老大者。于此人也，而欲望以擎云[11]之手段，回天之事功，挟山超海[12]之意气，能乎不能？

呜呼！我中国其果老大矣乎？立乎今日以指睇昔，唐虞三代[13]，若何之郅治[14]；秦皇汉武，若何之雄杰；汉唐来之文学，若何之隆盛；康乾间之武功，若何之炬赫。历史家所铺叙，词章家所讴歌，何一非我国民少年时代良辰美景、赏心乐事之陈迹哉！而今颓然老矣！昨日割五城，明日割十城，处处雀鼠尽，夜夜鸡犬惊。十八省[15]之土地财产，已为人怀中之肉；四百兆[16]之父兄子弟，已为人注籍之奴[17]，岂所谓"老大嫁作商人妇[18]"者耶？呜呼！凭君莫话当年事，憔悴韶光不忍看！楚囚相对[19]，岌岌顾影，人命危浅，朝不虑夕。国为待死之国，一国之民为待死之民。万事付之奈何，一切凭人作弄，亦何足怪！

梁启超曰：我中国其果老大矣乎？是今日全地球之一大问题也。如其老大也，则是中国为过去之国，即地球上昔本有此国，而今渐渐灭，他日之命运殆将尽也；如其非老大也，则是中国为未来之国，即地球上昔未现此国，而今渐发达，他日之前程且方长也。欲断今日之中国为老大耶？为少年耶？则不可不先明"国"字之意义。夫国也者，何物也？有土地，有人民，以居于其土地之人民，而治其所居之土地之事，自制法律而自守之；有主权，有服从，人人皆主权者，人人皆服从者。夫如是，斯谓之完全成立之国，地球上之有完全成立之国也，自百年以来也。完全成立者，壮年之事也；未能完全成立而渐进于完全成立者，少年之事也。故吾得一言以断之曰：欧洲列邦在今日为壮年国，而我中国在今日为少年国。

夫古昔之中国者，虽有国之名，而未成国之形也。或为家族之国，或为酋长之国，或为诸侯封建之国，或为一王专制之国。虽种类不一，要之，其于国家之体质也，有其一部而缺其一部。正如婴儿自胚胎以迄成童，其身体之一二官支[20]，先行长成，此外则全体虽粗具，然未能得其用也。故唐虞以前为胚胎时代，殷周之际为乳哺时代，由孔子而来至于今为童子时代。逐渐发达，而今乃始将入成童以上少年之界焉。其长成所以若是之迟者，则历代之民贼有窒其生机者也。譬犹童年多病，转类老态，或且疑其死期之将至焉，而不知皆由未完全、未成立也。非过去之谓，而未来之谓也。

且我中国畴昔，岂尝有国家哉？不过有朝廷耳！我黄帝子孙，聚族而居，立于此地球之上者既数千年，而问其国之为何名，则无有也。夫所谓唐、虞、夏、商、周、秦、汉、魏、晋、宋、齐、梁、陈、隋、唐、宋、元、明、清者，则皆朝名耳。朝也者，一家之私产也；国也者，人民之公产也。朝有朝之老少，国有国之老少。朝与国既异物，则不能以朝之老少而指为国之老少明矣。文、武、成、康[21]，周朝之少年时代也；幽、厉、桓、赧[22]，则其老年时代也。高、文、景、武[23]，汉朝之少年时代也。元、平、桓、灵[24]，则其老年时代也。自余历朝，莫不有之。凡此者谓为一朝廷之老也则可，谓为一国之老也则不可。一朝廷之老且死，犹一人之老且死也，于吾所谓中国者何与焉？然则，吾中国者，前此尚未出现于世界，而今乃始萌芽云尔。天地大矣，前途辽矣。美哉我少年中国乎！

玛志尼者，意大利三杰之魁也，以国事被罪，逃窜异邦，乃创立一会，名曰"少年意大利"。举国志士，云涌雾集以应之，卒乃光复旧物，使意大利为欧洲之一雄邦。夫意大利者，欧洲之第一老大国也。自罗马亡后，土地隶于教皇，政权归于奥国，殆所谓老而濒于死者矣。而得一玛志尼，且能举全国而少年之，况我中国之实为少年时代者耶！堂堂四百余州之国土，凛凛四百余兆之国民，岂遂无一玛志尼其人者！

龚自珍氏之集有诗一章，题曰《能令公少年行》[25]。吾尝爱读之，而有味乎其用意之所存。我国民而自谓其国之老大也，斯果老大矣；我国民而自知其国之少年也，斯乃少年矣。西谚有之曰："有三岁之翁，有百岁之童。"然则，国之老少，又无定形，而实随国民之心力以为消长者也。吾见乎玛志尼之能令国少年也，吾又见乎我国之官吏士民能令国老大也。吾为此惧！夫以如此壮丽浓郁、翩翩绝世之少年中国，而使欧西、日本人谓我为老大者，何也？则以握国权者皆老朽之人也。非哦几十年八股，非写几十年白折[26]，非当几十年差，非挨几十年俸，非递几十年手本[27]，非唱几十年诺[28]，非磕几十年头，非请几十年安，则必不能得一官、进一职。其内任卿贰[29]以上、外任监司以上者，百人之中，其五官不备[30]者，殆九十六七人也。非眼盲则耳聋，非手颤则足跛，否则半身不遂也。彼其一身饮食、步履、视听、言语，尚且不能自了，须三四人左右扶之捉之，乃能度日，于此而乃欲责之以国事，是何异立无数木偶而使治天下也！且彼辈者，自其少壮之时既已不知亚细亚、欧罗巴为何处地方，汉祖唐宗是那朝皇帝，犹嫌其顽钝腐败之未臻其极，又必搓磨[31]之，陶冶之，待其脑髓已涸，血管已塞，气息奄奄，与鬼为邻之时，然后将我二万里山河，四万万人命，一举而畀于其手。呜呼！老大帝国，诚哉其老大也！而彼辈者，积其数十年之八股、白折、当差、挨俸、手本、唱喏、磕头、请安，千辛万苦，千苦万辛，乃始得此红顶花翎[32]之服色，中堂大人[33]之名号，乃出其全副精神，竭其毕生力量，以保持之。如彼乞儿拾金一锭，虽轰雷盘旋其顶上，而两手犹紧抱其荷包，他事非所顾也，非所知也，非所闻也。于此而告之以亡国也，瓜分也，彼乌从而听之，乌从而信之！即使果亡矣，果分矣，而吾今年七十矣，八十矣，但求其一两年内，洋人不来，强盗不起，我已快活过了一世矣！若不得已，则割三头两省[34]之土地奉申贺敬，以换我几个衙门；卖三几百万之人民作仆为奴，以赎我一条老命，有何不可？有何难办？呜呼！今之所谓老后、老臣、老将、老吏者，其修身齐家治国平天下之手段，皆具于是矣。"西风一夜催人老，凋尽朱颜白尽头。"使走无常^[35]当医生，携催命符以祝寿，嗟乎痛哉！以此为国，是安得不老且死，且吾恐其未及岁而殇也。

梁启超曰：造成今日之老大中国者，则中国老朽之冤业也；制出将来之少年中国者，则中国少年之责任也。彼老朽者何足道，彼与此世界作别之日不远矣，而我少年乃新来而与世界为缘。如僦屋^[36]者然，彼明日将迁居他方，而我今日始入此室处。将迁居者，不爱护其窗棂，不洁治其庭庑^[37]，俗人恒情，亦何足怪！

若我少年者，前程浩浩，后顾茫茫。中国而为牛为马为奴为隶，则烹脔鞭棰^[38]之惨酷，惟我少年当之；中国如称霸宇内，主盟地球，则指挥顾盼之尊荣，惟我少年享之。于彼气息奄奄与鬼为邻者何与焉？彼而漠然置之，犹可言也；我而漠然置之，不可言也。使举国之少年而果为少年也，则吾中国为未来之国，其进步未可量也；使举国之少年而亦为老大也，则吾中国为过去之国，其澌亡可翘足而待也。

故今日之责任，不在他人，而全在我少年。少年智则国智，少年富则国富，少年强则国强，少年独立则国独立，少年自由则国自由，少年进步则国进步，少年胜于欧洲则国胜于欧洲，少年雄于地球则国雄于地球。红日初升，其道大光^[39]。河出伏流，一泻汪洋。潜龙腾渊，鳞爪飞扬。乳虎啸谷，百兽震惶。鹰隼试翼，风尘吸张。奇花初胎，矞矞皇皇^[40]。干将发硎^[41]，有作其芒。天戴其苍，地履其黄。纵有千古，横有八荒。前途似海，来日方长。美哉我少年中国，与天不老！壮哉我中国少年，与国无疆！

"三十功名尘与土，八千里路云和月。莫等闲，白了少年头，空悲切。"此岳武穆《满江红》词句也，作者自六岁时即口授记忆，至今喜诵之不衰。自今以往，弃"哀时客"之名，更自名曰"少年中国之少年"。

【注释】

【1】欧西人：泛指西方英、法、美等国的人。

【2】恶：表示感叹的助词，犹"唉"，这里有反对的意思。

【3】金字塔：古代埃及法老墓，以石筑成，底面为四方形，侧面作三角形之方尖塔，望之状如"金"字，故译名"金字塔"。"金字塔"与下句"铁路"对举，取其古雅而无实用意。

【4】死海：湖名，一名咸海。因水中含盐量高，鱼类不生，故名。在以色列、约旦和巴勒斯坦间。潴：聚积的水流。

【5】"浔阳"句：用白居易《琵琶行》诗所写的故事。琵琶妇原是长安歌女（此处误为洛阳歌女），老大嫁作商人妇。商人离她经商而去。在浔阳江头的夜晚，枫叶瑟瑟，她回想往事，有不胜零落之感。浔阳江，在今九江市北，长江流经九江市的一段。

【6】"西宫"句：就白居易《长恨歌》所咏唐玄宗与杨贵妃事，用元稹《行宫》"白头宫女在，闲坐说玄宗"诗意，谓安史之乱后，白头宫人忆及当年事，备感凄凉。西宫，

唐太极宫；南内，唐兴庆宫。李隆基自蜀返京后，先居兴庆宫，后迁太极宫。《霓裳羽衣曲》，本名《婆罗门曲》，传为开元中西凉节度使杨敬述所献。传说李隆基梦游月宫，听诸仙奏曲，默记其调，醒后令乐工谱成。

【7】"青门"句：用汉初邵平故事。邵平在秦末为东陵侯。秦亡后，在长安东门外种瓜为生。此句谓邵平回想当年的繁华，颇为感伤。青门，汉长安东门。孺人，古代大夫之妻称孺人，明、清两代七品官的妻子封孺人。珠履，用珠子装饰的鞋。杂沓，杂乱。

【8】伟烈：丰功伟绩。烈，功绩。贾谊《过秦论》："及至始皇，奋六世之余烈，振长策而御宇内。"

【9】抚髀：以手拍股，表示振奋或感叹。《三国志·蜀志·先主传》裴注引《九州春秋》："备住荆州数年，尝于（刘）表坐起至厕，见髀里肉生，慨然流涕。还坐，表怪问备，备曰：'吾常身不离鞍，髀肉皆消；今不复骑，髀里肉生。日月若驰，老将至矣，而功业不建，是以悲耳！'"髀，大腿。

【10】幽郁：深沉的忧郁。

【11】拏云：上干云霄之意。李贺《致酒行》："少年心事当拏云。"

【12】挟山超海：喻英雄壮举。《孟子·梁惠王上》："挟太山以超北海。"

【13】唐虞三代：指唐尧、虞舜和夏、商、周三代。

【14】郅治：至治，把国家治理得太平强盛。郅，极，至。

【15】十八省：清初全国共分十八个省。光绪末年增至二十三省，但人们习惯上仍称十八省。

【16】四百兆：四亿，当时中国有四亿人口。

【17】注籍之奴：登记入奴籍的人。这里指失去自由的人。

【18】老大嫁作商人妇：白居易《琵琶行》中的诗句。

【19】楚囚相对：喻遇到强敌，窘迫无计。《晋书·王导传》载，晋元帝时，国家动乱，中州人士纷纷避乱江左。"过江人士，每至暇日，相要出新亭饮宴。周顗中坐而叹曰：'风景不殊，举目有江河之异。'皆相视流涕。惟（王）导愀然变色曰：'当共勠力王室，克复神州，何至作楚囚相对泣邪？'"

【20】官支：五官、四肢。

【21】文、武、成、康：周朝初年的几代帝王。周文王奠定了灭商的基础；周武王灭商建立周朝；成王、康王把国家治理得非常强盛，史称"成康之治"。所以下句将其比作周朝的少年时代。

【22】幽、厉、桓、赧：指周幽王、厉王、桓王、赧王。幽王宠褒姒，废申后，申侯联合犬戎攻周，幽王被杀，西周灭亡。周厉王暴虐，被流放于彘（今山西霍州）。周桓王时，东周王室衰落。周赧王死后不久，东周灭亡。

【23】高、文、景、武：指汉初四代皇帝。汉高祖灭秦、楚，建立汉王朝。文帝、景帝发展生产，国家强盛，史称"文景之治"。武帝重武功，国力强盛。

【24】 元、平、桓、灵：汉元帝、平帝、桓帝、灵帝。汉元帝时，西汉开始衰落。汉平帝死后不久，王莽篡国，西汉灭亡。桓帝、灵帝是东汉末年的两代帝王，其执政期间外戚、宦官专权，政治黑暗，为东汉灭亡种下了祸根。

【25】《能令公少年行》：龚自珍抒怀之诗，收入《定庵全集》，原意是说一个人不追求名利，放宽胸怀，就能永葆青春。这里取其永葆青春意。

【26】 白折：清代科举应试的试卷之一。殿试取中进士后，还要进行朝考，以分别授予官职。朝考用白折，即用工整的楷书写在白纸制的折子上。

【27】 手本：明清官场中下级晋见上级时用的名帖。

【28】 非唱几十年诺：古代的一种礼节。对人打躬作揖，口中出声，叫唱喏。诺，当作"喏"。

【29】 卿贰：卿是朝廷各部的长官，贰指副职。

【30】 五官不备：指五官功能不全。

【31】 搓磨：磋磨，切磋琢磨。原是精益求精意，这里指磨去棱角、锋芒。

【32】 红顶花翎：大官的帽饰。清代官员帽顶上顶珠的颜色、质料，标志着官阶的品级，一品官用红宝石顶珠。花翎，用孔雀翎做的帽饰，以翎眼多者为贵，五品以上用花翎，六品以下用蓝翎。

【33】 中堂大人：清代大学士相当于宰相，尊称中堂大人。

【34】 三头两省：闽粤方言，三两个省。

【35】 走无常：迷信说法，阴司用活人为鬼役，摄取后死者的魂。充当这种鬼差者，称走无常。

【36】 僦屋：租赁房屋。

【37】 庭庑：庭院廊屋。

【38】 脔：切成小块的肉。这里用作动词，宰割之意。棰：鞭子。这里用作动词，鞭打之意。

【39】 其道大光：语出《周易·益》："自上下下，其道大光。"光，广大，发扬。

【40】 矞矞皇皇：《太玄经·交》："物登明堂，矞矞皇皇。"一般用于书面古语，光明盛大的样子。

【41】 干将发硎，有作其芒：意思是宝剑刚磨出来，锋刃大放光芒。干将，原是铸剑师的名字，这里指宝剑。硎，磨刀石。

【点评】

《少年中国说》写于戊戌变法失败后的 1900 年。当时八国联军侵略中国，勾结满清政府镇压义和团运动，还制造舆论污蔑中国"老大帝国""东亚病夫""一盘散沙"，不能自立只能由列强共管或瓜分；而中国人中有一些无知昏庸者也跟着叫嚷"中国不亡是无天理""任何列强三日内就可以灭亡中国",散布悲观情绪,民族危机空前严重。本文不仅驳斥了帝国主义分子的无耻谰言,也纠正了国内一些人自暴自弃、崇洋媚外的奴性心理,更唤起了人民的爱国热情,激起了民族自尊心和自信心。文章极力歌颂少年的朝气蓬勃,断然指出封建统治下的中国才是"老大帝国",热切希望出现"少年中国"。作者极力讴歌祖国未来的英姿及其光辉灿烂的前程,对肩负着建设少年中国重任的中国少年寄予无限希望,鼓励他们奋发图强,投入到改造中国的战斗中去,这也反映出作者渴望祖国繁荣昌盛的爱国思想和积极乐观的民族自信心。文章不拘格式,多用比喻,具有强烈的鼓励性和进取精神,寄托了作者对少年中国的热爱和期望。

 【知识链接一】

应用文概述

第一节　应用文的含义与溯源

一、应用文的含义

应用文是党政机关、企事业单位、社会团体以及人民群众在社会工作和日常生活中处理公务及个人事务所使用的具有实用价值和惯用体式的文书。

通过与其他文体相比较,我们可以更深刻地理解应用文的内涵与外延。应用文与文学作品相比,它的写作目的是为了直接解决工作和生活中的具体事务,具有直接的实用价值;而文学作品的写作目的主要是给人以艺术的审美感受,陶冶人的情操,启迪人的灵魂。应用文写作是为了实用,要讲究实效,有规范化的惯用结构模式;而文学创作最忌公式化、刻板化,崇尚"文无定法"。应用文与人们的工作生活密切相关,无论是党政机关、社会团体、企事业单位,还是人民群众个体,在指导和推动工作、规范社会行为、交流信息、处理公务和私务等方面都离不开应用文写作;而文学作品则与我们的日常工作、社会生活的关联性不是那样高。所以,应用文也是一种运用最为广泛、最为大众化的文体。

写作可以分为两大类:文学写作和文章写作。文学写作又称文学创作,一般是指诗歌、散文、小说和戏剧的创作,如余光中的《乡愁》、朱自清的《背影》、鲁迅的《狂人日记》、曹禺的《雷雨》等作品,都是文学写作。文章写作又分为普通文章写作和应用写作。普通文章写作如《汉语写作学》里讲的记叙文、说明文、议论文、杂文、消息、通讯等的写作。

应用写作是以实用为目的的写作实践活动,是研究应用文体写作基本理论、基本知识与技能技巧的一门学问。应用写作顾名思义就是为适合实际应(运)用而产生的写作,它写作的主要目的是为处理日常事务,如党政机关、企事业单位为了处理日常工作所发的文件就是应用写作的其中一类。

二、应用文的源流

中国是世界上历史最悠久最古老的文明古国之一，只有古希腊、古罗马、古印度可与之相媲美，若论其文明的连续性，则世界上没有哪个国家可与中国相比，中国自有人类历史记载以来，它的文明就从未中断过。中华民族也是一个尚文的民族，我国是一个写作大国，有着源远流长的应用写作历史。我国应用写作的历史大致可分为以下六个阶段。

（一）应用文的萌生时期

我国应用文的萌生时期是在我国原始社会后期的氏族公社时期。鲁迅说："人类在未有文字之前，就有了创作。"我们怎么理解这句话呢？既然没有文字，人们又是怎样写作呢？因为《易经·周易》中说"古人结绳而治统其事"，看来这种结绳记事也是一种写作。

确切地说，文字的产生就标志着我国应用文的萌芽和产生。据考古发现，距今约6000多年的西安半坡村遗址出土的仰韶文化的陶器上刻有类似文字的符号，这些符号自成体系且相当完整，郭沫若说"其为文字，殆无可疑"，在学术上这被公认是中国最早文字的萌芽。6000年前，正是我国氏族公社后期，足以证明我国写作的萌生时期是在我国原始社会后期的氏族公社时期。

（二）应用文的雏形时期

我国应用文的雏形时期是在商周时期。在殷商废墟上出土的"甲骨文"，也叫甲骨卜辞，这些刻在龟甲兽骨上的文字是迄今所知我国有据可查最早的应用文。商周时期还出现了我国第一部应用文的作品总集《尚书》，作品收集了虞、夏、商、周四代文告28篇，其中已有了典、谟、诰、誓、命等具体的文体种类。

（三）应用文体的定型时期

我国应用文的定型时期是在秦汉时期。秦朝是我国第一个大一统的封建制帝国，它不但统一了度量衡和文字，而且还用法令的形式规定了朝廷公文的种类和制式，如上行文就有"章、表、奏、议、策、疏"，下行文有"诏、令、诰、制、敕、戒、谕、教、檄"等文体。

（四）应用文理论的构建时期

我国应用文理论的构建时期是在魏晋南北朝时期。魏晋南北朝时期是我国的文学从自发走向了自觉的时期，人们开始自觉地研究文章写作的理论、知识与技能技巧，如曹丕在《典论·论文》中，对四类八体文章写作风格归纳概括为"奏议宜雅，书论宜理，铭诔尚实，诗赋欲丽"，其中的奏、议、书、论、铭、诔都是应用文体，即是说这奏和议文体写作应该雅洁、庄重、严肃；书、论文体写作应重在内在逻辑条理性；铭、诔文体写作应注重真情实感，不能虚假捏造。陆机的《文赋》、挚虞的《文章流别论》主要是对应用文的特点和规律进行论述。南朝萧统的《文选》共论及了39类文体，其中有35类就属于应用文。刘勰的《文心雕龙》是我第一部规模宏大的文学理论专著，也是我国第一部写作和应用文理论汇集。

（五）应用文的发展时期

我国应用文的发展时期是隋唐至明清时期。隋唐时期，应用文分类更加详备，应用文的种类达到了 50 多种，下行公文就有 20 多种。特别是应用文写作，还作为科举考试的主要课目之一，应用写作队伍也得到了极大扩充，关于写作的理论研究也得到了进一步的发展。

（六）应用文的繁荣时期

我国应用文的繁荣时期是从辛亥革命至今。辛亥革命推翻了我国两千多年的封建帝制，五四运动掀起了政治制度、思想文化的大变革，特别是政府出台了许多的行政性公文写作的相关法令和规定，有力地促进了应用文写作的发展和繁荣。

我国现行通用法定公文写作的两部法规是 2012 年 4 月 16 日中共中央办公厅、国务院办公厅印发的《党政机关公文处理工作条例》（2012 年 7 月 1 日开始执行）和 2012 年 6 月 29 日中华人民共和国国家质量监督检验检疫总局、中国国家标准化管理委员会发布的《党政机关公文格式》（2012 年 7 月 1 日开始实施）。《党政机关公文处理工作条例》中规定我国现行的通用法定机关公文由命令、议案、公告、通告、决定、意见、通知、通报、报告、请示、批复、函、纪要、决议、公报等 15 个种文种组成。

第二节 应用文的基本特点

应用文对社会生活起直接作用，具有较强的指令性和权威性，对接受者具有极强的、直接的、明确的影响，它具有以下特点。

一、实用性

实用性是应用文写作最本质的属性。刘勰在《文心雕龙》中提到，"虽艺文之末品，而政事之先务"，特别强调了应用文的实用性。应用文的实用性体现在文章内容上，既有现实针对性，又切实反映社会生活真实情况。在形式上，表现为其结构、语言、格式要体现出时代特点。

二、真实性

真实性是应用文的生命。文中所使用的各种材料必须是公务、私务活动的实际情况，其来源必须可靠准确，不允许任何夸张、虚构，更容不得半点差错和臆造。

三、规范性

规范性即模式性，这是应用文最外显的标志。文学作品讲究文无定法，而应用文则有明显的固定模式。应用文的规范性首先表现在格式上，有"约定俗成"或"法定使成"的程式化结构和语言。如在布置安排结构时，一般都是按照"提出问题—分析问题—解决问题"内在逻辑来安排。其次表现在处理程序上，应用文所涉及的主体必须遵循的一些既定的原则，如上下级关系行文时用请示报告批复来问答事宜，而若是平级或者没有隶属关系行文时一般用去函和复函来进行协商事情。

四、时效性

应用文首先要体现时代特征；其次是写作和办理的时间有严格的时间限制，要在规定的时间完成、传递和办理完毕，不能拖延；再者是效用的有限性，一旦文章内容所涉及的事项办理完毕，该份文档的直接作用就发挥完了，即使有作用也不过是作为凭证待查的依据等，这与文学作品耐人咀嚼、长久品味不同。

第三节　应用文的分类与作用

一、应用文的分类

应用文的分类根据不同的划分标准和原则有很大差异，且学术界对此一直探讨不断。根据其使用范围和内容性质来划分，可以分为以下几种。

（一）公务文书

公务文书可以分为通用法定公文和事务文书。

1. 通用法定公文指 2012 年 4 月 16 日中共中央办公厅、国务院办公厅印发的《党政机关公文处理工作条例》（2012 年 7 月 1 日开始执行）所规定的命令、议案、公告、通告、决定、意见、通知、通报、报告、请示、批复、函、纪要、决议、公报等 15 种党政机关公文。

2. 事务文书一般包括计划、总结、简报、调查报告、述职报告、规章制度、会议记录、会议讲话稿、开（闭）幕词等各行业在处理日常事务时所使用的文书。

（二）私务文书

一般是指处理私人事宜时所使用的文书，常见的例如书信、日记、笔记、条据等。

（三）专用文书

一般是指在特定的行业领域使用的专业性较强的文书。主要类别有以下几种。

1. 司法文书：如起诉状、答辩状、上诉状、判决书、公证书等。

2. 财经文书：如市场调查报告、市场预测报告、经济活动分析报告、可行性研究报告、审计报告、经济合同、招标书、投标书等。

3. 科技文书：如科技论文、科技报告、毕业设计、实验报告、产品说明书等。

4. 传播文书：如消息、通讯、特写、广告等。

（四）日常应用文书

此类文书常带有出席社交礼仪的性质，常见的如名片、介绍信、祝词等。

二、应用文的作用

（一）管理指导的作用

应用文尤其是公文的主体是公务活动，作为实施机关职能的手段，应用文代表了领导机关的意志，在贯彻大政方针、政策，进行有效管理时，制发应用文是惯用的主要手段。应用文是组织实施领导、管理、指导各部门的有力工具。制发应用文已成为科学决策、保证组织正常运转、搞好管理职能的重要手段。

（二）规范控制的作用

应用文的制发在某种程度上可以对人们的日常活动、工作等起到规范、控制的作用，许多文稿具有极强的行政约束力，人们必须遵守，不能违反，成为组织或者个人的行为规范。

（三）依据凭证的作用

应用文详细、完整地反映出个人或者组织全面的各项活动，服务于实际生活，提供实在的证据，作为历史凭证具有极强的史料价值。通常组织在办理事项，解决分歧、解决矛盾时必须依靠应用文，例如上级单位发布"决定""决议"等应用文，成为下级组织办事的重要依据和行动指南。

（四）知照联系的作用

个人与个人、组织与组织、个人与组织之间大都通过应用文进行交流、沟通，以互相了解、支持，实现相互合作、共同发展。在信息社会，应用文作为一种及时信息可以给组织或个人创造和提供更多更好的机遇以发展壮大自己。应用文是沟通上下、联系左右、协调内外的桥梁，推动各项工作有序、顺利地进行。

（五）宣传教育作用

党和政府通过应用文特别是法定公文，向有关单位和人民群众广泛宣传党的路线、方针、政策，指导并推动各项工作开展，以便使各组织统一思想认识，保证工作的顺利进行。应用文还具有明显的教育作用，部分文种具有极强的行政约束力，引导人们自觉遵守相关规则，尽量避免出现失误或者事故。

第二单元　人格品性

"君子务本，本立而道生"。（《论语·学而》）"本"即根，指树根。根深才能叶茂，无本之木是立不住脚的。一个人从学校毕业，到社会去谋事，人家第一要查问的，究竟你这个人可靠不可靠？学问与技能似乎还在其次，人的好坏，却是用人单位最注意的。

教育上经常说"教书育人"。雷夫·艾斯奎斯（Rafe Esquith）说：人格品性才是教育本质。品格、诚信、道德与胸襟……，这些才是人生中最重要的议题。教育要培养的是具备优秀人格品性的公民。

大禹治水

司马迁

> 本文选自《史记·夏本纪》。
>
> 《史记》，西汉著名史学家司马迁撰写的中国历史上第一部纪传体通史，被列为"二十四史"之首，记载了上至上古传说中的黄帝时代、下至汉武帝元狩元年间共3000多年的历史。《史记》对后世史学和文学的发展都产生了深远影响。其首创的纪传体编史方法为后来历代"正史"所传承。同时，《史记》还被认为是一部优秀的文学著作，在中国文学史上有重要地位，被鲁迅誉为"史家之绝唱，无韵之《离骚》"，有很高的文学价值。
>
> 司马迁（前145或前135—？），字子长，夏阳（今陕西韩城）人。西汉伟大的史学家、文学家、思想家。司马谈之子，任太史令，因替李陵败降之事辩解而受宫刑，后任中书令。发愤继续完成所著史籍，被后世尊称为史迁、太史公。

禹为人敏给克勤[1]，其德不违，其仁可亲，其言可信；声为律，身为度，称以出[2]；亹亹穆穆[3]，为纲为纪。

禹乃遂与益、后稷奉帝命，命诸侯百姓兴人徒以傅[4]土，行山表木[5]，定[6]高山大川。禹伤先人父鲧功之不成受诛，乃劳身焦思，居外十三年，过家门不敢入。薄衣食，致孝于鬼神。卑宫室，致费于沟淢[7]。陆行乘车，水行乘船，泥行乘橇[8]，山行乘檋[9]。左准绳[10]，右规矩[11]，载四时[12]，以开九州，通九道，陂九泽，度九山。令益予众庶稻，可种卑湿。命后稷予众庶难得之食。食少，调有余相给，以均诸侯。禹乃行相地宜所有以贡，及山川之便利。

【注释】

【1】敏给：敏捷。"给"与"敏"同义。克勤：能吃苦。

【2】称以出：《大戴礼记·五帝德》作"称以上士"，王聘珍《解诂》："称以上士者，称其声与身，而正音乐、尺度之事也。"

【3】亹（wěi）亹：勤勉不倦的样子。穆穆：庄重严肃的样子。

【4】傅：《尚书》作"敷"，是分的意思，指分治九州土地。一说：傅，即"付"，指付出功役。

【5】表木：立木做表记。表，表记。

【6】定：指测定。

【7】沟减：田间沟渠。古代渠道深广四尺叫沟，深广八尺叫减。这里泛指河道。

【8】橇：古代在泥路上行走的一种交通工具。《史记集解》引孟康曰："橇形如箕，擿行泥上。"

【9】樺（jū）：古代一种登山鞋，把长半寸的铁钉安在鞋底上，以防止上山时滑倒。《史记正义》按："上山，前齿短，后齿长；下山，前齿长，后齿短也。"

【10】准：取平的工具。绳：取直的工具。

【11】规：画圆形的工具。矩：画方形的工具。这里"规矩"指测量高低远近的工具。

【12】四时：可能是指测四时、定方向的仪器。

【点评】

大禹治水在中华文明发展史上有着重要的作用。在治水过程中，大禹依靠艰苦奋斗、因势利导、科学治水、以人为本的理念，克服重重困难，终于取得了治水的成功。由此形成以公而忘私、民族至上、民为邦本、科学创新等为内涵的大禹治水精神。大禹治水精神是中华民族精神的源头和象征。

【思考探究】

1. 大禹治水为何能取得成功？
2. 你从大禹身上学到了什么优秀品质？

愚公移山

列　子

　　太行、王屋二山，方七百里，高万仞，本在冀州之南，河阳之北。

　　北山愚公者，年且九十，面山而居。惩山北之塞，出入之迂也，聚室而谋曰："吾与汝毕力平险，指通豫南，达于汉阴，可乎？"杂然相许。其妻献疑曰："以君之力，曾不能损魁父之丘，如太行、王屋何？且焉置土石？"杂曰："投诸渤海之尾，隐土之北。"遂率子孙荷担者三夫，叩石垦壤，箕畚运于渤海之尾。邻人京城氏之孀妻有遗男，始龀，跳往助之。寒暑易节，始一反焉。

　　河曲智叟笑而止之曰："甚矣，汝之不惠！以残年余力，曾不能毁山之一毛，其如土石何？"北山愚公长息曰："汝心之固，固不可彻，曾不若孀妻弱子。虽我之死，有子存焉；子又生孙，孙又生子；子又有子，子又有孙；子子孙孙无穷匮也，而山不加增，何苦而不平？"河曲智叟亡以应。

　　操蛇之神闻之，惧其不已也，告之于帝。帝感其诚，命夸娥氏二子负二山，一厝朔东，一厝雍南。自此，冀之南、汉之阴，无陇断焉。

诚子书

诸葛亮

本文选自《诸葛亮集》。

《诫子书》，是三国时期著名政治家诸葛亮54岁临终前写给8岁儿子诸葛瞻的一封家书，可以看作是诸葛亮对其一生的总结。从文中可以看出诸葛亮是一位品格高洁、才学渊博的父亲，对儿子的殷殷教诲与无限期望尽在此书中。全文通过智慧理性、简练谨严的文字，将普天下为人父者的爱子之情表达得非常深切，成为后世历代学子修身立志的名篇。

诸葛亮（181—234），字孔明，号卧龙，徐州琅琊阳都（今山东临沂沂南）人，三国时期蜀汉丞相，杰出的政治家、军事家、散文家、书法家。在世时被封为武乡侯，死后追谥忠武侯，东晋政权特追封他为武兴王。诸葛亮为匡扶蜀汉政权，呕心沥血，鞠躬尽瘁，死而后已。其散文代表作有《出师表》《诫子书》等。曾发明木牛流马、孔明灯等，并改造连弩，叫作诸葛连弩，可一弩十矢俱发。诸葛亮在后世受到极大尊崇，成为后世忠臣楷模、智慧化身。

夫君子之行，静以修身，俭以养德。非淡泊无以明志[1]，非宁静无以致远[2]。夫学须静也，才须学也，非学无以广才，非志无以成学。淫慢则不能励精[3]，险躁则不能治性[4]。年与时驰，意与日去，遂成枯落，多不接世[5]，悲守穷庐，将复何及[6]！

【注释】

【1】淡泊：清静而不贪图功名利禄。内心恬淡，不慕名利。清心寡欲。明志：表明自己崇高的志向。

【2】宁静：这里指安静，集中精神，不分散精力。致远：实现远大目标。

【3】淫慢：漫不经心。慢，懈怠，懒惰。励精：尽心，专心，奋勉，振奋。

【4】险躁：冒险急躁，狭隘浮躁，与上文"宁静"相对而言。治性：陶冶性情，治，通"冶"。

【5】多不接世：意思是对社会没有任何贡献。接世，接触社会，承担事务，对社会有益。有"用世"的意思。

【6】将复何及：又怎么来得及。

【点评】

　　古代家训，大都浓缩了作者毕生的生活经历、人生体验和学术思想等方面的内容，不仅他的子孙从中获益颇多，就是今人读来也大有可借鉴之处。三国时蜀汉丞相诸葛亮被后人誉为"智慧之化身"，他的《诫子书》也可谓一篇充满智慧之语的家训，是古代家训中的名作。

　　《诫子书》的主旨是作者劝勉儿子勤学立志，修身养性要从淡泊宁静中下功夫，最忌怠惰险躁。文章概括了做人治学的经验，着重围绕一个"静"字加以论述，同时把失败归结为一个"躁"字，对比鲜明，读来发人深省。它也可以看作是诸葛亮对其一生的总结，后来更成为修身立志的名篇。文章短小精悍，言简意赅，文字清新雅致，不事雕琢，说理平易近人。

【思考探究】

　　1. 谈谈你对文中"志"与"学"的关系的理解。

　　2. 谈谈你对以下两句话的理解：静以修身，俭以养德；非淡泊无以明志，非宁静无以致远。

【相关链接】

诫外甥书

诸葛亮

　　夫志当存高远，慕先贤，绝情欲，弃凝滞，使庶几之志，揭然有所存，恻然有所感；忍屈伸，去细碎，广咨问，除嫌吝，虽有淹留，何损于美趣，何患于不济。若志不强毅，意不慷慨，徒碌碌滞于俗，默默束于情，永窜伏于凡庸，不免于下流矣！

饮酒·秋菊有佳色

陶渊明

陶渊明（约365—427），一名潜，字元亮，号五柳先生，谥号靖节。东晋浔阳柴桑（今江西省九江市）人，诗人、文学家、辞赋家、散文家。曾做过几年小官，后辞官回家，从此隐居，田园生活是陶渊明诗的主要题材，相关作品有《饮酒》《归园田居》《桃花源记》《五柳先生传》《归去来兮辞》《桃花源诗》等。

秋菊有佳色，裛露掇其英[1]。
泛此忘忧物[2]，远我遗世情[3]。
一觞虽独尽[4]，杯尽壶自倾。
日入群动息[5]，归鸟趋林鸣[6]。
啸傲东轩下[7]，聊复得此生[8]。

 【注释】

【1】裛（yì）：通"浥"，沾湿。掇：拾取，采摘。英：花。

【2】泛（fàn）：漂浮。此：指菊花。泛此：意即以菊花泡酒中。忘忧物：联系到后句的"一觞"，此"忘忧物"当指酒。

【3】远：离开，避开。陶渊明《归园田居》："暧（ài）暧远人村。"此处又做动词，使远，使我远离。遗：遗弃，舍弃。遗世：超脱尘世，避世隐居。遗世情：超脱世俗的情怀，指隐居。此句承上句，当代袁行霈《陶渊明集笺注》："浮菊花于酒上，饮之而遗世之情愈加高远。"

【4】觞（shāng）：盛酒器。独尽：独自喝完（酒）。

【5】日入：太阳落下去。动息：活动与歇息、止息。

【6】趋：奔赴，趋向。此句承上句，指日落之时，鸟儿鸣叫着飞回树林。

【7】啸：撮口作声，打口哨。陶渊明《归去来兮辞》："登东皋以舒啸。"啸傲：放歌长啸，傲然自得。形容放旷，无拘无束。轩：泛指窗子。

【8】聊复：指情绪暂且恢复。得：得意，满足。得此生：谓从隐居采菊饮酒的生活中，暂且得到了悠闲的满足。

【点评】

诗歌的第一句点明了是秋天，菊花盛开的季节。一句"秋菊有佳色"虽极朴素，但"洗尽古今尘俗气"（宋李公焕《笺注陶渊明集》引艮斋语）。在百花早已凋谢的秋日，唯独菊花不畏严霜，傲然独放，表现出坚贞高洁的品格。陶渊明爱菊，而"菊"在很大程度上也是因了陶渊明的隐逸之为，而被赋予了一层隐士标格的审美文化内涵——"菊，花之隐逸者也"。在后世文人眼里，菊，避开众芳、不流庶俗，独善其身、悠然世外，是潇洒的超脱与宁静的回归，而陶渊明的形象几乎就是一株菊。

"汎此忘忧物，远我遗世情。一觞聊独尽，杯尽壶自倾。"曹操《短歌行》中有"何以解忧，唯有杜康"。如果心中无忧，就不会想到"忘忧"，这里透出了诗人胸中的郁愤之情。泛菊于酒上，自斟自饮，放旷不拘，当然可以使人忘掉尘世烦恼，这就是陶渊明一生的满足。

"日入群动息，归鸟趋林鸣。"陶渊明的诗中常常出现"归鸟"形象。鸟儿始飞终归的过程，正好像是作者由出仕到归隐的生活历程，是他崇尚的返璞归真的意象。

太阳落山万物制动而息，飞鸟鸣叫着急于回归山林。菊酒相伴于东窗下，放旷不拘，怡然自得，姑且如此，此生足矣。诗人描绘出了一个宁静美好的境界，表达了隐居终生的决心。

 【思考探究】

1. 陶渊明的很多诗歌中都出现了菊这一意象，能否列举相关诗句？
2. 孔子说"诗可以兴，可以观，可以群，可以怨"，请你就这首诗谈谈你的理解。
3. 在中国，菊、梅、竹、兰、松分别有何寓意？能否列举相关的诗词？
4. 请仿照这首诗，为你所喜爱的某种植物写一首诗。

【相关链接】

画 菊

郑思肖

花开不并百花丛，独立疏篱趣未穷。
宁可枝头抱香死，何曾吹落北风中！

卜算子·咏梅

毛泽东

风雨送春归，
　飞雪迎春到。
已是悬崖百丈冰，
　犹有花枝俏。

俏也不争春，
　只把春来报。
待到山花烂漫时，
　她在丛中笑。

论快乐

钱钟书

钱钟书（1910—1998），名仰先，字哲良，后改名钟书，字默存，号槐聚，曾用笔名中书君，生于江苏无锡，中国现代著名作家、文学研究家。毕业于清华大学和英国牛津大学，后赴法国巴黎大学深造。著有长篇小说《围城》，短篇小说集《人·兽·鬼》，散文集《写在人生边上》，诗集《槐聚诗存》，学术著作《管锥编》《谈艺录》《宋诗选注》等。1998年在北京逝世，享年88岁。其夫人杨绛也是著名作家、翻译家。

在旧书铺里买回来维尼[1]（Vigny）的《诗人日记》，信手翻开，就看见有趣的一条。他说，在法语里，喜乐（bonheur）一个名词是"好"和"钟点"两字拼成，可见好事多磨，只是个把钟头的玩意儿。我们联想到我们本国话的说法，也同样地意味深永，譬如快活或快乐的"快"字，就把人生一切乐事的飘瞥难留，极清楚地指示出来。所以我们又慨叹说："欢娱嫌夜短！"因为人在高兴的时候，活得太快，一到困苦无聊，愈觉得日脚像跛了似的，走得特别慢。德语的沉闷（langeweile）一词，据字面上直译，就是"长时间"的意思。《西游记》里小猴子对孙行者说："天上一日，下界一年。"这种神话，确反映着人类的心理。天上比人间舒服欢乐，所以神仙活得快，人间一年在天上只当一日过。从此类推，地狱里比人间更痛苦，日子一定越加难度；段成式《酉阳杂俎》[2]就说："鬼言三年，人间三日。"嫌人生短促的人，真是最快活的人；反过来说，真快活的人，不管活到多少岁死，只能算是短命夭折。所以，做神仙也并不值得，在凡间已经三十年做了一世的人，在天上还是个未满月的小孩。但是这种"天算"，也有占便宜的地方：譬如戴君孚《广异记》载崔参军捉狐妖，"以桃枝决五下"，长孙无忌说罚得太轻，崔答："五下是人间五百下，殊非小刑。"可见卖老祝寿等，在地上最为相宜，而刑罚呢，应该到天上去受。

"永远快乐"这句话，不但渺茫得不能实现，并且荒谬得不能成立。快活的绝不会永久；我们说永远快乐，正好像说四方的圆形、静止的动作同样地自相矛盾。在高兴的时候，我们的生命加添了迅速，增进了油滑。像浮士德那样，我们空对瞬息即逝的时间喊着说："逗留一会儿吧！你太美了！"那有什么用？你要永久，你该向痛苦里去找。不讲别的，只要一个失眠的晚上，或者有约不来的下午，或者一课沉闷的听讲——这许多，比一切宗教信仰更有效力，能使你尝到什么叫作"永生"的滋味。人生的刺，就在这里，留恋着不肯快走的，偏是你所不留恋的东西。

快乐在人生里，好比引诱小孩子吃药的方糖，更像跑狗场里引诱狗赛跑的电兔子。几分钟或者几天的快乐赚我们活了一世，忍受着许多痛苦。我们希望它来，希望它留，希望它再来——这三句话概括了整个人类努力的历史。在我们追求和等候的时候，生命又不知不觉地偷偷度过去。也许我们只是时间消费的筹码，活了一世不过是为那一世的岁月充当殉葬品，根本不会享到快乐。但是我们到死也不明白是上了当，我们还理想死后有个天堂，在那里——谢上帝，也有这一天！我们终于享受到永远的快乐。你看，快乐的引诱，不仅像电兔子和方糖，使我们忍受了人生，而且仿佛钓钩上的鱼饵，竟使我们甘心去死。这样说来，人生虽然痛苦，却并不悲观，因为它终抱着快乐的希望；现在的账，我们预支了将来去付。为了快活，我们甚至于愿意慢死。

穆勒曾把"痛苦的苏格拉底[3]"和"快乐的猪"比较。假使猪真知道快活，那么猪和苏格拉底也相去无几了。猪是否能快乐得像人，我们不知道；但是人会容易满足得像猪，我们是常看见的。把快乐分肉体的和精神的两种，这是最糊涂的分析。一切快乐的享受都属于精神的，尽管快乐的原因是肉体上的物质刺激。小孩子初生了下来，吃饱了奶就乖乖地睡，并不知道什么是快活，虽然他身体感觉舒服。缘故是小孩子的精神和肉体还没有分化，只是混沌的星云状态。洗一个澡，看一朵花，吃一顿饭，假使你觉得快活，并非全因为澡洗得干净，花开得好，或者菜合你口味，主要因为你心上没有挂碍，轻松的灵魂可以专注肉体的感觉，来欣赏，来审定。要是你精神不痛快，像将离别时的筵席，随它怎样烹调得好，吃来只是土气息、泥滋味。那时刻的灵魂，仿佛害病的眼怕见阳光，撕去皮的伤口怕接触空气，虽然空气和阳光都是好东西。快乐时的你一定心无愧怍。假如你犯罪而真觉快乐，你那时候一定和有道德、有修养的人同样心安理得。有最洁白的良心，跟全没有良心或有最漆黑的良心，效果是相等的。

发现了快乐由精神来决定，人类文化又进一步。发现这个道理和发现是非善恶取决于公理而不取决于暴力，一样重要。公理发现以后，从此世界上没有可被武力完全屈服的人。发现了精神是一切快乐的根据，从此痛苦失掉它们的可怕，肉体减少了专制。精神的炼金术能使肉体痛苦都变成快乐的资料。于是，烧了房子，有庆贺的人；一箪食，一瓢饮，有不改其乐的人；千灾百毒，有谈笑自若的人。所以我们前面说，人生虽不快乐，而仍能乐观。譬如从写《先知书》的所罗门直到作《海风》诗的马拉梅（Mallarmé），都觉得文明人的痛苦，是身体困倦。但是偏有人能苦中作乐，从病痛里滤出快活来，使健康的消失有种赔偿。苏东坡诗就说："因病得闲殊不恶，安心是药更无方。"王丹麓《今世说》也记毛稚黄善病，人以为忧，毛曰："病味亦佳，第不堪为燥热人道耳！"在着重体育的西洋，我们也可以找着同样达观的人。工愁善病的诺凡利斯（Novalis）在《碎金集》里建立一种病的哲学，说病是"教人学会休息的女教师"。登巴煦（Rodenbach）的诗集《禁锢的生活》（Les Vies Encloses）里有专咏病味的一卷，说病是"灵魂的洗涤"。身体结实、喜欢活动的人采用了这个观点，就对病痛也感到另有风味。顽健粗壮的十八世纪德国诗人白洛柯斯（B. H. Brockes）第一次害病，觉得是一个"可惊异的大发现"。对于这种人，人生还有什么威胁？这种快乐，把忍受变为享受，是精神对于物质的最大胜利。灵魂可以自主——同时也许是自欺。能一贯抱这种态度的人，当然是大哲学家，但是谁知道他不也是个大傻子？

是的，这有点矛盾。矛盾是智慧的代价。这是人生对于人生观开的玩笑。

【注释】

【1】阿尔弗雷·德·维尼（1797—1863），法国浪漫派诗人、小说家、戏剧家。

【2】《酉阳杂俎》：唐代笔记小说集，20卷，续集10卷。记有仙佛鬼怪、人事以及动物、植物、酒食、寺庙等。分类编录，一部分属志怪传奇，另一部分记载各地与异域珍异之物。

【3】苏格拉底：著名的古希腊的思想家、哲学家、教育家，西方哲学的奠基者。他和他的学生柏拉图，以及柏拉图的学生亚里士多德被并称为"古希腊三贤"。他曾有一句名言："这个世界上有两种人，一种是快乐的猪，一种是痛苦的人。做痛苦的人，不做快乐的猪。"

【点评】

《论快乐》是一篇充满了智慧的文章。作者旁征博引、亲切幽默，寓重大论题于谈笑风生之中，全面阐明了作者的快乐哲学。文中对"快乐"从几方面进行了诠释：首先说它是短暂易逝的，"欢娱嫌夜短"；再说"永远快乐不但是渺茫得不能实现，并且荒谬得不能成立"；接下来又向读者阐明快乐是人生存下来的催化剂；然后又说明快乐其实是精神层次上的感受；最后作者坚定地认为"人生虽不快乐，但仍能乐观"。这句话也是文章的主旨。

"快乐"这一司空见惯的感情，在钱钟书的笔下却能博古通今，左右逢源。他类征连引、纵横比照，文章从维尼的《诗人日记》说起"快乐"的话题，再联想到汉语里的"快活或快乐的'快'字"中所包含的"一切乐事的飘瞥难留""欢娱嫌夜短"，又再想到与之反义的德语里的"沉闷"的直译为"长时间"，并举出古之《西游记》《酉阳杂俎》《广异记》等与快乐相关的种种说辞，自自然然地进入了题旨所规定的范畴，看似东拉西扯，但是每一句都在题内。且古今中外、天上地下、人间鬼蜮，纵横捭阖，令人目不暇接，真是字字语语皆学问。

文章语言独特，比喻中联想丰富且话语幽默，透着灵性，寓意深刻，趣味横生，俏皮而耐人寻味。

【思考探究】

1. 找出文中你认为写得最精彩的句子，并适当加以点评。

2. 用一句话说说你对快乐的看法。孔子曾说他的弟子颜回"一箪食，一瓢饮，在陋巷，人不堪其忧，回也不改其乐"，你是如何看待颜回的这种快乐的？

3. 作者为什么说"人生虽不快乐，而仍能乐观"？

4. 谈谈作者的语言特色，并找出文中你认为幽默的句子。

一只特立独行的猪[1]

王小波

王小波（1952—1997），当代著名学者、作家，北京人。年轻时在云南农场当过知青，插过队，做过工人、教师。1978 年至 1982 年在中国人民大学学习，1984 年赴美，1986 年获匹兹堡大学硕士学位，1988 年回国，先后任教于北京大学和中国人民大学。1992 年后开始成为自由撰稿人。1997 年 4 月 11 日因心脏病突发逝世于北京。

王小波的代表作品有"时代三部曲"（《黄金时代》《白银时代》和《青铜时代》）、《沉默的大多数》等。王小波一生酷爱自由，追求自由，他的文学创作独特，富于想象力，同时又不乏理性精神和哲思，使读者能从中收获智慧，被誉为中国的乔伊斯兼卡夫卡。

插队的时候，我喂过猪也放过牛。假如没有人来管，这两种动物也完全知道该怎样生活。它们会自由自在地闲逛，饥则食渴则饮，春天来临时还要谈谈爱情；这样一来，它们的生活层次很低，完全乏善可陈。人来了以后，给它们的生活做出了安排：每一头牛和每一只猪的生活都有了主题。就它们中的大多数而言，这种生活主题是很悲惨的：前者的主题是干活，后者的主题是长肉。我不认为这有什么可抱怨的，因为我当时的生活也不见得丰富了多少，除了八个样板戏[2]，也没有什么消遣。有极少数的猪和牛，它们的生活另有安排。以猪为例，种猪和母猪除了吃，还有别的事可干。就我所见，它们对这些安排也不大喜欢。种猪的任务是交配，换言之，我们的政策准许它当个花花公子。但是疲惫的种猪往往摆出一种肉猪（肉猪是阉过的）才有的正人君子架势，死活不肯跳到母猪背上去。母猪的任务是生崽儿，但有些母猪却要把猪崽儿吃掉。总的来说，人的安排使猪痛苦不堪。但它们还是接受了：猪总是猪啊。

对生活做种种设置是人特有的品性。不光是设置动物，也设置自己。我们知道，在古希腊有个斯巴达，那里的生活被设置得了无生趣，其目的就是要使男人成为亡命战士，使女人成为生育机器，前者像些斗鸡，后者像些母猪。这两类动物是很特别的，但我以为，它们肯定不喜欢自己的生活。但不喜欢又能怎么样？人也好，动物也罢，都很难改变自己的命运。

以下谈到的一只猪有些与众不同。我喂猪时，它已经有四五岁了，从名分上说，它是肉猪，但长得又黑又瘦，两眼炯炯有光。这家伙像山羊一样敏捷，一米高的猪栏一跳就过；它还能跳上猪圈的房顶，这一点又像是猫——所以它总是到处游逛，根本就不在圈里待着。所有喂过猪的知青都把它当宠儿来对待，它也是我的宠儿——因为它只对知青好，容许他们走到三米之内，要是别的人，它早就跑了。它是公的，原本该劁[3]掉。不过你去试试看，哪怕你把劁猪刀藏在身后，它也能嗅出来，朝你瞪大眼睛，嗷嗷地吼起来。我总是用细米糠熬的粥喂它，等它吃够了以后，才把糠对到野草里喂别的猪。其他猪看了忌妒，一起嚷起来。这时候整个猪场一片鬼哭狼嚎，但我和它都不在乎。吃饱了以后，它就跳上房顶去晒太阳，或者模仿各种声音。它会学汽车响、拖拉机响，学得都很像；有时整天不见踪影，我估计它到附近的村寨里找母猪去了。我们这里也有母猪，都关在圈里，被过度的生育搞得走了形，又脏又臭，它对它们不感兴趣；村寨里的母猪好看一些。它有很多精彩的事迹，但我喂猪的时间短，知道得有限，索性就不写了。总而言之，所有喂过猪的知青都喜欢它，喜欢它特立独行的派头儿，还说它活得潇洒。但老乡们就不这么浪漫，他们说，这猪不正经。领导则痛恨它，这一点以后还要谈到。我对它则不止是喜欢——我尊敬它，常常不顾自己虚长十几岁这一现实，把它叫作"猪兄"。如前所述，这位猪兄会模仿各种声音。我想它也学过人说话，但没有学会——假如学会了，我们就可以做倾心之谈。但这不能怪它。人和猪的音色差得太远了。

后来，猪兄学会了汽笛叫，这个本领给它招来了麻烦。我们那里有座糖厂，中午要鸣一次汽笛，让工人换班。我们队下地干活时，听见这次汽笛响就收工回来。我的猪兄每天上午十点钟总要跳到房上学汽笛，地里的人听见它叫就回来——这可比糖厂鸣笛早了一个半小时。坦白地说，这不能全怪猪兄，它毕竟不是锅炉，叫起来和汽笛还有些区别，但老乡们却硬说听不出来。领导上因此开了一个会，把它定成了破坏春耕的坏分子，要对它采取专政手段——会议的精神我已经知道了，但我不为它担忧——因为假如专政是指绳索和杀猪刀的话，那是一点门都没有的。以前的领导也不是没试过，一百人也逮不住它。狗也没用：猪兄跑起来像颗鱼雷，能把狗撞出一丈开外。谁知这回是动了真格的，指导员带了二十几个人，手拿五四式手枪；副指导员带了十几人，手持看青的火枪，分两路在猪场外的空地上兜捕它。这就使我陷入了内心的矛盾：按我和它的交情，我该舞起两把杀猪刀冲出去，和它并肩战斗，但我又觉得这样做太过惊世骇俗——它毕竟是只猪啊。还有一个理由，我不敢对抗领导，我怀疑这才是问题之所在。总之，我在一边看着。猪兄的镇定使我佩服至极：它很冷静地躲在手枪和火枪的连线之内，任凭人喊狗咬，不离那条线。这样，拿手枪的人开火就会把拿火枪的打死，反之亦然；两头同时开火，两头都会被打死。至于它，因为目标小，多半没事。就这样连兜了几个圈子，它找到了一个空子，一头撞出去了；跑得潇洒至极。以后我在甘蔗地里还见过它一次，它长出了獠牙，还认识我，但已不容我走近了。这种冷淡使我痛心，但我也赞成它对心怀叵测的人保持距离。

我已经四十岁了，除了这只猪，还没见过谁敢于如此无视对生活的设置。相反，我倒见过很多想设置别人生活的人，还有对被设置的生活安之若素的人。因为这个缘故，我一直怀念这只特立独行的猪。

【注释】

【1】特立独行：形容人的志行高洁，不同流俗。出自《礼记·儒行》："其特立独行，有如此者。"

【2】样板戏：是指一批创作于中华人民共和国建立以后，主要反映传统政治立场的作品，其政治意义远超过文化价值。样板戏的影响力在"文革"期间达到顶峰。

【3】劁（qiāo）：指割去牲畜的生殖器。

【点评】

这篇杂文以作者"文革"时期下乡插队时的一个故事为叙述主体，故事以"猪"作为叙述主角。本来猪过着自由自在的生活，但是这种自然的规则在人面前被打破了，人来了以后，给它们的生活做了一些安排，于是它们所有的生活细节都进入了模式化和程序化之中。对于这种生活，除了接受，猪似乎没有别的出路。但是作者却发现了这样的一只猪：从名分上说，它是肉猪，它是不受人们的设置的。当人们非要设置它的时候，它有了反抗，最后走上了变成野猪的道路。这只特立独行的猪就是以它的行为嘲笑并摆脱了人类的设置。

在作者笔下，这只猪因为摆脱了猪的普遍命运，具有自然、野性的特征，成为反抗压制、追求自由的象征。在作者看来，猪所处的这种自然状态，正如人所追求的自由生活一样，是一种自然的要求和生活方式。而对比之下，杂文中的"我"在猪被围剿时，却只能因为"不敢对抗领导"而处于"内心的矛盾"之中，显示了人的反抗意志的无力。

王小波的作品喜欢以喜剧精神和幽默风格述说人类生存状况的荒谬故事，并透过故事描写权力对创造欲望和人性需求的扭曲及压制。他对我们生活中所有的荒谬和苦难做出了最彻底的反讽刺。他大量的即兴发挥、错位的角色语体，寓庄于谐，寓文雅于粗野，使读者可以在其中感受澎湃的想象力。

【思考探究】

1. 作者以一只猪作为叙述主角，这种写作方式有何好处？
2. 你是如何定义"特立独行"的？说一个你所认为的特立独行的人。
3. 谈谈你对王小波写作风格的看法。

我的世界观

爱因斯坦

爱因斯坦（1879—1955），美籍德国犹太人，科学家、思想家及哲学家。现代物理学的开创者和奠基人，相对论——"质能关系"的提出者，开创了现代科学新纪元，被公认为自伽利略、牛顿以来最伟大的科学家、思想家。1921年诺贝尔物理学奖获得者。1999年12月26日，爱因斯坦被美国《时代周刊》评选为"世纪伟人"。

我们这些总有一死的人的命运是多么奇特呀！我们每个人在这个世界上都只做一个短暂的逗留；目的何在，却无所知，尽管有时自以为对此若有所感。但是，不必深思，只要从日常生活中就可以明白：人是为别人而生存的——首先是为那样一些人，他们的喜悦和健康关系着我们自己的全部幸福；然后是为许多我们所不认识的人，他们的命运通过同情的纽带同我们密切结合在一起。我每天上百次地提醒自己：我的精神生活和物质生活都依靠着别人（包括生者和死者）的劳动，我必须尽力以同样的分量来报偿我所领受了的和至今还在领受着的东西。我强烈地向往着俭朴的生活，并且时常为发觉自己占用了同胞的过多劳动而难以忍受。我认为阶级的区分是不合理的，它最后所凭借的是以暴力为根据。我也相信，简单淳朴的生活，无论在身体上还是在精神上，对每个人都是有益的。

我完全不相信人类会有那种在哲学意义上的自由。每一个人的行为，不仅受着外界的强迫，而且还要适应内心的必然。叔本华说："人虽然能够做他所想做的，但不能要他所想要的。"[1]这句话从我青年时代起，就对我是一个真正的启示；在我自己和别人生活面临困难的时候，它总是使我们得到安慰，并且永远是宽容的源泉。这种体会可以宽大为怀地减轻那种使人气馁的责任感，也可以防止我们过于严肃地对待自己和别人；它还导致一种特别给幽默以应有地位的人生观。

要追究一个人自己或一切生物生存的意义或目的，从客观的观点看来，我总觉得是愚蠢可笑的。可是每个人都有一定的理想，这种理想决定着他的努力和判断的方向。就在这个意义上，我从来不把安逸和享乐看作生活目的本身——这种伦理基础，我叫它猪栏的理想。照亮我的道路，并且不断地给我新的勇气去愉快地正视生活的理想，是真、善和美。要是没有志同道合者之间的亲切感情，要不是全神贯注于客观世界——那个在艺术和科学工作领域里永远达不到的对象，那么在我看来，生活就会是空虚的。人们所努力追求的庸俗的目标——财产、虚荣、奢侈的生活——我总觉得都是可鄙的。

我对社会正义和社会责任的强烈感觉，同我显然对别人和社会直接接触的淡漠，两者总是形成古怪的对照。我实在是一个"孤独的旅客"，我未曾全心全意地属于我的国家、我的家庭、我的朋友，甚至我最接近的亲人；在所有这些关系面前，我总是感觉到有一定距离并且需要保持孤独——而这种感受正与年俱增。人们会清楚地发觉，同别人的相互了解和协调一致是有限度的，但这不足惋惜。这样的人无疑有点失去他的天真无邪和无忧无虑的心境；但另一方面，他却能够在很大程度上不为别人的意见、习惯和判断所左右，并且能够不受诱惑要去把他的内心平衡在这样一些不可靠的基础之上。

我的政治理想是民主主义。让每一个人都作为个人而受到尊重，而不让任何人成为崇拜的偶像。我自己受到了人们过分的赞扬和尊敬，这不是由于我自己的过错，也不是由于我自己的功劳，而实在是一种命运的嘲弄。其原因大概在于人们有一种愿望，想理解我以自己的微薄绵力通过不断的斗争所获得的少数几个观念，而这种愿望有很多人却未能实现。我完全明白，一个组织要实现它的目的，就必须有一个人去思考，去指挥，并且全面负担起责任来。但是被领导的人不应当受到压迫，他们必须有可能来选择自己的领袖。在我看来，强迫的专制制度很快就会腐化堕落。因为暴力所招引来的总是一些品德低劣的人，而且我相信，天才的暴君总是由无赖来继承，这是一条千古不易的规律。就是这个缘故，我总是强烈地反对今天我们在意大利和俄国所见到的那种制度[2]。像欧洲今天所存在的情况，使得民主形式受到了怀疑，这不能归咎于民主原则本身，而是由于政府的不稳定和选举制度中与个人无关的特征。我相信美国在这方面已经找到了正确的道路。他们选出了一个任期足够长的总统，他有充分的权力来真正履行他的职责。另一方面，在德国的政治制度中[3]，我所重视的是，它为救济患病或贫困的人做出了比较广泛的规定。在人生的丰富多彩的表演中，我觉得真正可贵的，不是政治上的国家，而是有创造性的、有感情的个人，是人格；只有个人才能创造出高尚的和卓越的东西，而群众本身在思想上总是迟钝的，在感觉上也总是迟钝的[4]。

讲到这里，我想起了群众生活中最坏的一种表现，那就是使我厌恶的军事制度。一个人能够扬扬得意地随着军乐队在四列纵队里行进，单凭这一点就足以使我对他轻视。他所以长了一个大脑，只是出于误会；单单一根脊髓就可满足他的全部需要了。文明国家的这种罪恶的渊薮，应当尽快加以消灭。由命令而产生的勇敢行为，毫无意义的暴行以及在爱国主义名义下一切可恶的胡闹，所有这些都使我深恶痛绝！在我看来，战争是多么卑鄙、下流！我宁愿被千刀万剐，也不愿参与这种可憎的勾当[5]。尽管如此，我对人类的评价还是十分高的，我相信，要是人民的健康感情没有被那些通过学校和报纸而起作用的商业利益和政治利益蓄意进行败坏，那么战争这个妖魔早就该绝迹了。

我们所能有的最美好的经验是奥秘的经验。它是坚守在真正艺术和真正科学发源地上的基本感情。谁要是体验不到它，谁要是不再有好奇心也不再有惊讶的感觉，他就无异于行尸走肉，他的眼睛是迷糊不清的。就是这样奥秘的经验——虽然掺杂着恐怖——产生了宗教。我们认识到有某种为我们所不能洞察的东西存在，感觉到那种只能以其最原始的形式为我们感受到的最深奥的理性和最灿烂的美——正是这种认识和这种情感构成了真正的宗教感情；在这个意义上，而且也只是在这个意义上，我才是一个具有深挚的宗教感情的人。我无法想象一个会对自己的创造物加以赏罚的上帝，也无法想象它会有像在我们自己身上所体验到的那样一种意志。我不能也不愿去想象一个人在肉体死亡以后还会继续活着；让那些脆弱的灵魂，由于恐惧或者由于可笑的唯我论，去拿这种思想当宝贝吧！我自己只求满足于生命永恒的奥秘，满足于觉察现实世界的神奇的结构，窥见它的一鳞半爪，并且以诚挚的努力去领悟在自然界中显示出来的那个理性的一部分，即使只是其极小的一部分，我也就心满意足了。

【此文最初发表在 **1930** 年出版的《论坛和世纪》（*Forum and century*），**84** 卷，第 **193—194** 页，"论坛"丛书第 **13** 种《当代哲学》上。当时用的标题是"我的信仰"（What I believe）。】

【注释】

【1】　叔本华这句话的德文原文是："Ein Mensch kann zwar tun, was er will, aber nichi wollen, was er will."

【2】　第二次世界大战期间，爱因斯坦承认他在战前很长一段时期受了反苏宣传的影响，以后他对这个问题的看法有一些改变。参见他 1942 年 10 月 25 日在美国"犹太人支援俄国战争公会"一次宴会上的演讲和 1950 年 3 月 16 日给美国反共"理论家"胡克的一封信。

【3】　指 1918 年第一次世界大战结束时建立，1933 年被希特勒推翻的"魏玛（Weimar）共和国"。本文最初发表时用的不是"德国的政治制度"，而是"我们的政治制度"。

【4】　爱因斯坦由于目睹了德国军国主义的泛滥和法西斯瘟疫的蔓延，对群众和群众运动产生了非常错误的看法，这种错误看法也常在别的文章中流露出来。

【5】　1933 年 7 月以后，爱因斯坦改变了这种绝对的反战态度，积极号召反法西斯力量武装起来，以打击法西斯的武装侵略。

【点评】

本文是一篇演讲词，属于杂文。作者从三方面阐述了自己的世界观：首先阐述了自己的人生观：人是为别人而生存的；然后阐述了自己的政治理想：民主主义；最后表明了自己对科学研究的执着态度和追求。

在这篇文章里，爱因斯坦表达他对他所生活的那个世界的看法，还有他自己对这个社会的态度，求真、创美、扬善是他人生的理想；正义、拥有责任感，是他对自己的要求；民主、文明是他对这个社会的希冀；和平、安宁，是他对这个世界的祈望。他只求满足于探索生命永恒的奥秘，并且以诚挚的努力去领悟在自然界中显示出来的那个理性的一部分。他也关心他所生活的这个世界，热爱和赞赏他的人类同胞。他不仅是科学家、思想家，还是一个关心人类命运、具有强烈社会责任感的真正意义上的人。

本文具有清纯朴实、深刻锐利、坦诚自然、洞明清晰的风格，思想深远而言语朴实，见解独到而态度谦逊，坦率自然而真情涌动，正是作者人品在文风中的体现。

 **【思考探究】**

1. 作者所说的"猪栏的理想"是什么？他认为怎样才能使生活不空虚？
2. 说说你对文中叔本华的"人虽然能够做他所想做的，但不能要他所想要的"这句话的理解。

 【知识链接二】

应用文基本要素

第一节　应用文的主旨与材料

一、主旨

（一）主旨的定义

主旨，就是作者通过文章的全部材料和表现形式所表达出的基本思想。在不同的文章体式中有着不同的表述方式，在记叙性文章中称作中心思想，议论性文章中称作中心论点，文学作品中称作主题，应用性文章中称作主旨。

应用文的主旨是客观实际的真实反映，是与作者思想观点相结合的产物，即用文章中全部材料所表达的中心思想与写作意图的统一。

（二）主旨形成的基本途径

应用文主旨的形成主要有以下两个方面。

1. 在成文前确定。这种主旨的形成主要表现在传达、宣传、贯彻党和国家的方针政策与决策意图，如通知、决定、报告、请示等；或本单位、本部门以及个人处理公、私事务的需要，如起诉状、感谢信、请柬等。在成文之前，行文目的十分明确。

2. 在调研后产生。作者先确定一个具体的写作任务，然后到工业、农业、财贸、科研第一线去调查采访，在采访中势必会采集到大量生动、感人的材料，再对材料进行去粗取精、去伪存真、由此及彼、由表及里的分析、归纳、整理、总结、提炼。在概括过程中，感性认识逐步上升到理性认识，逐步形成并确立主旨，如新闻、调查报告、市场调查等。

确定主旨必须遵循下列原则：

1. 深入了解党和国家在当前历史时期的发展要求，认真学习并深刻领会党和国家的路线、方针、政策、法律、法规。大多数应用文，特别是法定公文旨在宣传党和国家的路线、方针、政策，学习会议或文件精神，部署工作任务，推动社会工作的顺利开展，确保工作的方向性、正确性和有效性。

2. 立足全部材料。主旨是从占有和选择的全部材料中提炼出来的，是对全部材料思想意义的高度概括和升华，是对材料内涵本质意义的正确揭示与反映。材料制约着主旨的形成与确定。

3. 必须具有现实针对性。即主旨必须具有时代性，能体现时代精神；或介绍新事物、新思想、新经验、新典型；或揭示错误、分析原因、总结教训等。

（三）主旨的作用

主旨是作品的灵魂和统帅，是组织各方面内容使之成为有机整体的核心。因此，作品的主题是决定作品思想的深浅、倾向的偏正、社会意义的大小等方面的主要因素。在实际写作中，作者总是根据表现主题的需要，决定材料的取舍，进行结构的组织安排，考虑必要的表现方式，以达到内容与形式的尽可能的统一。具体表现在以下几个方面。

1. 主旨决定着材料的取舍

作者为写一篇作品，往往准备了很多材料，但最终选用哪些材料，主题起着取舍的作用。备用的材料再多，如不根据主旨的需要去选择使用，那些材料也难和谐有机地统一成作品的整体内容。

2. 主旨制约着作品的结构安排

任何事物都有自身的结构形态，但作者的反映并不都是纯客观的、自然主义的，而是带着主观意图。因此，事物的本身结构并不能原封不动地表现为作品的结构。作品的结构是根据作者写作的意图来组织安排的，而作者的意图集中地体现在作品的主旨上。为了艺术地表现和突出主旨，作者往往有意打破事物本身的自然结构，从艺术处理的角度重新组合排列，确定作品内容的先后顺序、发展线索，调整局部与局部、局部与整体的关系，斟酌具体内容的详略搭配。主旨的贯穿和制约，使作品的结构严谨、自然、完整、和谐。

3. 主旨支配着语言的运用

语言的运用是最自由灵活的。但它的自由灵活必须建立在表现主旨的基础之上，根据作者的行文意图加以灵活运用，如命令、决定的语言应该简明、庄重，请示的语言应该谦恭、恳切，函的语言应该平实、谦和，合同语言要求准确，等等。

（四）应用文主旨的基本要求

应用文的主旨应做到正确、鲜明、集中。

正确，指主旨符合党和国家的路线、方针、政策、法律、法规，符合客观实际，能顺应新生事物的发展方向，能揭示事物的本质和规律。要获得正确的主旨，必须对客观事物进行全面观察、全面认识，从正反、纵横、时空、彼此等多种角度去分析、比较，深入细致地调查研究。

集中，指主旨要单一。一篇应用文一般只有一个基本思想，这是由应用文的根本属性决定的。应用文的目的是便于处理公务，便于据以办事，便于运用。因此，应用文的主旨必须单一，读者对主旨的理解不允许多元，而要求理解上的同一性，这样才利于统一认识，更有利于问题的解决，提高工作效率。比如在通用法定公文中，除报告和纪要两个文种可以一文数事外，其余的如请示、议案、函等文体都必须一文一事。

鲜明，应用文写作要求直截了当地点明主旨，表明态度，提出解决问题的措施和办法，对文章所涉及的各类问题，必须有明确的观点立场，应该怎么做，解决什么问题，达到什么目的，都要明确地表达出来。

（五）体现主旨的方法

1. 在标题中直接体现

应用文的标题与主旨有着紧密的联系，大多数应用文的标题都能直接揭示主题。这是由应用文标题的特点所决定的。绝大多数应用文标题均采用完全式标题形式，即由发文机关、事由和文种构成，或由事由与文种构成的非完全式标题形式，其中，"事由"就是该文的主旨要素。如《三季度物价水平再次转降 出口增速趋于稳定》《国务院安全生产委员会办公室关于最近发生的几起特大伤亡事故和事件的紧急通报》《××省人民政府关于增拨防汛抢险救灾用油的请示》等，标题就能明确体现出文章的主旨。

2. 在前言中表达观点

即开宗明义，在文章开头部分点明主旨，统摄全篇。如一份计划在开篇写道："展望2020年，经济回升的势头还比较微弱，促进经济的持续向好仍然需要克服许多困难。"

3. 在结论中概括观点

即篇末作结，卒章显志。前面叙述事实进行分析，文末总结概括点明主旨。如："我再重复一下，没有基础学科就没有应用学科，没有应用学科就没有生产学科，三者是紧密结合在一起的。"（李政道的论文《基础、应用科学与生产三者关系》）

以上几点，是突出主旨的一些基本方法，此外，还有设小标题、加按语、拟首括句等形式体现主旨。根据不同的行文目的而定，不必拘泥某一点。

二、材料

（一）材料的定义

就是作者为了某一写作目的，从现实生活中收集的有关信息资料以及写入应用文中的、能表现文章主旨的事实或论据。材料是文章的根基，没有材料，就不会产生文章的主旨，也表现不了主题。

（二）材料的种类与作用

1. 种类

直接材料，即作者通过观察、调查、采访、研究等方式直接获得的材料。

间接材料，即通过各种文章、简报、报告、文献资料、书籍、报刊、网络、影视等途径获得的材料。

2. 作用

（1）材料是提出问题的依据。材料是文章的基本构件，是写作者传达思想的基本媒介，同时也是读者理解文章的基础。材料承载着写作者的观点，不论是介绍先进经验、批评错误思想或做法、表扬先进事迹，都必须通过材料表现出来。

（2）材料是提炼主旨的基础。文章的主旨蕴含于材料中，需要材料做支撑，以材料为依据，通过材料来表现。材料的选择反映写作者的意图，体现文章的主旨。

（3）材料是表现、深化主旨的支柱。材料是表现主旨的重要内容，没有材料，主旨也无法表现。写作者通过对搜集和积累的材料进行分析、归纳，逐渐形成一定的观点，再立足于写作目的，将有内在联系的观点加以综合、提炼，从而确立主旨，然后按表达主旨的需要，将材料进行选择、排列与组合，更有力地表现材料和主旨的内在联系，深化主旨。

（4）材料能充实文章的内容。材料是文章的组成部分，是文章的血肉。没有材料，文章就是一个空骨架，干瘪、无味。充实的材料能增强文章的可读性，丰富文章的内容。

（三）材料的搜集与整理

应用文的写作，应注意广泛地搜集材料，只有充分占有材料，才能得心应手，游刃有余。在"信息爆炸时代"，谁也不可能详尽地掌握所有的知识和信息，所以在收集材料时要有方法、有方向、有范围。其主要方法如下。

1. 深入生活，处处留心

俗话说"处处留心皆学问"。要获得第一手翔实的资料，必须深入社会，亲身观察、体验、感受。要特别留心工作中的人和事，关注身边的变化与发展，做到有闻必录，长期积累。

2. 深入实践，调查研究

指写作者深入到工作第一线，与写作对象直接接触，实地考察，调查采访。调查采访的方式很多，有个别访谈、座谈会、开调查会、问卷调查，此外还有普遍调查、专题调查、典型调查、抽样调查、重点调查等方法。

3. 文献检索

资料室、档案室（馆）和图书馆是获取写作材料的重要场所与渠道。近年来，网络技术的迅速发展与普及，为资料的搜集提供了更加便捷的途径。因此，应掌握文献检索的基本技能，熟练运用电子图书馆，熟练使用中国知网、万方期刊网等数据库，为搜集材料提供必要的技术手段。

搜集材料是写作的第一步，对搜集到的材料，要认真地进行整理，鉴别真伪，使之条理化。首先，为了便于使用资料，要对资料进行分类整理。其方法主要有两种：一是知识体系分类法，订出各级分类项目，据此将资料归类；二是课题体系分类法，即按照课题的理论构架，设计出各级分类项目，将资料集中归类。其次，为了便于查找资料，要对分类整理后的资料编写目录索引。其编写方法可参照图书馆的各种目录索引加以选择。

（四）材料的选择与使用

材料是文章写作的物质基础，因此在材料的搜集方面，贵在"多"。在材料的选择方面，贵在"精"。在材料的选择与使用方面应遵循四条基本原则：第一，围绕主旨选择材料的原则，即选择与主旨有关并有力说明、突出主旨的材料。第二，典型性原则，即选择典型的材料，通过"个别"反映"一般"，通过"典型"反映"共性"。第三，真实性原则，即要选择真实、准确材料。第四，新颖性原则，即选择新颖的材料，避免使用陈旧的、过时而又缺乏说服力的材料。随着改革的进一步深化，经济的不断发展，社会的不断进步，各种新事物、新情况不断涌现，新经验、新问题不断产生，写作者必须不断地去调查、发掘、研究、总结。新鲜生动的材料能吸引读者去认识事物，接受信息，处理问题，这也正是应用文写作所要求的。

三、主旨与材料的关系

主旨与材料相辅相成，密切联系。主旨决定材料，材料反映主旨。主旨从材料中产生，又必须借助材料来表现。主旨统摄材料，材料必须根据主旨来组织，为表现主旨服务。在主旨确定的情况下，先有主旨，后有材料；在通过材料提炼主旨的情况下，先有材料，后有主旨。主旨与材料总是相互统一、相互作用。没有主旨，材料就没有灵魂，一盘散沙；没有材料，主旨无从表现。

第二节 应用文的结构与语言

一、结构

（一）结构的定义

应用文的结构是指应用文内容的组织构造，是安排材料去表现主旨的有序安排，是文章谋篇布局的一种具体方式。

一篇应用文的结构十分重要，只有有了严密清晰的结构，才能运用材料有条不紊地将主旨表现得清晰，有条理。主旨好比是应用文写作的灵魂，材料好比是应用文写作的血肉，结构好比是应用文写作的骨架。只有骨架匀称和谐了，就像人一样才会俊朗、漂亮。

（二）应用文结构的特点

应用文的结构特点可以概括为以下两个方面。

1. 模式性

模式性即规范性，这是应用文结构最突出的特点，也是应用文最外显的标志。是否具有模式性是应用文与文学作品相互区别的标志之一。文学作品的结构讲究是"文无定法"，文似看山不喜平，结构和故事情节都要设置得跌宕起伏一些以吸引读者和受文对象，而应用文的目的和宗旨是要传递信息、交流思想、指导实践等实际用途，所以这也决定了应用文应该使用层次清晰、结构明确、大家喜闻乐见而又习惯性使用的结构模式。

比如在应用文中常用的模式有"提出问题—分析问题—解决问题"。再如写知照指挥类的通知、通告、决定等文体，第一层一般是用目的式或者原因式简明扼要地写明行文的目的意义、缘由依据、背景理由等，再在这一层的结尾加上一句"现将……相关事宜……如下："的过渡句；第二层一般用条目式"一、……二、……三、……"分条列项地将相关的要求或要告知的事项罗列下来；第三层一般用强调执行的要求或者用"特此……"约定俗成的惯用结束语结尾。其实每一个文种都有这种约定俗成的模式，只要我们记住了它们的结构模式，写起来就能够轻松自如了。

2. 条理性

应用文结构的条理性是由应用写作逻辑思维所决定的。应用文结构必须具有条理性、规律性以及有序性，如此才能发挥传递信息、交流思想、指导实践的作用。受文对象才能更容易理解和接受写作者的意图，表达的观点才能令人信服并自愿遵照执行。

（三）应用文结构的具体要素

应用文的结构具体来讲，一般由标题、正文、落款三大部分组成，其中正文又包括开头、主体、结尾三个要素，并且正文写作时特别要处理好段落与层次、过渡与照应等项目。所以应用文结构具体又可以细化为标题、开头、主体、结尾、落款五项要素。

1. 标题

标题，好比是人的头脑，应该是最重要的，信息最集中的体现。质量最上乘的应用文标题第一要求就是能体现作者的主旨和中心，其次是能概括文章主要内容的标题，再次是指出作者所要记述对象和范围的标题。应用文的标题主要有以下两种形式。

（1）公文式标题。

一个完整的公文标题由"发文机关+关于+事由+的+文种"五个要素组成，任何一篇法定公文都可以用这种形式来拟定，并且这也是最正规、最严谨的标题形式，如：《××省人民政府关于做好安全稳定工作的通知》。当然，根据具体情形不同，除文种以外的其他四个要素都可以省去。如省略"发文机关"，形成"关于+事由+的+文种"的标题形式；省略"事由"，形成"发文机关+文种"的标题形式；同时省去"发文机关和事由"，文种直接做标题的形式。要注意的是，标题中若没有了"事由"，则标题中的"关于"和"的"也应该一并省去。但无论如何，标题中的"文种"在任何情况下都不能省略，如《关于国有大中型企业体制改革的决定》《××交通局通告》《公告》等。

另一些不是公文的标题，如计划、总结等事务文书，合同、诉状等专用文书也可以参照公文式标题拟定，只是一般不要"关于"和"的"等法定公文特有的标志性词语，比如《××市人民政府（2020—2030）城市远景发展纲要》《房屋租赁合同》《自荐书》等。

（2）概述式标题。

这类标题主要是概括叙述所写文章的主要内容、对象或范围，如论文标题《论李白诗歌豪放飘逸的风格特征》、新闻标题《醉驾就是犯罪》、调研报告《新农村建设中需要注意的几个问题》等。这类标题不像公文式标题，不需要在标题中指出文种。

2. 正文

（1）开头。

万事开头难，好的开头等于成功的一半。一篇应用文开头至关重要，只要头开好了，后面就可以水到渠成，可以起到事半功倍的作用。应用文开头的模式主要有以下两种方式。

①目的缘由式。

这种开头方式，一般用"为了……""为……""由于……""根据……"等词语领起开头，然后简明扼要说明行文的目的、原因、根据、意义、作用，在开头这一段的最末一句设置一个过渡句"现将……相关事宜……如下："，用于开头与主体两个层次间承上启下之用。

目的缘由式这种开头方式，一般用在用理论去指导实践这类应用文体中，是一般到个别，特别是用于告知事宜、提出要求、布置安排工作等，比如通知、公告、通告、意见、决定等文种常用这种方式开头。

②概括综述式。

概括综述式，这种开头模式一般是对文章主要内容做一个总体评述或者是交代基本情况。此种模式运用得也比较广泛，一般是用在由实践得出理论的这类应用文中，是个别到一般，比如写通报、纪要、总结、工作报告、调查报告等文体。这类文体在开头的时候都要交代基本情况，对所写对象做一个概括的叙述，增强文章内容的可信性，或者将其作为下一层分析议论的基础。

当然，作为应用文的开头，具体来讲，还有很多其他的方式，比如设问式、引述式、时间式、问候式等。但归纳起来，这些方式都可以分别归到从理论到实践所用的目的缘由式和从实践到理论的概括综述式这两种开头方式上来。

（2）主体。

主体是应用文最核心的部分，全篇文章质量的优劣都取决于此，材料在这里聚集，主旨在这里诠释。当然，不同的文章主体结构安排是不一样的，但总体归纳起来，正文结构的安排主要有三种结构模式。

①纵式结构：这是一种朝纵向展开的结构形式。它又可以分为三种。

Ⅰ.直叙式：即按照时间的先后次序或按事物发生、发展、高潮、结局的变化顺序来安排文章的结构。比如计划、会议记录等文体就是按纵向式结构来安排结构的。

Ⅱ.递进式：即按照事理的逻辑性：提出问题—分析问题—解决问题加以层层推进，逐步深入展开，得出结论并提出解决问题的办法。如表彰或批评类、工作报告总结类等文体的写作：第一层陈述基本情况；第二层分析此事实（先进性或危害性，成绩经验或问题教训）；第三层提出处理意见，努力的方向。

Ⅲ.因果式（其实这也是递进式当中的一种特殊的方式），它有两种形式：由因寻果或由果溯因。由因寻果的如请示、函等；由果溯因的如工作报告、社会实践调查报告、总结等的写作，例如经验交流会上的总结"我公司今年实现了扭亏增盈，盈利 8000 万，关键是实施了以下几方面的举措"，即先摆出结果，然后再罗列出原因。再如写社会实践调查报告，假如写的是调查了某个贫困地区的儿童失学情况。报告第一段就摆出"此地区的儿童失学情况严重，失学率达到了百分之多少，主要是由以下几方面的原因造成的"，即先摆出结果，再谈原因。

②横式结构：即按照空间地域或按事物的组成部分或按问题性质来安排文章的结构。这主要有两种形式。

Ⅰ．并列式：即根据表现主旨的需要，把事物及材料梳成辫子，按主次、重轻或相互关联做横向的安排。每一项之间，不存在递进关系。如××董事长的述职报告"现在，我将我这一年来所做的工作向大家做一个汇报：第一，在市场开拓方面，主要采取了以下几方面的措施……；第二，在企业形象塑造方面，主要干了以下几方面事情……；第三，在公司内部管理体制上，主要改革了……"。

Ⅱ．总分式：即是中心论点与分论点之间的关系，中心论点起提纲挈领的作用，各分论点都从某一方面支撑或服务于中心论点。如我们写一篇《论屈原作品"忧患意识"的主题思想》的学术论文，中心论点就是屈原作品"忧患意识"的主题思想，我们从屈原在《离骚》《九歌》《九章》《天问》等作品中表现诗人"忧国""忧民""忧君""忧己"四个方面去论证，这四个方面就是分论点。该篇论文的中心论点与分论点的关系就是总分式结构。

③纵横交叉式结构：这种结构既有横式，又有纵式，两种结构相互交织，它主要适用于内容丰富、篇幅较长、层次较多的应用文。但在使用时要分清纵、横的主次，所以又可细分出以下两种结构。

Ⅰ．以横为主，以纵为辅。如政府工作报告，总的分为工业、农业、国防、科技、教育等八个方面来讲，每一方面又按时间的先后次序来谈。"第一季度……，第二季度……"。

Ⅱ．以纵为主，以横为辅。如《关于开发××风景区可行性研究报告》，总的是纵的逻辑递进结构，即按"提出问题—分析问题—解决问题"这种纵向式递进式安排结构；而在第二层分析问题，论述开发××风景区的必要性和可行性时，又按横式来安排。如在讲必要性时又用横式结构，如"一可以提升城市形象；二可以促进旅游业发展；三可以带动周边地区经济发展；四……"。在讲可行性时，从"技术条件方面；资金保障方面；人力组织方面……"等又是按横式来安排的。

（3）结尾。

应用文的结尾，要求言尽意明，简明扼要，收束刚劲有力。古人文章写作力求做到"凤头""猪肚""豹尾"三个词六个字，"豹尾"正好可以用来形容应用文的结尾要求。应用文结尾，不能像文学作品，为了设置悬念，故意给作品留一些尾巴不交代，让读者去猜测，比如鲁迅作品中的《药》，在作品结尾还在夏瑜的坟上添了一个花环，也不交代谁放上的，让读者去遐想是不是表示革命后继有人呢？而作为应用文就不允许，必须言尽意明。所以应用文结尾的原则是能短则短，能无则无，无须赘述。应用文的结尾主要有以下三种方式。

①自然收束式。

这种方式不需要单独结尾，正文结束就落款。这种结尾方式还比较多，一般多见于篇幅适中的文体。太短的文章一般要用约定俗成的结语，如特此通知、特此通告等词来表示已经结束；太长的文体，最后结尾时一般要总结归纳，卒章显志，对主体部分的分论点进行总结，给读者加深印象，不然在标题或开头点明了的中心经过太长的主体部分分解又模糊了，所以需要在结尾时进行总结归纳。

②约定俗成结语式。

约定俗成结语是长期以来，人们习惯性地在这类应用文体结尾时使用较为固定性的结束语言。有以下两种情况，在文尾结束时要用较固定的结束语。

一是带有上行性质或者较为谦恭的文体。比如，请示的结尾一般要求在结尾处写明："以上请示，请指示"或"以上请示如无不妥，请批准"；函这一文体一般要写明："敬请函复""盼复"等词；议案等文体结尾时要写明"现提请审议""请审议"等词语。

二是在篇幅较短的下行或通行的文体中一般要求用"特此……"作结比较多。如独段式的公告、通知，结尾时一般写上"特此通告""特此通知"等。这类篇幅较短的文体在结尾时一般要加上这样的结语，因为正文本来就短，内容也较单一，若不使用结语的话，就始终让受文对象觉得可能还没说完，所以一般要用结语。但要注意的是这类文体，若主体部分的内容较多，特别是经过条目式罗列的文体，在结尾时一般不用"特此……"这样的结束语作结，因为主体部分内容传递的信息量较大且多，你运用一个专门就此事如何的"特此……"结语，反而让读者无所适从，误认为你只是要强调文中某一个方面或层面的观点内容，而不是文章中全部或整体意思的把握。

③希望号召强调式。

归纳全文，发出号召，提出希望。这种结尾方式，一般用在表彰或批评总结等类文体结尾。比如写嘉奖令或惩戒性的命令、表彰或处分性的决定、表彰或批评性的通报等文体，必须在结尾处提出希望、发出号召，因这类文体都是从个别到一般的，从实践到理论的，我们对这件事或者这个人进行表彰或批评，目的不仅仅是着眼于这个人或这件事，我们的最终行文目的是为了通过这个人或者这件事，教育警诫周围其他人或者这类事，起到典型教育的作用。所以这类文体一般结尾时要用希望号召式。

但也有一些文体，比如纪要、计划、纲要、决定等文体，最后做出强调，提出执行要求，表达希望，也可以用这种希望号召强调式，当然也可以省略不用。此时的希望号召强调式结尾就相当于来了一个首尾呼应，有时若主体篇幅不长的话，反而显得啰唆烦琐，画蛇添足，适得其反。

（4）段落与层次。

①段落。

段落是组成文章的最基本的单位，是按照表达层次划分出来的一个个小的结构单位。在一般情况下，它是同属于一个中心思想的一些句子的连接，是小于篇、大于句子的一个完整的意义单位。在形式上，段落有明显换行标志。

段落的设置应注意以下几点。

一是分段依据明确。就安排段落而言，每分一段应有明确的依据，如时间变化、地点转移、材料特点不一、写作角度转换、表达方式不同、语言风格变化等。写作时不能随意分段。

二是内容单一、完整。即每段只说一个中心意思，且要说完全，说透彻。这样才能准确、完整地表达出作者的思维步骤，体现文章各部分之间有机的联系。

三是长短适度，匀称得当。段落的长短虽无一定的标准，如果分段过长，则文章节奏缓慢，使受文对象容易疲倦；分段过细，文势太急，给人以头绪繁多、零碎琐细的感觉，又不易把握文章要点。所以，段落的构成和设置，除要考虑以上两个因素外，还应根据整体的需要，做到长短相宜，协调合理。

②层次。

层次，是指文章内容表达的逻辑次序，体现事物发展的阶段性和各侧面，它反映了作者的思维过程。层次的具体形式主要有以下几种方式。

一是用小标题表示。如《××省人民政府关于国有企业体制改革的意见》一文的层次即用小标题形式表示："一、国有企业体制改革是一项艰巨而又重大的历史课题；二、加强领导，成立专门国有企业体制改革办公室；三、加强资金保障……"。

二是用数量词表示。注意使用层次的正确运用：第一层，应用小写汉字后面加顿号，如"一、……；二、……；三、……；"。第二层，应用小写汉字加括弧，如"（一）……；（二）……；（三）……；"。第三层，应用阿拉伯数字后面加实心的圆点，注意不能用顿号，如"1.……；2.……；3.……；"。第四层，应用阿拉伯数字加括弧，如"（1）……；（2）……；（3）……；"。第五层，应用阿拉伯数字加圈的形式，如"①……；②……；③……；"。一般正文中不能多于五层，在使用时最好按顺序依次截取，不能随便组合。当然，若一篇文章中只有两个层次时，可略去第二层，即合用"一、""1."形式，但多于两层了就不能这样用了。

（5）过渡和照应。

①过渡。

应用文的过渡是指上下文之间的衔接、转换。常见的过渡方式有两种。

一是设置过渡句，如"现将相关事宜通告如下""特做如下通知"。这种形式一般用在知照指挥类文体写作的开头与主体部分的过渡上。

二是设置过渡词。如"综上所述""由此可见""总之""为此"等词语常用于段首，可起承上启下的作用；"主要有以下几个方面""分述如下""以下是"等用于段尾，可起引起下文的作用。当然，小标题或序号，也具有过渡和衔接作用。

②照应。

照应，也叫呼应，指文章中不相邻的层次、段落的关照和回应。常见的有以下方式。

一是题文照应，即文章内容与标题相互呼应，常见的以小标题或段首句点题，以段尾句应题。

二是前后照应，即文章前面的内容与后面的内容互相呼应。

三是首尾照应，即开头与结尾相呼应。

3. 落款

应用文的落款包括署名和成文日期两大部分。应用写作一般要求落款，这也是与文学作品的一个区别。根据我国现行通用法定公文写作的两部法规：2012 年 4 月 16 日中共中央办公厅、国务院办公厅印发的《党政机关公文处理工作条例》（2012 年 7 月 1 日开始执行）和 2012 年 6 月 29 日中华人民共和国国家质量监督检验检疫总局、中国国家标准化管理委员会发布的《党政机关公文格式》（2012 年 7 月 1 日开始实施）的相关规定，通用法定公文落款时必须先署名，然后用阿拉伯数字落日期，然后再盖印章。当然，其他如事务文书、财经文书、社交礼仪文书等一般也要求署名和落成文日期的。

二、语言

应用文的语言要求做到准确、简洁、平实、得体。这和文学作品语言风格不一样，文学作品的语言风格要求华美、典雅、藻饰等，而应用文的语言是由其行文的目的性决定了的，应用文的目的就是要用最简洁、最平实的话语将自己的观点准确无误地告诉对方，并要求受文对象没有歧义地去遵照执行。所以这也决定应用文的语言不能像文学作品那样要求语言生动、华美，只要准确、简洁、平实、得体就行。

（一）准确

准确是应用文写作语言的第一要求，也是最为重要的要求。准确就是应用文语言应切合语体，语言要准确、连贯、逻辑性强，造句要合乎语法规范。特别要注意事实、数据细节等的真实无误。对一些相近的词语要注意区别，如"定金"一词具有法律意义，不能随意毁约，而"订金"还可以退还。再如"请认真贯彻执行"与"请在工作中参考"是有区别的。

巧用模糊语也是应用文语言准确的一个体现。比如："通过进一步的学习，我的思想觉悟得到了很大的提高。"这句话里的"进一步""很大"等词语就是模糊语，若用一个具体的量词来界定的话反而不准确了。

（二）简洁

即语言要简练，做到言约意丰，要用最少的文字表达最丰富的内容。如此才能发挥应用文时效性的特点，注意删除套话、空话，不能用夸张、比喻等文学修辞手法。当然，简洁是要建立在意思表达清楚、明白、完整的基础上的。

（三）平实

平实即要用平易、朴实的语言，不能用生僻、晦涩、深奥的词语，要符合应用文的实用性的目的。

（四）得体

得体是指应用文语言应该符合写作主体的身份。比如写上行文、平行文就要注意语气委婉，在正文中不要出现"我们已经决定""要求""必须"等武断性词语，而应该用"请求""恳请""拟将"等词语。这更符合一个下级对上级，或者对平级的尊重之意，你的行文主张才更易获得上级或平级的肯定、支持和同意。当然，若是下行文得写得庄重、严肃，可以让下级更加重视和认真执行。

第三节　应用文的思维与表达

一、应用文的思维

思维是人脑对客观现实概括和间接的反映，它反映的是事物的本质和事物间规律性的联系。思维是人脑对客观现实的反映。思维所反映的是一类事物共同的、本质的属性和事物间内在的、必然的联系，属于理性认识。用什么样的思维来写作是一个十分重要的问题。我们知道，写作过程是一个复杂的思维过程，在应用文写作中，作者除运用一般的思维方式外，主要运用的思维方式有以下几种：逻辑思维、模式化思维、换位思维。

（一）逻辑思维

逻辑思维是人们在认识过程中借助于概念、判断、推理等思维形式能动地反映客观现实的理性认识过程，又称理论思维。它是作为对认识者的思维及其结构以及起作用的规律的分析而产生和发展起来的。只有经过逻辑思维，人们才能达到对具体对象本质规律的把握，进而认识客观世界。它是人的认识的高级阶段，即理性认识阶段。应用文写作大量使用逻辑思维。首先，要注意概念的准确性。概念是反映对象的本质属性的思维方式，语词是概念的形式，但相同的语词可以表达不同的概念。如"运动是永恒的"和"一百米跑是运动"两句话中"运动"一词的含义并不相同。如果不加以区分，就会简单得出结论：一百米跑永恒。其次，要注意判断的准确性。判断是对事物的情况有所断定的思维形式。在公文中，判断是否准确不仅影响到公文本身的质量，而且有可能影响到事务能否得到妥善的处理，问题能否得到真正的解决。最后，公文写作要大量运用推理。推理是由一个或几个已知的判断为前提推出未知判断的思维方式。要保证推理结论的正确，必须遵守两个条件：一是前提真实，二是形式正确。一些常用的推理方式，如演绎推理、归纳推理、类比推理等，在应用文写作中被大量运用。

（二）模式化思维

应用文写作要求见解独到，但并非刻意求新求异。在结构、表达、语言、风格等方面，都更多地要求按照既定的模式来展开。模式化思维主要体现在结构和语言两大方面。在结构上，应用文写作有一个结构的"基本型"，由开头、主体和结尾三部分组成全篇。在语言上，有些词语使用的频率非常高，如收悉、遵照、拟请、特此批复等都是约定俗成的套语，言简意明，如果换用其他语言，效果反而不好。此外，应用文的文种、格式，也都有很强的模式化。

（三）换位思维

换位思维，是一种站在他人的立场上，设身处地替他人思考的思维方式。它是一种被动的思维方式，启动于被代言者的指令或授权，终止于被代言者意志、意图的准确传达。思维的目的、思维的方向、思维的内容，代言者都不主动选择，其主观能动性只能在结构的组织上、表达方式的选择上、遣词造句上有一定的体现。如秘书替领导写作讲话稿，就应该按照领导的意图去思考问题进行写作。

二、应用文的表达方式

表达方式，即古人所称的"笔法"，今人称之为表达手法、表现方法。

人们写文章的表达方式通常有五种，即叙述、议论、说明、描写、抒情。由于受应用文书的文体特点和写作目的的制约，应用文书的语言表达方式主要为说明、叙述和议论，少用描写和抒情。

（一）说明

所谓说明，是用简明扼要的文字，对客观事物或事理的状态、性质、特点、功能、成因、关系、功用等属性，加以客观地解释和介绍的表达方式。

1. 说明的作用

以说明的方式来介绍背景材料和环境，可以为叙述起好铺垫作用。总结、简报、调查报告、工作报告对某些基本情况的介绍，表彰、处分决定或通报对有关人员或单位的介绍等，常用说明这种表达方式。条例、规定、制度、公约等法规、规章和管理规章文书、介绍信、证明信等专用书信以及启事、经济合同、广告等，也常用说明的表达方式。

用说明方式来介绍背景，交代情况，可以为议论提供必要的依据。

2. 应用文书说明的特征

（1）应用文书的说明常与议论、叙述结合使用。

（2）应用文书常是多种说明方式同时使用。

3. 应用文书常用的说明方法

（1）下定义：为了突出事物或事理的主要内容或主要问题，常常用简明扼要的语言给事物下定义。这是说明事物特征或事理，揭示事物或事理的本质的一种方法。如《统筹方法》一文，开头就给"统筹方法"下了定义："统筹方法，是一种安排工作进程的数学方法。"这个定义既指明了"统筹方法"的本质——数学，也指明了"统筹方法"的应用特点——安排工作进程。这样，就把统筹方法和其他的数学方法区别开来了。

（2）举例子：为了说明事物的情况或事理有时单从道理上讲，人们不太理解，这就需要举些既通俗易懂又有代表性的例子来加以说明。如《中国石拱桥》把古代的赵州桥和卢沟桥作为具有代表性的例子，对我国建设石拱桥历史的悠久、成就的杰出做了说明。

（3）分类别：要说明事物的特征或事理，从单方面往往不容易说清楚，可以根据形状、性质、成因、功能等方面的异同，把事物或事理按一定的标准分成若干类，然后依照类别，逐一加以说明。如《向沙漠进军》一文将向沙漠进攻的方式分成"游击战"和"阵地战"两类。

（4）列数据：数字是从数量上说明事物特征或事理的最精确、最科学、最有说服力的依据。如《死海不死》一文用大量的数字说明死海之所以浮力大的原因，非常清晰。

（5）做比较：为了把事物或事理说得通俗易懂，有时可以从人们已有的感性知识出发，利用人们生活中熟悉的事物或事理做比较，从而唤起读者的想象，获得一个深刻的印象。如《人类的语言》一文将鹦鹉、猩猩的"语言"与"人类的语言"做比较，得出

"只有人类才有真正的语言"的结论。

（二）议论

所谓议论，是作者对某件事情或某个问题进行分析、推理、评论，表明自己的立场、观点、意见的一种表达方式，也就是讲道理的方式。

应用文写作的议论与议论文写作中的议论是不同的，应用文中的议论只是叙述、说明的补充表达方式，且具有以下特点。第一，夹叙夹议，即一边用说明、叙述交代情况、事项，一边予以分析、评价。第二，就事论事，简化论证。第三，多正面论证。

（三）叙述

所谓叙述，是有次序地叙说、介绍人物的经历、言行或事物发展变化过程的表达方式。完整的叙述包括时间、地点、人物、事件起因、事件经过、事件结果六要素。

1. 叙述的作用

叙述是应用文书的基本表达方式。它可以作为以叙说情况为主的情况报告、表彰或处分通报、市场调查报告等文种的主要表达方式。交代背景、介绍文章涉及的人、单位或事件的基本概况、事物发展变化过程以及相互关系，都离不开叙述；为议论提供事实依据，也要用到叙述。

2. 应用文书叙述的特征

（1）以顺叙为主，讲求平铺直叙，注重叙述事件的过程。

（2）一般采用概括叙述，极少是具体、详细的叙述。

应用文书对叙述的要求是：概括准，粗线条。只注重对事件的整体勾画，不要求细节的具体和内容的详尽。只叙述与表达主旨、说明问题有直接关联的部分，或者只是综合地、概括地叙述若干人或事的共同点。

（3）常与其他表达方式结合运用。如夹叙夹议、叙事论理、叙述说明等。

3. 叙述的方法

（1）顺叙。

顺叙是根据人物经历或事件发生、发展的自然时序进行的叙述。

（2）倒叙。

倒叙是把事件的结局或事件中最突出的片断提到前面来叙述，然后再以顺叙的方式进行的叙述。

（3）插叙。

插叙是在叙述主要事件的过程中，因为需要，暂时中断叙述主线，插入与中心事件有关的内容的叙述。

值得注意的是应用文的叙述方法使用上，一般多用顺叙，也可以倒叙，但一般少用插叙和补叙。

4. 叙述的人称

人称是指作者叙述的观察点、立足点。选用第一人称的叙述是主观性叙述，能给读者真实、亲切的感受；选用第三人称的叙述是客观性叙述，可不受时空和是否亲身经历限制，因而叙述面较广较自由。使用第二人称叙述，有直接对话的亲临感，让读者感到像在面对面交流。

应用文书写作对人称的使用有特定的要求。如撰写总结、拟订计划，必须采用第一人称，写市场调查报告则主要使用第三人称。而有些文种的写作，三种人称还须同时使用，如涉及第三单位的来函、去函、情况通报，就常出现"我们""你们""他们"。

应用文对人称的使用时，常用"本"来代替第一人称的"我"，如本公司；用"贵"来代替"你""您"，如贵单位；用"该"来代替第三人称的"他（她、它）"，如该同志等。

第四节 应用文的拟写与修改

拟写和修改是应用文写作的两个重要环节，我们必须高度重视。

一、拟写

拟写，又称作拟稿、起草。是写作者根据客观需要、领导意图或本人的写作意图下笔为文的行为过程。它是应用文处理的第一个工作环节，占有重要的地位。

（一）拟写的重要性

拟写就是将写作者的构思借助文字写成文章，就是从"意"到"文"的转化过程。如果不认真起草，草稿就不能体现构思的成果，便不可能完成由"意"到"文"的转化，写作活动就会失败。再者，如果草稿的质量不高必然会给修改带来很大的麻烦。

（二）拟写应该注意的问题

1. 写前准备

应用文写作一般有"奉命"写作和自由写作两种。在"奉命"（即奉领导之命）写作时，应该深刻领会领导意图和原则意见，向部门主管人员了解全面情况与具体要求，向从事或熟悉该项工作的人员咨询，集思广益，获得启示。查阅有关文件、资料，从历史材料和当前情况中寻求借鉴，搜集材料。深入实际，现场观察，获得第一手材料。明确行文目的、文种选择、抄送范围等。

在自由写作中，要了解该论题他人是否写过，即使写过，两相对比，自己有无创新之处。然后收集材料，进行写作的可行性分析。

2. 拟订提纲

提纲是写作者思路的外在表现，也是文章的基本框架。提纲应写清每部分各个层次的安排及内容要点、大致篇幅。拟订好提纲后，在写作过程中才能做到思路清晰、结构合理、内容详细，不至于遗漏。

（二）拟写的方法

1. 围绕主旨，按照提纲拟写。按照提纲框架，根据事先准备的材料，将内容具体化、条理化。

2. 一气呵成。拟稿要一气呵成，主要考虑两方面因素：一是写作的时限性，要保证按时完成；二是文章的连贯性，要使文气贯通。如果在拟写时过于推敲文词，停停写写，就会造成思路中断，文气不畅。先一气呵成，等初稿写成后，再来增删、更换。一气呵成的方法是一种较好的起草方法。

（三）应用文拟写应当遵循的原则

拟写一篇应用文应当遵行如下原则。

1. 符合党的路线、方针、政策及国家法律法规。

2. 全面地反映客观实际情况，完整、准确地体现领导的意图。

3. 重点突出，观点鲜明，表述准确，结构严谨，条理清楚，字词规范，标点符号正确，篇幅力求简短。

4. 人名、地名、数字、引文准确。引用公文应当先引标题，后引发文字号。引用外文应当注明中文含义。日期应当写具体的年、月、日。

5. 使用文种、格式合理。

二、修改

（一）修改的意义

1. 正确反映客观事物的重要手段

应用文之所以要进行修改，而且要进行多次修改，因为它是客观事物的反映。而反映要正确、恰当，必须进行反复斟酌、修改，使之切合实际。修改是使文章的表述更趋合理的复杂劳动，它是把反复认识的成果体现出来的重要手段。

2. 文章的作用、特点所决定的必然要求

应用文，尤其是公文，是党和国家路线、方针、政策以及单位、部门意志的直接体现，稍有不慎就会造成工作失误，带来严重损失。这就要求对文稿反复推敲，反复修改。

3. 写作的重要环节

"文章不厌百回改"，从某种意义上讲，文章是"改"出来的。修改是提高文章质量的重要措施，也是对读者负责的表现，更是写作者严肃认真的写作态度的体现。

（二）修改的范围

应用文修改应从以下几方面进行。

1. 检查文种。文种是直接体现行文意图的一个标志，文种的正确选择决定着行文方向、语言运用以及行文意图的实现，同时也体现写作者的知识水平。

2. 斟酌主旨。主旨是文章的关键，主旨的修改，就是检查主旨是否正确、鲜明、集中。因为主旨直接影响着应用文的效力、政策的传达、工作的布置、实施情况等。

3. 调整结构。检查文章各个部分是否围绕主旨构成一个整体，各层次、各段落之间是否合乎逻辑，安排是否合理。开头、结尾是否前后照应，过渡是否自然、顺畅。

4. 增删材料。文章应做到观点与材料的统一。修改时，首先鉴别材料的真伪，使用是否得当。然后再考察材料与主旨之间的关系是否紧密，材料是否能表现、服务、深化主旨，主旨是否能统摄材料。

5. 锤炼语言。语言是思维的工具，也是文章内容的物质载体。修改时，注意检查语句是否通顺，表意是否准确，语言是否规范，有没有多余的文字。

6. 检查格式。应用文最重要的是格式，特别是公文，文头、行文、文尾等要素是否齐备，格式是否正确，机关代字、发文字号、落款、抄送等是否正确，其格式是否符合

2012年4月16日中共中央办公厅、国务院办公厅印发的《党政机关公文处理工作条例》（2012年7月1日开始执行）和2012年6月29日中华人民共和国国家质量监督检验检疫总局、中国国家标准化管理委员会发布的《党政机关公文格式》（2012年7月1日开始实施）等文件的相关规定。

（三）修改的方法

应用文的修改方法有以下几种情况。

1. 自行修改。文章拟写完后，由写作者自行修改，通读全文，根据修改范围，逐一检查修改。

2. 领导修改。多数应用文是体现领导意图、群体意志的，还有的涉及行业术语。稿成后，请领导审阅，看是否符合领导的思想意图。

3. 集体修改。通过会议的形式，集体讨论，对文章提出修改意见，再由起草人进行集中修改。

经过修改后，重新制作，便可定稿印制。

（四）常用校对修改符号及举例

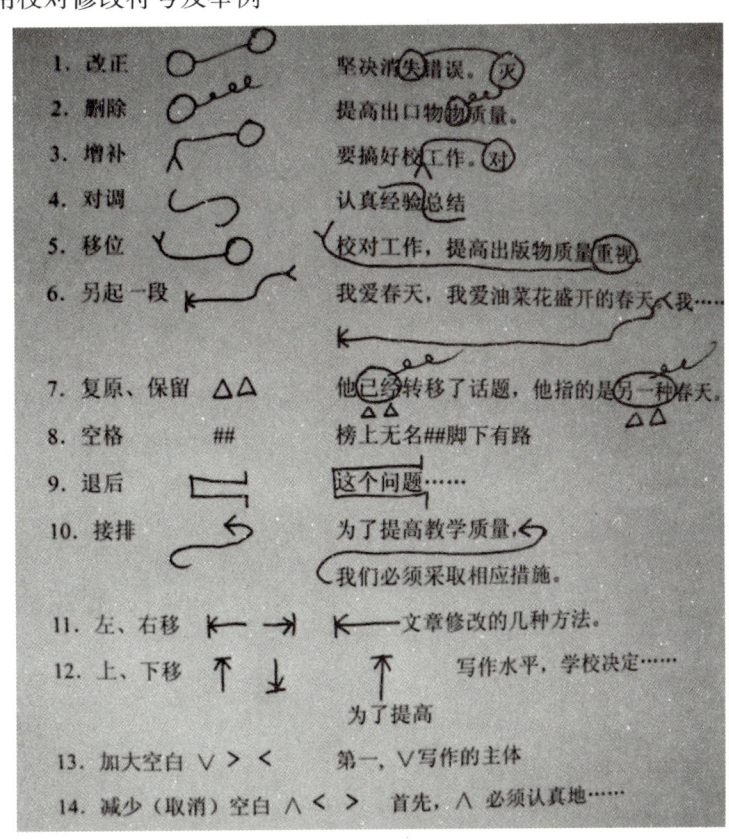

第三单元 仰望星空

　　浩瀚星空，历千年万年而不衰。这充满神秘与未知的光影世界，蕴藏了多少奥秘和人类说不尽道不完的话题？仰望星空，给我们带来几多惊喜、几多快乐、几多人生的启迪……

　　人类在历史前行中颠簸跋涉，经历了各种困难和挫折，迷茫和失败，难免会身心疲惫，亦难免有时会意志消沉。但只要我们仰望星空，志存高远，就不会为形所役，为物所累。像群星燃烧那样点燃永不熄灭的理想之火，筚路蓝缕、奋斗不息，一切梦想都有可能实现！诚如德国伟大古典哲学家黑格尔所言：一个民族有一些仰望星空的人，他们才有希望！

逍遥游（节选）

庄 子

　　庄子（约前369—前286），名周，战国时期宋国蒙（今河南商丘市东北）人。战国中期思想家、哲学家、文学家，庄学的创立者，道家学派代表人物，与老子并称"老庄"。

　　庄子因崇尚自由而不应楚威王之聘，仅担任过宋国地方的漆园吏，史称"漆园傲吏"，被誉为地方官吏之楷模。他最早提出的"内圣外王"思想对儒家影响深远。他洞悉易理，指出"《易》以道阴阳"，其"三籁"思想与《易经》三才之道相合。其文想象丰富奇特，语言运用自如，灵活多变，能把微妙难言的哲理说得引人入胜，被称为"文学的哲学，哲学的文学"。其作品收录于《庄子》一书，代表作有《逍遥游》《齐物论》《养生主》等。

　　据传庄子尝隐居南华山，卒葬南华山，故唐玄宗天宝初，被诏封为南华真人，《庄子》一书被奉为《南华真经》。

　　北冥有鱼[1]，其名为鲲[2]。鲲之大，不知其几千里也；化而为鸟，其名为鹏[3]。鹏之背，不知其几千里也；怒而飞[4]，其翼若垂天之云[5]。是鸟也，海运则将徙于南冥[6]。南冥者，天池也[7]。

《齐谐》者[8]，志怪者也[9]。《谐》之言曰："鹏之徙于南冥也，水击三千里[10]，抟扶摇而上者九万里[11]，去以六月息者也[12]。"野马也[13]，尘埃也[14]，生物之以息相吹也[15]。天之苍苍，其正色邪？其远而无所至极邪[16]？其视下也，亦若是则已矣。且夫水之积也不厚，则其负大舟也无力。覆杯水于坳堂之上[17]，则芥为之舟[18]；置杯焉则胶，水浅而舟大也。风之积也不厚，则其负大翼也无力，故九万里，则风斯在下矣[19]。而后乃今培风[20]，背负青天，而莫之夭阏者[21]，而后乃今将图南。蜩与学鸠笑之曰[22]："我决起而飞[23]，抢榆枋而止[24]，时则不至，而控于地而已矣[25]；奚以之九万里而南为[26]？"适莽苍者[27]，三餐而反[28]，腹犹果然[29]；适百里者，宿春粮[30]；适千里者，三月聚粮。之二虫又何知[31]？小知不及大知[32]，小年不及大年。奚以知其然也？朝菌不知晦朔[33]，蟪蛄不知春秋[34]，此小年也。楚之南有冥灵者[35]，以五百岁为春，五百岁为秋；上古有大椿者[36]，以八千岁为春，八千岁为秋[37]。此大年也。而彭祖乃今以久特闻[38]，众人匹之[39]，不亦悲乎？

汤之问棘也是已[40]："穷发之北，有冥海者[41]，天池也。有鱼焉，其广数千里，未有知其修者[42]，其名为鲲。有鸟焉，其名为鹏，背若太山[43]，翼若垂天之云；抟扶摇、羊角而上者九万里[44]，绝云气[45]，负青天，然后图南，且适南冥也。斥鴳笑之曰[46]：'彼且奚适也？我腾跃而上，不过数仞而下[47]，翱翔蓬蒿之间，此亦飞之至也[48]。而彼且奚适也？'"此小大之辩也[49]。

故夫知效一官[50]，行比一乡[51]，德合一君，而征一国者[52]，其自视也，亦若此矣。而宋荣子犹然笑之[53]。且举世而誉之而不加劝[54]，举世而非之而不加沮[55]，定乎内外之分[56]，辩乎荣辱之境[57]，斯已矣。彼其于世，未数数然也[58]。虽然，犹有未树也。夫列子御风而行[59]，泠然善也[60]，旬有五日而后反[61]。彼于致福者[62]，未数数然也。此虽免乎行，犹有所待者也[63]。

若夫乘天地之正[64]，而御六气之辩[65]，以游无穷者，彼且恶乎待哉[66]？故曰：至人无己[67]，神人无功[68]，圣人无名[69]。

【注释】

【1】冥：亦作溟，海之意。"北冥"，就是北方的大海。下文的"南冥"仿此。传说北海无边无际，水深而黑。

【2】鲲（kūn）：本指鱼卵，这里借表大鱼之名。

【3】鹏：本为古"凤"字，这里用表大鸟之名。

【4】怒：奋起。

【5】垂：边远；这个意义后代写作"陲"。一说遮，遮天。

【6】海运：海水运动，这里指汹涌的海涛；一说指鹏鸟在海面飞行。徙：迁移。

【7】天池：天然的大池。

【8】齐谐：书名。

【9】志：记载。

【10】击：拍打，这里指鹏鸟奋飞而起双翼拍打水面。

【11】抟（tuán）：环绕而上。一说"抟"当作"搏"（bó），拍击的意思。扶摇：又名叫飙，由地面急剧盘旋而上的暴风。

【12】去：离，这里指离开北海。息：停歇。

【13】野马：春天林泽中的雾气。雾气浮动状如奔马，故名"野马"。

【14】尘埃：扬在空中的土叫"尘"，细碎的尘粒叫"埃"。

【15】生物：概指各种有生命的东西。息：这里指有生命的东西呼吸所产生的气息。

【16】极：尽。

【17】覆：倾倒。坳（ào）：坑凹处，"坳堂"指厅堂地面上的坑凹处。

【18】芥：小草。

【19】斯：则，就。

【20】而后乃今：意思是这之后方才；以下同此解。培：通作"凭"，凭借。

【21】莫：这里做没有什么力量讲。天阏（è）：又写作"天遏"，意思是遏阻、阻拦。"莫之天阏"即"莫天阏之"的倒装。

【22】蜩（tiáo）：蝉。学鸠：一种小灰雀，这里泛指小鸟。

【23】决（xuè）：迅疾的样子。

【24】抢（qiāng）：突过。榆枋：两种树名。

【25】控：投下，落下来。

【26】奚以：何以。之：去到。为：句末疑问语气词。

【27】适：往，去到。莽苍：指迷茫看不真切的郊野。

【28】反：同"返"，返回。

【29】犹：还。果然：饱的样子。

【30】宿：这里指一夜。

【31】之：这。二虫：指上述的蜩与学鸠。

【32】知（zhì）：通"智"，智慧。

【33】朝：清晨。晦朔：一个月的最后一天和最初天。一说"晦"指黑夜，"朔"指清晨。

【34】蟪蛄（huì gū）：即寒蝉，春生复死或复生秋死。

【35】冥灵：传说中的大龟，一说树名。

【36】大椿：传说中的古树名。

【37】根据前后用语结构的特点，此句之下当有"此大年也"一句，但传统本子均无此句。

【38】彭祖：古代传说中年寿最长的人。乃今：而今。以：凭。特：独。闻：闻名于世。

【39】匹：配，比。

【40】汤：商汤。棘：汤时的贤大夫。已：矣。

【41】穷发：不长草木的地方。

【42】修：长。

【43】太山：大山。一说即泰山。

【44】羊角：旋风，回旋向上如羊角状。

【45】绝：穿过。

【46】斥鷃（yàn）：一种小鸟。

【47】仞：古代长度单位，周制为八尺，汉制为七尺；这里应从周制。

【48】至：极点。

【49】辩：通作"辨"，辨别、区分的意思。

【50】效：功效；这里含有胜任的意思。官：官职。

【51】行：品行。比：比并。

【52】而：通"能"，能力。征：取信。

【53】宋荣子：一名宋钘，宋国人，战国时期的思想家。犹然：讥笑的样子。

【54】举：全。劝：劝勉，努力。

【55】非：责难，批评。沮（jǔ）：沮丧。

【56】内外：这里分别指自身和身外之物。在庄子看来，自主的精神是内在的，荣誉和非难都是外在的，而只有自主的精神才是重要的、可贵的。

【57】境：界限。

【58】数数（shuò）然：急急忙忙的样子。

【59】列子：郑国人，名叫列御寇，战国时代思想家。御：驾驭。

【60】泠（líng）然：轻盈美好的样子。

【61】旬：十天。有：又。

【62】致：罗致，这里有寻求的意思。

【63】待：凭借，依靠。

【64】乘：遵循，凭借。天地：这里指万物，指整个自然线。正：本；这里指自然的本性。

【65】御：含有因循、顺着的意思。六气：指阴、阳、风、雨、晦、明。辩：通"变"，变化的意思。

【66】恶（wū）：何，什么。

【67】至人：这里指道德修养最高尚的人。无己：清除外物与自我的界限，达到忘掉自己的境界。

【68】神人：这里指精神世界完全能超脱于物外的人。无功：不建树功业。

【69】圣人：这里指思想修养臻于完美的人。无名：不追求名誉地位。

 【点评】

"逍遥"意思是优游自得的样子；"逍遥游"就是没有任何束缚地、自由自在地活动。本篇是《庄子》的代表篇目之一，充满奇特的想象和浪漫的色彩，寓说理于生动的比喻中，形成独特的风格。"逍遥游"也是庄子哲学思想的一个重要方面。全篇一再阐述无所依凭的主张，追求精神世界的绝对自由。在庄子的眼里，客观现实中的一事一物，包括人类本身都是对立而又相互依存的，这就没有绝对的自由，想无所依凭就得无己。因而他希望一切顺乎自然，超脱于现实，否定人在社会生活中的一切作用，把人类的生活与万物的生存混为一体；提倡不滞于物，追求无条件的精神自由。

【思考探究】

1. 试谈本文思想观点的积极意义与可能产生的消极影响。

2. 庄子在本文中所提出的"小大之辩"有何合理性？

3. 谈谈你对本文"寓理于形象之中"的体会和认识。

垓下之围[1]

司马迁

司马迁（约前145—约前89），字子长，夏阳（今陕西韩城南）人。青年时多次出外游历，足迹遍及南北各地。30岁为郎中。数年后承袭父职任太史令，读到大量政府藏书。他继承父志，于太初元年（前104）开始着手编写《史记》。天汉二年（前99），由于替投降匈奴的李陵辩解，得罪汉武帝，被处宫刑。出狱后任中书令。为了完成《史记》的写作，他含垢忍辱，发愤著书，终于在征和初年（前92）左右基本写成。不久即去世。

《史记》记叙了上自传说中的黄帝、下至汉武帝太初年间共三千多年的历史，是我国第一部纪传体通史。全书130篇："本纪"12篇，"表"10篇，"书"8篇，"世家"30篇，"列传"70篇。《史记》全面而生动地反映了历史的真实，对不合理的社会现实和统治阶级争权夺利、尔虞我诈的面目进行了揭露和批判，对社会中下层被压迫者和反抗者则寄予一定的同情。由于他在记叙历史人物时注入了自己的深厚感情，再加上精练生动的语言表达，书中的人物往往写得栩栩如生，具有强烈的艺术感染力量。

《史记》是一部伟大的历史著作，也是一部伟大的传记文学作品，在史学和文学两个方面，对后世都产生了深远影响。

项王军壁垓下[2]，兵少食尽，汉军及诸侯兵围之数重。夜闻汉军四面皆楚歌[3]，项王乃大惊曰："汉皆已得楚乎？是何楚人之多也！"项王则夜起，饮帐中。有美人名虞，常幸从[4]；骏马名骓[5]，常骑之。于是项王乃悲歌忼慨[6]，自为诗曰："力拔山兮气盖世，时不利兮骓不逝[7]。骓不逝兮可奈何，虞兮虞兮奈若何[8]！"歌数阕[9]，美人和之。项王泣数行下，左右皆泣，莫能仰视[10]。

于是项王乃上马骑[11]，麾下壮士骑从者八百余人，直夜溃围南出[12]，驰走。平明[13]，汉军乃觉之，令骑将灌婴以五千骑追之。项王渡淮，骑能属者，百余人耳[14]。项王至阴陵[15]，迷失道，问一田父，田父绐曰[16]："左。"左，乃陷大泽中。以故汉追及之。项王乃复引兵而东，至东城[17]，乃有二十八骑。汉骑追者数千人。项王自度不得脱[18]，谓其骑曰："吾起兵至今八岁矣，身七十余战[19]，所当者破[20]，所击者服，未尝败北[21]，遂霸有天下。然今卒困于此[22]，此天之亡我，非战之罪也。今日固决死[23]，愿为诸君快战[24]，必三胜之，为诸君溃围，斩将，刈旗[25]。令诸君知天亡我，非战之罪也。"乃分其骑以为四队，四向[26]。汉军围之数重。项王谓其骑曰："吾为公取彼一将。"令四面骑驰下，期山东为三处[27]。于是项王大呼，驰下。汉军皆披靡[28]，遂斩汉一将。

是时，赤泉侯为骑将[29]，追项王，项王瞋目而叱之[30]，赤泉侯人马俱惊，辟易数里[31]。与其骑会为三处。汉军不知项王所在，乃分军为三，复围之[32]。项王乃驰，复斩汉一都尉，杀数十百人。复聚其骑，亡其两骑耳。乃谓其骑曰："何如？"骑皆伏曰[33]："如大王言。"

于是项王乃欲东渡乌江[34]。乌江亭长舣船待[35]，谓项王曰："江东虽小，地方千里，众数十万人，亦足王也，愿大王急渡。今独臣有船，汉军至，无以渡。"项王笑曰："天之亡我，我何渡为！且籍与江东子弟八千人渡江而西，今无一人还，纵江东父兄怜而王我[36]，我何面目见之？纵彼不言，籍独不愧于心乎？"乃谓亭长曰："吾知公长者[37]。吾骑此马五岁，所当无敌，尝一日行千里，不忍杀之，以赐公。"乃令骑皆下马步行，持短兵接战。独籍所杀汉军数百人。项王身亦被十余创[38]。顾见汉骑司马吕马童[39]，曰："若非吾故人乎[40]？"马童面之[41]，指王翳曰[42]："此项王也。"项王乃曰："吾闻汉购我头千金，邑万户，吾为若德[43]。"乃自刎而死。王翳取其头，余骑相蹂践争项王，相杀者数十人。最其后，郎中骑杨喜、骑司马吕马童、郎中吕胜、杨武各得其一体。五人共会其体，皆是。故分其地为五：封吕马童为中水侯，封王翳为杜衍侯，封杨喜为赤泉侯，封杨武为吴防侯，封吕胜为涅阳侯。

……

太史公曰[44]："吾闻之周生曰[45]，舜目盖重瞳子[46]"，又闻项羽亦重瞳子，羽岂其苗裔邪[47]？何兴之暴也！[48]夫秦失其政，陈涉首难，豪杰蜂起，相与并争，不可胜数。然羽非有尺寸[49]，乘势起陇亩之中[50]，三年，遂将五诸侯灭秦[51]，分裂天下，而封王侯，政由羽出[52]，号为"霸王"，位虽不终[53]，近古以来未尝有也。及羽背关怀楚[54]，放逐义帝而自立[55]，怨王侯叛己，难矣[56]。自矜功伐[57]，奋其私智而不师古[58]，谓霸王之业，欲以力征经营天下[59]，五年卒亡其国，身死东城，尚不觉悟，而不自责，过矣[60]。乃引"天亡我，非用兵之罪也[61]"，岂不谬哉！

【注释】

【1】本文节选自《史记·项羽本纪》。题目系编者所加。垓下：地名，故址在今安徽亳县东南的城父村。

【2】壁：营垒；此处用作动词，即在……扎营。

【3】四面皆楚歌：四面八方都响起用楚方言所唱的歌曲。喻指楚人多已降汉。

【4】幸从：得到宠爱，跟随在项羽身边。

【5】骓（zhuī）：毛色黑白相间的马。这里是以毛色为马命名。

【6】忼慨：同"慷慨"，悲愤激昂。

【7】逝：奔驰。

【8】奈若何：将你怎么办。若：你。

【9】阕（què）：乐歌终了一次叫作一阕。

【10】莫：没有人。

【11】骑：名词，一人乘一马为一骑。

【12】直夜：当夜。溃围：突破重围。

【13】平明：天亮时。

【14】骑能属者：能跟从而来的骑兵。属：随从。

【15】阴陵：秦时地名，故址在今安徽定远县西北。

【16】田父：农夫。绐（dài）：欺骗。

【17】东城：秦时地名，故址在今安徽定远县东南。

【18】度（duó）：揣测，估计。脱：脱身。

【19】身：亲身参加。

【20】所当者：所遇到的敌方。

【21】尝：曾。败北：战败，败走。

【22】卒：最终。

【23】固：必，一定。

【24】快战：痛痛快快地打一仗。

【25】刈（yì）：割，砍。

【26】四向：面朝四个方向。

【27】期：约定。山东：山的东面。为三处：意谓分三处集合。

【28】披靡：惊溃散乱的样子。

【29】赤泉侯：汉将杨喜，后封赤泉侯。

【30】瞋（chēn）目：瞪大眼睛。叱（chì）：大声呵斥。

【31】辟易：倒退。

【32】复：又，再。

【33】伏：通"服"。

【34】乌江：即今安徽和县东北之乌江浦。

【35】亭长：乡官。秦、汉时制度，十里一亭，设亭长一人。舣：移船靠岸。

【36】纵：即使。王我：让我为王。

【37】长者：性情谨厚的人。

【38】创：创伤。

【39】顾：回头看。

【40】故人：旧相识。

【41】面之：面对着项王。

【42】指王翳：把项王指给王翳看。

【43】吾为若德：我就给你个好处吧。

【44】太史公：指太史令，司马迁自称。《史记》每篇传记文后均设"太史公曰"一段文字，以抒发他对传主一生行事、遭遇的总结性意见。

【45】周生：汉时儒者，姓周，名不详。

【46】盖：表推测，"或许是""可能是"之意。重瞳子：旧说指一只眼睛里有两个眸子。

【47】苗裔：后代。

【48】暴：骤然，突然。

【49】尺寸：指极少的封地、权势等凭借。

【50】陇亩：田间，指民间。

【51】将：率领。五诸侯：齐、赵、韩、魏、燕五国。此处泛指楚以外的各路义军。

【52】政：政令。

【53】不终：没取得较长远的好结果。

【54】背关怀楚：放弃关中，怀归楚地。指的是项羽不扼据关中而还军建都彭城。

【55】放逐义帝：项羽之叔项梁起兵时，立楚王后代熊心为怀王。灭秦后项羽尊其为义帝。后项羽自立为西楚霸王，徙义帝往长沙郴县，并阴令人于途中杀之。

【56】难矣：意思是说，项羽在这种情况下还想成大事，那就太困难了。

【57】自矜：自夸，自负。功伐：指武力征伐之功。

【58】私智：一己之能。师古：以古代成功立业的帝王为师。

【59】经营：治理，整顿。

【60】过矣：实在是太错了。

【61】引：援引，以……为理由。

【点评】

《项羽本纪》是《史记》中最著名的人物传记之一。这里所节选的垓下之围部分，主要表现了项羽失败时的英雄风采。司马迁不以成败论英雄，既肯定项羽起兵灭秦的重大历史功绩，又批评他缺乏政治远见、专恃武力以经营天下的致命错误。持论扼要而中肯。

本文抓住生死关口，通过三个场面描写，塑造了一个个性特点十分鲜明的悲剧英雄形象。在四面楚歌中霸王别姬，悲歌慷慨，表现了英雄末路多情而又无可奈何的心境；在东城"快战"中连斩数将，说到做到，展露了他勇猛无比的英姿；因愧见江东父老而自刎乌江，宁死不辱，揭示了他内心世界中知耻重义的一面。多角度的个性描写和心理刻画，大大增强了人物形象的立体感。

司马迁写人物传记，善于在历史事实的关键环节进行合乎情理的艺术加工。"虞兮虞兮"的悲歌，"天之亡我"的反复呼告，瞋目吓退吕马童数里的气势，宁死愧见江东父老的诉说，将宝马赠给乌江亭长的举动，这些有血有肉的细节加工，明显收到了使人物性格突出、情致丰赡动人的艺术效果。

 【思考探究】

  1. 本文主要描述了垓下之围中的哪三个场面？这三个场面各表现了项羽怎样的性格？

  2. 指出文中的细节加工之处，说明这些细节加工的表现作用，思考人物传记写作中尊重事实与艺术加工的关系。

  3. 结合文中"太史公曰"一段评议，谈谈你对项羽功过及其失败原因的看法。

行路难

李 白

本诗选自《全唐诗》。

李白（701—762）字太白，号青莲居士，又号"谪仙人"，唐代伟大的浪漫主义诗人，被后人誉为"诗仙"，与杜甫并称为"李杜"。原籍陇西成纪（今甘肃静宁西南），出生于中亚西域的碎叶城（在今吉尔吉斯斯坦境内），约五岁时，其家迁居绵州昌隆（今四川江油）。其父李客，不求禄仕而家境富裕，所以人们猜想他可能是一位巨商。李白深受黄老列庄思想影响，有《李太白集》传世。李白的诗歌是盛唐气象的典型代表。诗人终其一生，都在以天真的赤子之心讴歌理想的人生，无论何时何地，总以满腔热情去拥抱整个世界，追求充分地行事、立功和享受，对一切美的事物都有敏锐的感受，把握现实而又不满足于现实，投入生活的急流而又超越苦难的忧患，在高扬亢奋的精神状态中去实现自身的价值。如果说，理想色彩是盛唐一代诗风的主要特征，那么，李白是以更富于展望的理想歌唱走在了时代的前沿。

金樽清酒斗十千[1]，玉盘珍羞直万钱[2]。
停杯投箸[3]不能食，拔剑四顾心茫然。
欲渡黄河冰塞川，将登太行雪满山。
闲来垂钓碧溪上，忽复乘舟梦日边。[4]
行路难！行路难！多岐路，今安在？[5]
长风破浪[6]会有时，直挂云帆[7]济沧海。

【注释】

【1】樽：古代盛酒的器具，以金为饰。清酒：清醇的美酒。斗十千：一斗值十千钱（即万钱），形容酒美价高。

【2】珍羞：珍贵的菜肴。羞：同"馐"，美味的食物。直：通"值"，价值。

【3】箸：筷子。

【4】闲来垂钓碧溪上，忽复乘舟梦日边：这两句暗用典故：姜太公吕尚曾在渭水的磻溪上钓鱼，得遇周文王，助周灭商；伊尹曾梦见自己乘船从日月旁边经过，后被商汤聘请，助商灭夏。这两句表示诗人自己对从政仍有所期待。

【5】多岐路，今安在：岔道这么多，如今身在何处？岐，一作"歧"。安，哪里。

【6】长风破浪：比喻实现政治理想。据《宋书·宗悫传》载：宗悫少年时，叔父宗炳问他的志向，他说："愿乘长风破万里浪。"

【7】云帆：高高的船帆。船在海里航行，因天水相连，船帆好像出没在云雾之中。

 【点评】

《行路难》是乐府古题，多咏叹世路艰难及贫困孤苦的处境。李白这首《行路难》诗主要抒发了怀才不遇的情怀，抒写了诗人在政治道路上遭遇艰难时产生的不可抑制的激愤情绪，但诗人并未因此而放弃远大的政治理想，仍盼着总有一天会施展自己的抱负。全诗在悲愤中不乏豪迈气概，在失意中仍怀有希望，表现了一种积极的追求、乐观的自信和顽强地坚持理想的品格。

【思考探究】

1. 这首诗中诗人以"行路难"比喻什么？
2. 本诗诗人情感变化是怎样的？
3. 赏析"长风破浪会有时，直挂云帆济沧海"。

酬[1] 乐天[2] 扬州初逢席上见赠[3]

刘禹锡

本诗选自《全唐诗》。

刘禹锡（772—842）字梦得，洛阳人（今属河南），贞元九年（793）进士，贞元末任监察御史时，与柳宗元等人参与了由王叔文领导而很快宣告失败的革新活动，因此被贬为朗州司马，此后长期在外地任职。至大和二年（828）才回到长安，先后任主客郎中、集贤殿学士。此后又曾出外任苏州、汝州刺史，继而迁太子宾客。有《刘梦得文集》。

巴山楚水[4]凄凉地，二十三年[5]弃置身[6]。
怀旧[7]空吟[8]闻笛赋[9]，到乡翻似[10]烂柯人[11]。
沉舟[12]侧畔[13]千帆过，病树前头万木春。
今日听君歌一曲[14]，暂凭杯酒长精神[15]。

【注释】

【1】酬：答谢。这里是指以诗相答的意思。用诗歌赠答。

【2】乐天：指白居易，字乐天。

【3】见赠：赠送给我。

【4】巴山楚水：指四川、湖南、湖北一带。古时四川东部属于巴国，湖南北部和湖北等地属于楚国。刘禹锡被贬后，迁徙于朗州、连州、夔州、和州等边远地区，这里用"巴山楚水"泛指这些地方。

【5】二十三年：从唐顺宗永贞元年（805）刘禹锡被贬为连州刺史，至宝历二年（826）冬应召，约22年。因贬地离京遥远，实际上到第二年才能回到京城，所以说23年。

【6】弃置身：指遭受贬谪的诗人自己。弃置，贬谪。置，放置。

【7】怀旧：怀念故友。

【8】吟：吟唱。

【9】闻笛赋：指西晋向秀的《思旧赋》。三国曹魏末年，向秀的朋友嵇康、吕安因不满司马氏篡权而被杀害。后来，向秀经过嵇康、吕安的旧居，听到邻人吹笛，不禁悲从中来，于是作《思旧赋》。序文中说自己经过嵇康旧居，因写此赋追念他。刘禹锡借用这个

典故怀念已死去的王叔文、柳宗元等人。

【10】翻似：倒好像。翻，副词，反而。

【11】烂柯人：指晋人王质。相传晋人王质上山砍柴，看见两个童子下棋，就停下观看。等棋局终了，手中的斧柄柯已经朽烂。回到村里，才知道已过了一百年。同代人都已经亡故。作者以此典故表达自己遭贬 23 年的感慨。刘禹锡也借这个故事表达世事沧桑，人事全非，暮年返乡恍如隔世的心情。柯，斧柄。

【12】沉舟：这是诗人以沉舟、病树自比。

【13】侧畔：旁边。

【14】歌一曲：指白居易的《醉赠刘二十八使君》。

【15】长精神：振作精神。长，增长，振作。

【点评】

此诗作于唐敬宗宝历二年（826），刘禹锡罢和州刺史返回洛阳，同时白居易从苏州返洛阳，二人在扬州初逢之时。白居易在筵席上写了一首诗《醉赠刘二十八使君》相赠："为我引杯添酒饮，与君把箸击盘歌。诗称国手徒为尔，命压人头不奈何。举眼风光长寂寞，满朝官职独蹉跎。亦知合被才名折，二十三年折太多。"在诗中，白居易对刘禹锡被贬谪的遭遇，表示了同情和不平。于是刘禹锡写了这首《酬乐天扬州初逢席上见赠》回赠白居易。这首诗是显示自己对世事变迁和仕宦升沉的豁达襟怀，表现了诗人的坚定信念和乐观精神，同时又暗含哲理，表明新事物必将取代旧事物。刘禹锡在这首诗中所表现的身经危难、百折不回的坚强毅力，给后人以莫大的启迪和鼓舞，所以古今传诵，交口称赞。

【思考探究】

1. 本诗开头两句"巴山楚水凄凉地，二十三年弃置身"是什么意思？表达了诗人怎样的心情？

2. 你认为，此诗的主旨是什么？请依据诗作本身及有关资料说说你的看法。

3. 背诵这首诗。

西湖游记

袁宏道

袁宏道（1568—1610），明代文学家，字中郎，又字无学，号石公，又号六休。荆州公安（今湖北公安）人。万历二十年（1592）进士，历任吴县知县、礼部主事、吏部验封司主事、稽勋郎中、国子博士等职。袁宏道是明代文学反对复古运动的主将，他在文学上，他既反对前后七子模拟秦汉古文，亦反对唐顺之、归有光模拟唐宋古文，认为文章与时代有密切关系，提出了"独抒性灵，不拘格套"的性灵说。与其兄袁宗道、弟袁中道并有才名，合称"公安三袁"。由于三袁是荆州公安县人，其文学流派世称"公安派"或"公安体"。世人认为袁宏道是三兄弟中成就最高者。

一

从武林门而西，望保叔塔突兀[1]层崖中，则已心飞湖上也。午刻入昭庆，茶毕，即棹[2]小舟入湖。山色如娥[3]，花光如颊[4]，温风如酒，波纹如绫，才一举头，已不觉目酣神醉。此时欲下一语描写不得，大约如东阿王梦中初遇洛神时也。余游西湖始此，时万历丁酉二月十四日也。

二

西湖最盛，为春，为月[5]。一日之盛，为朝烟，为夕岚[6]。

今岁春雪甚盛，梅花为寒所勒[7]，与杏桃相次开发[8]，尤为奇观。

石篑[9]数为余言："傅金吾[10]园中梅，张功甫[11]家故物也，急往观之。"余时为桃花所恋[12]，竟不忍去[13]湖上。由断桥至苏堤一带，绿烟红雾[14]，弥漫二十余里。歌吹[15]为风，粉汗[16]为雨，罗纨之盛，多于堤畔之草，艳冶[17]极矣。

然杭人游湖，止午、未、申三时。其实湖光染翠[18]之工，山岚设色[19]之妙，皆在朝日始出，夕舂[20]未下，始极其浓媚[21]。月景尤不可言，花态柳情，山容水意[22]，别是一种趣味。此乐留与山僧、游客受用[23]，安可为俗士道哉！

【注释】

【1】突兀：高耸的样子。

【2】棹：船桨，这里指划船。名词作动词。

【3】娥：这里指眉上的彩黛（青黑色）。

【4】颊：面颊。这是说桃花艳丽如少女的颜面。

【5】为春，为月：是春天，是月下。

【6】夕岚：傍晚的山光。岚，山气。

【7】勒：抑制。

【8】相次开发：一个接一个地开放。

【9】石篑：一个人的号。

【10】傅金吾：傅姓的锦衣卫官员。

【11】张功甫：人名。

【12】恋：迷住。

【13】去：离开。

【14】绿烟红雾：指绿柳红桃，叶茂花盛，颜色浓艳。

【15】歌吹：唱歌奏乐。

【16】粉汗：年轻妇女的汗。

【17】艳冶：美丽，妖艳。

【18】湖光染翠：湖水染得像翡翠一般碧绿。

【19】设色：用颜色描画。

【20】夕舂：夕阳。

【21】极其浓媚：把它的浓媚姿态发挥到极点。

【22】花态柳情，山容水意：花的姿态，柳的情调，山的容颜，水的意境。意思是一切景物。

【23】受用：享用。

【点评】

本文写于明神宗万历二十六年（1598）春天。西湖在作者笔下重在写意，不仅勾勒了西湖天然娟秀的风情，而且表现了一种引人醺醉的整体魅力，以及作者的内心体验，而不精雕细琢其山水的具体细节。作者着意描写了西湖湖光山色之美，描写了苏堤上绿柳红花、游人如织的繁盛华艳的景象，但他认为西湖一日之内最盛美的是晨雾，是晚岚。作者这种独赏西湖之春的"月景"与"朝烟""夕岚"，与"午、未、申三时"游春的"俗士"迥异其趣。西湖之景虽美，但并非人人能享受。作为趣味高雅的士大夫，作者颇以能探幽寻胜，受用此乐而得意，含蓄流露出对黑暗官场的厌恶、对追名逐利的庸俗之人的鄙视与嘲讽。袁宏道的美学思想核心是"独抒性灵，不拘格套"，这篇游记即体现了这一思想。

宝玉挨打

曹雪芹

曹雪芹（约1715？—1763？）名霑，字梦阮，号雪芹，又号芹圃、芹溪。清代伟大的现实主义作家。

曹雪芹祖籍辽阳，很早入了满籍。从曾祖父起，三代任江宁织造。曹雪芹少年时代生活在这一豪贵之家，到雍正初年，因受朝廷政治斗争的牵连，其祖父曹寅被革职抄家，举家迁居北京，从此家业一蹶不振。曹雪芹晚年生活艰难，贫病而卒。

曹雪芹生性放达，能诗善画，具有深厚的文化修养和卓越的艺术才能。他虽身处所谓"康乾盛世"，但因经历了盛衰变迁，颇有憬悟，遂以其毕生精力，创作出了现实主义巨著《石头记》即《红楼梦》。可惜未能完成全书，今存前八十回，后四十回为高鹗所续。

《红楼梦》以贾、史、王、薛四大家族为背景，以贾宝玉与林黛玉的爱情悲剧为主要线索，着重描写了贾家荣、宁二府由盛到衰的过程，从多方面对封建社会和封建礼教进行了深刻的揭露和批判，客观上显示出中国封建社会行将走向灭亡的历史趋势，对贵族阶级中具有叛逆精神的青年争取男女平等、婚姻自由的思想行为进行了热情的歌颂。小说规模宏大，结构严谨，塑造了众多具有典型性格的艺术形象。《红楼梦》的思想和艺术成就，使之成为中国古代长篇小说的高峰。

原来宝玉会过雨村回来听见了，便知金钏儿含羞赌气自尽，心中早又五内摧伤，进来被王夫人数落教训，也无可回说。见宝钗进来，方得便出来，茫然不知何往，背着手，低头一面感叹，一面慢慢的走着，信步来至厅上。刚转过屏门，不想对面来了一人正往里走，可巧儿撞了个满怀。只听那人喝了一声"站住！"宝玉唬了一跳，抬头一看，不是别人，却是他父亲，不觉的倒抽了一口气，只得垂手一旁站了。

贾政道："好端端的，你垂头丧气嗐些什么？方才雨村来了要见你，叫你那半天你才出来；既出来了，全无一点慷慨挥洒谈吐，仍是葳葳蕤蕤。我看你脸上一团思欲愁闷气色，这会子又咳声叹气。你那些还不足，还不自在？无故这样，却是为何？"

宝玉素日虽是口角伶俐，只是此时一心总为金钏儿感伤，恨不得此时也身亡命殒，跟了金钏儿去。如今见了他父亲说这些话，究竟不曾听见，只是怔呵呵的站着。

贾政见他惶悚[1]，应对不似往日，原本无气的，这一来倒生了三分气。方欲说话，忽有回事人来回："忠顺亲王府里有人来，要见老爷。"贾政听了，心下疑惑，暗暗思忖道："素日并不和忠顺府来往，为什么今日打发人来？"一面想，一面令"快请"，急走出来看时，却是忠顺府长史官[2]，忙接进厅上坐了献茶。未及叙谈，那长史官先就说道："下官此来，并非擅造潭府[3]，皆因奉王命而来，有一件事相求。看王爷面上，敢烦老大人作主，不但王爷知情，且连下官辈亦感谢不尽。"

贾政听了这话，抓不住头脑，忙赔笑起身问道："大人既奉王命而来，不知有何见谕，望大人宣明，学生好遵谕承办。"那长史官便冷笑道："也不必承办，只用大人一句话就完了。我们府里有一个做小旦的琪官[4]，一向好好在府里，如今竟三五日不见回去，各处去找，又摸不着他的道路[5]，因此各处访察。这一城内，十停[6]人倒有八停人都说，他近日和衔玉的那位令郎相与甚厚。下官辈等听了，尊府不比别家，可以擅入索取，因此启明王爷。王爷亦云：'若是别的戏子呢，一百个也罢了，只是这琪官随机应答，谨慎老诚，甚合我老人家的心，竟断断少不得此人。'故此求老大人转谕令郎，请将琪官放回，一则可慰王爷谆谆奉恳，二则下官辈也可免操劳求觅之苦。"说毕，忙打一躬。

贾政听了这话，又惊又气，即命唤宝玉来。宝玉也不知是何原故，忙赶来时，贾政便问："该死的奴才！你在家不读书也罢了，怎么又做出这些无法无天的事来！那琪官现是忠顺王爷驾前承奉的人，你是何等草芥，无故引逗他出来，如今祸及于我。"宝玉听了唬了一跳，忙回道："实在不知此事。究竟连'琪官'两个字不知为何物，岂更又加'引逗'二字！"说着便哭了。

贾政未及开言，只见那长史官冷笑道："公子也不必掩饰。或隐藏在家，或知其下落，早说了出来，我们也少受些辛苦，岂不念公子之德？"宝玉连说不知，"恐是讹传，也未见得"。那长史官冷笑道："现有据证，何必还赖？必定当着老大人说了出来，公子岂不吃亏？既云不知此人，那红汗巾子[7]怎么到了公子腰里？"

宝玉听了这话，不觉轰去魂魄，目瞪口呆，心下自思："这话他如何得知！他既连这样机密事都知道了，大约别的瞒他不过，不如打发他去了，免的再说出别的事来。"因说道："大人既知他的底细，如何连他置买房舍这样大事倒不晓得了？听得说他如今在东郊离城二十里有个什么紫檀堡，他在那里置了几亩田地几间房舍。想是在那里也未可知。"那长史官听了，笑道："这样说，一定是在那里。我且去找一回，若有了便罢，若没有，还要来请教。"说着，便忙忙的走了。

贾政此时气的目瞪口歪，一面送那长史官，一面回头命宝玉"不许动！回来有话问你！"一直送那官员去了。才回身，忽见贾环带着几个小厮一阵乱跑。贾政喝令小厮"快打，快打！"贾环见了他父亲，唬的骨软筋酥，忙低头站住。贾政便问："你跑什么？带着你的那些人都不管你，不知往那里逛去，由你野马一般！"喝令叫跟上学的人来。

贾环见他父亲盛怒，便乘机说道："方才原不曾跑，只因从那井边一过，那井里淹死了一个丫头，我看见人头这样大，身子这样粗，泡的实在可怕，所以才赶着跑了过来。"贾政听了惊疑，问道："好端端的，谁去跳井？我家从无这样事情，自祖宗以来，皆是宽柔以待下人。——大约我近年于家务疏懒，自然执事人[8]操克夺之权[9]，致使生出这暴殄轻生[10]的祸患。若外人知道，祖宗颜面何在！"喝令快叫贾琏、赖大、来兴。

小厮们答应了一声，方欲叫去，贾环忙上前拉住贾政的袍襟，贴膝跪下道："父亲不用生气。此事除太太房里的人，别人一点也不知道。我听见我母亲说……"说到这里，便回头四顾一看。贾政知意，将眼一看众小厮，小厮们明白，都往两边后面退去。贾环便悄悄说道："我母亲告诉我说，宝玉哥哥前日在太太屋里，拉着太太的丫头金钏儿强奸不遂，打了一顿。那金钏儿便赌气投井死了。"

话未说完，把个贾政气的面如金纸，大喝："快拿宝玉来！"一面说，一面便往里边书房里去，喝令"今日再有人劝我，我把这冠带家私[11]一应[12]交与他与宝玉去！我免不得做个罪人，把这几根烦恼鬓毛剃去，寻个干净去处[13]自了，也免得上辱先人下生逆子之罪。"

众门客仆从见贾政这个形景，便知又是为宝玉了，一个个都是咬指咬舌，连忙退出。那贾政喘吁吁直挺挺坐在椅子上，满面泪痕，一叠声："拿宝玉！拿大棍！拿索子捆上！把各门都关上！有人传信往里头去，立刻打死！"众小厮们只得齐声答应，有几个来找宝玉。

那宝玉听见贾政吩咐他"不许动"，早知多凶少吉，那里承望贾环又添了许多的话。正在厅上干转，怎得个人来往里头去捎信，偏生没个人，连焙茗也不知在那里。正盼望时，只见一个老妈妈出来。宝玉如得了珍宝，便赶上来拉他，说道："快进去告诉：老爷要打我呢！快去，快去！要紧，要紧！"宝玉一则急了，说话不明白；二则老婆子偏生又聋，竟不曾听见是什么话，把"要紧"二字只听作"跳井"二字，便笑道："跳井让他跳去，二爷怕什么？"宝玉见是个聋子，便着急道："你出去叫我的小厮来罢。"那婆子道："有什么不了的事？老早的完了。太太又赏了衣服，又赏了银子，怎么不了事的！"

宝玉急的跺脚，正没抓寻处，只见贾政的小厮走来，逼着他出去了。贾政一见，眼都红紫了，也不暇问他在外流荡优伶，表赠私物，在家荒疏学业，淫辱母婢等语，只喝令："堵起嘴来，着实打死！"小厮们不敢违拗，只得将宝玉按在凳上，举起大板打了十来下。贾政犹嫌打轻了，一脚踢开掌板的，自己夺过来，咬着牙狠命盖了三四十下。众门客见打的不祥了，忙上前夺劝。贾政那里肯听，说道："你们问问他干的勾当可饶不可饶！素日皆是你们这些人把他酿[14]坏了，到这步田地还来解劝。明日酿到他弑君杀父，你们才不劝不成！"

众人听这话不好听，知道气急了，忙又退出，只得觅人进去给信。王夫人不敢先回贾母，只得忙穿衣出来，也不顾有人没人，忙忙赶往书房中来，慌的众门客小厮等避之不及。王夫人一进房来，贾政更如火上浇油一般，那板子越发下去的又狠又快。按宝玉的两个小厮忙松了手走开，宝玉早已动弹不得了。

　　贾政还欲打时，早被王夫人抱住板子。贾政道："罢了，罢了！今日必定要气死我才罢！"王夫人哭道："宝玉虽然该打，老爷也要自重。况且炎天暑日的，老太太身上也不大好，打死宝玉事小，倘或老太太一时不自在了，岂不事大！"贾政冷笑道："倒休提这话。我养了这不肖的孽障，已不孝；教训他一番，又有众人护持；不如趁今日一发勒死了，以绝将来之患！"说着，便要绳索来勒死。王夫人连忙抱住哭道："老爷虽然应当管教儿子，也要看夫妻分上。我如今已将五十岁的人，只有这个孽障，必定苦苦的以他为法，我也不敢深劝。今日越发要他死，岂不是有意绝我。既要勒死他，快拿绳子来先勒死我，再勒死他。我们娘儿们不敢含怨，到底在阴司里得个依靠。"说毕，趴在宝玉身上大哭起来。

　　贾政听了此话，不觉长叹一声，向椅上坐了，泪如雨下。王夫人抱着宝玉，只见他面白气弱，底下穿着一条绿纱小衣皆是血渍，禁不住解下汗巾看，由臀至胫，或青或紫，或整或破，竟无一点好处，不觉失声大哭起来，"苦命的儿吓！"因哭出"苦命儿"来，忽又想起贾珠来，便叫着贾珠哭道："若有你活着，便死一百个我也不管了。"

　　此时里面的人闻得王夫人出来，那李宫裁、王熙凤与迎春姊妹早已出来了。王夫人哭着贾珠的名字，别人还可，惟有宫裁禁不住也放声哭了。贾政听了，那泪珠更似滚瓜一般滚了下来。正没开交处，忽听丫鬟来说："老太太来了。"一句话未了，只听窗外颤巍巍的声气说道："先打死我，再打死他，岂不干净了！"

　　贾政见他母亲来了，又急又痛，连忙迎接出来，只见贾母扶着丫头，喘吁吁的走来。贾政上前躬身赔笑道："大暑热天，母亲有何生气亲自走来？有话只该叫了儿子进去吩咐。"贾母听说，便止住步喘息一回，厉声说道："你原来是和我说话！我倒有话吩咐，只是可怜我一生没养个好儿子，却教我和谁说去！"

　　贾政听这话不像，忙跪下含泪说道："为儿的教训儿子，也为的是光宗耀祖。母亲这话，我做儿的如何禁得起？"贾母听说，便啐了一口，说道："我说一句话，你就禁不起，你那样下死手的板子，难道宝玉就禁得起了？你说教训儿子是光宗耀祖，当初你父亲怎么教训你来！"说着，不觉就滚下泪来。

　　贾政又赔笑道："母亲也不必伤感，皆是作儿的一时性起，从此以后再不打他了。"贾母便冷笑道："你也不必和我使性子赌气的。你的儿子，我也不该管你打不打。我猜着你也厌烦我们娘儿们。不如我们赶早儿离了你，大家干净！"说着便令人去看[15]轿马，"我和你太太宝玉立刻回南京去！"家下人只得干答应着。

　　贾母又叫王夫人道："你也不必哭了。如今宝玉年纪小，你疼他，他将来长大成人，为官作宰的，也未必想着你是他母亲了。你如今倒不要疼他，只怕将来还少生一口气呢。"贾政听说，忙叩头哭道："母亲如此说，贾政无立足之地。"贾母冷笑道："你分明使我无立足之地，你反说起你来！只是我们回去了，你心里干净，看有谁来许你打。"一面说，一面只令快打点行李车轿回去。贾政苦苦叩求认罪。

　　贾母一面说话，一面又记挂宝玉，忙进来看时，只见今日这顿打不比往日，既是心疼，又是生气，也抱着哭个不了。王夫人与凤姐等解劝了一会，方渐渐的止住。

早有丫鬟媳妇等上来，要搀宝玉，凤姐便骂道："糊涂东西，也不睁开眼瞧瞧！打的这么个样儿，还要搀着走！还不快进去把那藤屜子春凳[16]抬出来呢。"众人听说连忙进去，果然抬出春凳来，将宝玉抬放凳上，随着贾母、王夫人等进去，送至贾母房中。

彼时贾政见贾母气未全消，不敢自便，也跟了进去。看看宝玉，果然打重了。再看看王夫人，"儿"一声，"肉"一声，"你替珠儿早死了，留着珠儿，免你父亲生气，我也不白操这半世的心了。这会子你倘或有个好歹，丢下我，叫我靠那一个！"数落一场，又哭"不争气的儿"。贾政听了，也就灰心，自悔不该下毒手打到如此地步。先劝贾母，贾母含泪说道："你不出去，还在这里做什么！难道于心不足，还要眼看着他死了才去不成！"贾政听说，方退了出来。

此时薛姨妈同宝钗、香菱、袭人、史湘云也都在这里。袭人满心委屈，只不好十分使出来，见众人围着，灌水的灌水，打扇的打扇，自己插不下手去，便越性走出来到二门前，令小厮们找了焙茗来细问："方才好端端的，为什么打起来？你也不早来透个信儿！"焙茗急的说："偏生我没在跟前，打到半中间我才听见了。忙打听原故，却是为琪官、金钏姐姐的事。"袭人道："老爷怎么得知道的？"焙茗道："那琪官的事，多半是薛大爷素日吃醋，没法儿出气，不知在外头唆挑了谁来，在老爷跟前下的火[17]。那金钏儿的事是三爷说的，我也是听见老爷的人说的。"

袭人听了这两件事都对景[18]，心中也就信了八九分。然后回来，只见众人都替宝玉疗治。调停完备，贾母令"好生抬到他房内去"。众人答应，七手八脚，忙把宝玉送入怡红院内自己床上卧好。又乱了半日，众人渐渐散去，袭人方进前来经心服侍，问他端的。

话说袭人见贾母、王夫人等去后，便走来宝玉身边坐下，含泪问他："怎么就到这步田地？"宝玉叹气说道："不过为那些事，问他做什么！只是下半截疼的很，你瞧瞧打坏了那里。"袭人听说，便轻轻的伸手进去，将中衣褪下。宝玉略动一动，便咬着牙叫"嗳哟"，袭人连忙停住手，如此三四次才褪了下来。袭人看时，只见腿上半段青紫，都有四指宽的僵痕高了起来。袭人咬着牙说道："我的娘，怎么下这般的狠手！你但凡听我一句话，也不得到这步地位。幸而没动筋骨，倘或打出个残疾来，可叫人怎么样呢！"

正说着，只听丫鬟们说："宝姑娘来了。"袭人听见，知道穿不及中衣，便拿了一床袷纱被[19]替宝玉盖了。只见宝钗手里托着一丸药走进来，向袭人说道："晚上把这药用酒研开，替他敷上，把那淤血的热毒散开，可以就好了。"说毕，递与袭人，又问道："这会子可好些？"宝玉一面道谢说："好了。"又让坐。

宝钗见他睁开眼说话，不像先时，心中也宽慰了好些，便点头叹道："早听人一句话，也不至今日。别说老太太、太太心疼，就是我们看着，心里也——"刚说了半句又忙咽住，自悔说的话急了，不觉的就红了脸，低下头来。宝玉听得这话如此亲切稠密，大有深意，忽见他又咽住不往下说，红了脸，低下头只管弄衣带，那一种娇羞怯怯，非可形容得出者，不觉心中大畅，将疼痛早丢在九霄云外，心中自思："我不过挨了几下打，他们一个个就有这些怜惜悲感之态露出，令人可玩可观，可怜可敬。假若我一时竟遭殃横死，他们还不知是何等悲感呢！既是他们这样，我便一时死了，得他们如此，一生事业纵然尽付东流，亦无足叹惜，冥冥之中若不怡然自得，亦可谓糊涂鬼崇矣。"想着，只听宝钗问袭人道："怎么好好的动了气，就打起来了？"袭人便把焙茗的话说了出来。宝玉原来还不知道贾环的话，见袭人说出方才知道。因又拉上薛蟠，惟恐宝钗沉心[20]，忙又止住袭人道："薛大哥哥从来不这样的，你们不可混猜度。"

宝钗听说，便知道是怕他多心，用话相拦袭人，因心中暗暗想道："打的这个形象，疼还顾不过来，还是这样细心，怕得罪了人，可见在我们身上也算是用心了。你既这样用心，何不在外头大事上做功夫，老爷也欢喜了，也不能吃这样亏。但你固然怕我沉心，所以拦袭人的话，难道我就不知我的哥哥素日恣心纵欲，毫无防范的那种心性。当日为一个秦钟，还闹的天翻地覆，自然如今比先又更利害了。"想毕，因笑道："你们也不必怨这个，怨那个。据我想，到底宝兄弟素日不正，肯和那些人来往，老爷才生气。就是我哥哥说话不防头[21]，一时说出宝兄弟来，也不是有心调唆：一则也是本来的实话，二则他原不理论[22]这些防嫌小事。袭姑娘从小儿只见宝兄弟这么样细心的人，你何尝见过天不怕地不怕、心里有什么口里就说什么的人。"

袭人因说出薛蟠来，见宝玉拦他的话，早已明白自己说造次了，恐宝钗没意思，听宝钗如此说，更觉羞愧无言。宝玉又听宝钗这番话，一半是堂皇正大，一半是去己疑心，更觉比先畅快了。方欲说话时，只见宝钗起身说道："明儿再来看你，你好生养着罢。方才我拿了药来交给袭人，晚上敷上管就好了。"说着便走出门去。袭人赶着送出院外，说："姑娘倒费心了。改日宝二爷好了，亲自来谢。"宝钗回头笑道："有什么谢处。你只劝他好生静养，别胡思乱想的就好了。不必惊动老太太、太太众人，倘或吹到老爷耳朵里，虽然彼时不怎么样，将来对景，终是要吃亏的。"说着，一面去了。

袭人抽身回来，心内着实感激宝钗。进来见宝玉沉思默默似睡非睡的模样，因而退出房外，自去栉沐[23]。宝玉默默的躺在床上，无奈臀上作痛，如针挑刀挖一般，更又热如火炙，略展转时，禁不住"嗳哟"之声。那时天色将晚，因见袭人去了，却有两三个丫鬟伺候，此时并无呼唤之事，因说道："你们且去梳洗，等我叫时再来。"众人听了，也都退出。

这里宝玉昏昏默默，只见蒋玉菡走了进来，诉说忠顺府拿他之事，又见金钏儿进来哭说为他投井之情。宝玉半梦半醒，都不在意。忽又觉有人推他，恍恍忽忽听得有人悲戚之声。宝玉从梦中惊醒，睁眼一看，不是别人，却是林黛玉。宝玉犹恐是梦，忙又将身子欠起来，向脸上细细一认，只见两个眼睛肿的桃儿一般，满面泪光，不是黛玉，却是那个？宝玉还欲看时，怎奈下半截疼痛难忍，支持不住，便"嗳哟"一声，仍就倒下，叹了一声，说道："你又做什么跑来！虽说太阳落下去，那地上的余热未散，走两趟又要受了暑。我虽然挨了打，并不觉疼痛。我这个样儿，只装出来哄他们，好在外头布散与老爷听，其实是假的。你不可认真。"

此时林黛玉虽不是嚎啕大哭，然越是这等无声之泣，气噎喉堵，更觉得利害。听了宝玉这番话，心中虽然有万句言词，只是不能说得，半日，方抽抽噎噎的说道："你从此可都改了罢！"宝玉听说，便长叹一声，道："你放心，别说这样话。就便为这些人死了，也是情愿的！"

一句话未了，只见院外人说："二奶奶来了。"林黛玉便知是凤姐来了，连忙立起身说道："我从后院子去罢，回来再来。"宝玉一把拉住道："这可奇了，好好的怎么怕起他来。"林黛玉急的跺脚，悄悄的说道："你瞧瞧我的眼睛，又该他取笑开心呢。"宝玉听说赶忙的放手。黛玉三步两步转过床后，出后院而去。

【注释】

【1】惶悚（sǒng）：惶恐。悚，害怕，恐惧。

【2】长史官：总管王府内事务的官吏。从南朝起始设，以后各代王府都沿设。

【3】潭府：潭府深宅大院。常用作对他人住宅的尊称。潭，深邃的样子。

【4】琪官：此处指蒋玉涵。

【5】道路：道路行踪，去向。

【6】停：停总数分成几份，其中一份叫一停。

【7】汗巾子：汗巾子系内裤用的腰巾，因近身受汗，故名。

【8】执事人：具体操办某件事务的人。

【9】克夺之权：生杀予夺之权。

【10】暴殄（tiǎn）轻生：暴殄，恣意糟踏。殄，灭绝。轻生，不爱惜生命。

【11】冠带家私：冠带，帽子和束带，是官服的代称，这里代指官爵。家私，财产，代指家业。

【12】一应：所有的一切。

【13】干净去处：剃去烦恼鬓毛与寻个干净去处，都是出家当和尚的意思。干净，佛家以为人世污浊不净，唯有佛门才能通向清净世界，即所谓净土。

【14】酿：酿惯，纵容。

【15】看：看料理，备办。

【16】藤屉子春凳：春凳，一种面较宽的可坐可卧的长凳。藤屉子，凳面用藤皮编成。

【17】下的火：使坏进谗的意思。

【18】对景：对得上号，情况符合。

【19】袷（jiá）纱被：表里两层的纱被。袷，同"夹"。

【20】沉心：多指言者无意而听者有心，陡生不快。也叫"吃心"或"嗔心"。

【21】不防头：不留神，不经意。

【22】不理论：不注意，不在意。

【23】栉（zhì）沐：梳洗。

【点评】

宝玉挨打发生在第三十三回，地点是贾政书房，时间是夏季午休后。其根本原因是封建礼教的维护者与叛逆者之间不可调和的矛盾：贾政痛恨宝玉鄙弃功名利禄，不走仕途经济之路，不在外头大事上做工夫，不能成为他的继承人，他痛恨宝玉的离经叛道。其直接原因是他交结贾家敌对势力忠顺亲王的戏子，犯了政治大忌；导火索是贾环在政老爹面前诬告宝玉"强奸（母婢）未遂，（金钏）赌气投井"。贾政闻而暴怒，回书房关门将宝玉一顿毒打。总共打了大约五十板子，贾母赶来已迟，严斥贾政后，命人将奄奄一息的宝玉从书房带回自己屋里。贾政三番落泪，事后也颇悔下手太重，后脚跟进贾母屋里欲看宝玉，又被贾母斥出屋里。它暗衔"清虚观打醮""冯紫英寿宴"两节，近接上一回的"吃胭脂金钏语成谶"，是全书的情节高潮之一。寿宴妓女云儿（告密者）、书房来客贾雨村（参与告密）都不是闲笔。

宝玉挨打是《红楼梦》中的著名事件之一，突出表现的恰恰不是贾政与宝玉父子两代的思想冲突，而是宝玉无意间卷入政治旋涡而不自觉的皮肉教训。这一情节，是作者曹雪芹现实生活挨打的艺术升华，它隐藏着小说文本的线索密码，也浸透着曹雪芹的眼泪。贾政被贾母一顿反呛之后，委屈地含泪跪下，曹雪芹写到此处也带泪而叙。

【思考探究】

1. 作者写宝玉挨打的过程很有层次感，随着层次的递进，气氛越来越紧张。请分点概括宝玉挨打的过程。

2. 结合这段文字概括宝玉挨打的原因。联系全文，谈谈宝玉挨打的深层原因。

【相关链接】

护花主人总评

清·王希廉

《石头记》也是说梦，而立意作法，另开生面。前后两大梦，皆游太虚幻境。而一是真梦，虽阅册听歌，茫然不解；一是神游，因缘定数，了然记得。且有甄士隐梦得一半幻境，绛芸轩梦语含糊，甄宝玉一梦而顿改前非，林黛玉一梦而情痴愈锢。又有柳湘莲梦醒出家，香菱梦里作诗，宝玉梦与甄宝玉相合，妙玉走魔恶梦，小红私情痴梦，尤二姐梦妹劝斩妒妇，王凤姐梦人强夺锦匹，宝玉梦至阴司，袭人梦见宝玉，秦氏、元妃等托梦，及宝玉想梦无梦等事，穿插其中。与别部小说传奇说梦不同。文人心思，不可思议……一部书中，翰墨则诗词歌赋，制艺尺牍，爰书戏曲，以及对联匾额，酒令灯谜，说书笑话，无不精善；技艺则琴棋书画，医卜星相，及匠作构造，栽种花果，畜养禽鸟，针黹烹调，巨细无遗；人物则方正阴邪，贞淫顽善，节烈豪侠，刚强懦弱，及前代女将，外洋诗女，仙佛鬼怪，尼僧女道，娼妓优伶，黠奴豪仆，盗贼邪魔，醉汉无赖，色色俱有；事迹则繁华筵宴，奢纵宣淫，操守贪廉，宫闱仪制，庆吊盛衰，判狱靖寇，以及讽经设坛，贸易钻营，事事皆全；甚至寿终夭折，暴病亡故，丹戕药误，及自刎被杀，投河跳井，悬梁受逼，吞金服毒，撞阶脱精等事，亦件件俱有。可谓包罗万象，囊括无遗，岂别部小说所能望见项背！

中国小说史略

鲁 迅

《红楼梦》是中国许多人所知道，至少，是知道这名目的书。谁是作者和续者姑且勿论，单是命意，就因读者的眼光而有种种：经学家看见《易》，道学家看见淫，才子看见缠绵，革命家看见排满，流言家看见宫闱秘事……全书所写，虽不外悲喜之情，聚散之迹，而人物事故，则摆脱旧套，与在先之人情小说甚不同。……至于说到《红楼梦》的价值，可是在中国底小说中实在是不可多得的。其要点在敢于如实描写，并无讳饰，和从前的小说叙好人完全是好，坏人完全是坏的，大不相同，所以其中所叙的人物，都是真的人物。总之自有《红楼梦》出来以后，传统的思想和写法都打破了。——它那文章的旖旎和缠绵，倒是还在其次的事。

哈姆雷特（节选）

莎士比亚

　　莎士比亚（1564—1616），英国文艺复兴时期伟大的剧作家、诗人，欧洲文艺复兴时期人文主义文学的集大成者。莎士比亚的代表作有四大悲剧：《哈姆雷特》、《奥赛罗》、《李尔王》、《麦克白》。著名喜剧：《仲夏夜之梦》《威尼斯商人》《第十二夜》《皆大欢喜》。历史剧：《亨利四世》《亨利五世》《查理二世》《罗密欧与朱丽叶》等。他被称为是"时代的灵魂"，马克思称他和古希腊的埃斯库罗斯为"人类最伟大的戏剧天才"。他因此也被人们尊称为"莎翁"。他的大部分作品都已被译成多种文字，其剧作也在许多国家上演。

　　《哈姆雷特》是莎士比亚的四大悲剧之一。悲剧主人公哈姆雷特是一位丹麦王子，他本来在德国威登堡大学念书，回国时他父王已经暴死，母后乔特鲁德已经改嫁给他的叔父新王克劳狄斯。国内谣诼纷纭，哈姆雷特对父亲的暴死与母亲的匆促改嫁也感到非常悲愤，又看出到处都是恶事败行，因此一直郁郁不乐。正在这时，他父亲的鬼魂在他面前显现，详细告诉他克劳狄斯谋杀自己的罪行，并命他为自己复仇。哈姆雷特把这一复仇的任务理解为反对一般罪恶斗争的任务，这就使他心烦意乱、犹豫不决。他开始装疯，但他的装疯引起了叔父的怀疑，克劳狄斯派了许多人——哈姆雷特的老同学罗森克兰兹和纪尔顿斯丹，甚至哈姆雷特的情人奥菲利娅——来试探哈姆雷特，想由此猜出王子的心事。在敌人重重包围之下，哈姆雷特又利用一个戏班子进宫堡演出的机会，把《贡札果谋杀案》稍加改编，以此试探国王。演出尚未终场，克劳狄斯便仓皇离去，这样就进一步证实了他的罪行。在克劳狄斯的指使下，乔特鲁德召儿子到她房中谈话，哈姆雷特发现有人在帷幕后面偷听，便误以为那人就是克劳狄斯，拔剑把他刺死。不料隐藏在那里的不是他叔父，而是他情人奥菲利娅的父亲、宫内大臣波洛涅斯。奥菲利娅因此而发疯，终于惨死。克劳狄斯知道自己的罪恶已被哈姆雷特识破，就设法打发王子出使英国，并写密信给英王要他把哈姆雷特处死。幸而在半途哈姆雷特脱险逃回，克劳狄斯的阴谋未能得逞。于是克劳狄斯又设下毒计，让哈姆雷特和波洛涅斯的儿子雷欧提斯比剑，准备了真剑、毒剑和毒酒，一定要结果哈姆雷特的生命。在比剑过程中，母后乔特鲁德误饮了毒酒，毒发身亡。雷欧提斯用毒剑刺伤了哈姆雷特，但哈姆雷特后来也以夺过来的毒剑刺伤了雷欧提斯。在临死之际，雷欧提斯揭发了克劳狄斯的罪恶阴谋。哈姆雷特便用毒剑、毒酒把克劳狄斯也杀死了。

第三幕

第一场城堡中一室国王[1]、王后[2]、波洛涅斯[3]、奥菲利娅[4]、罗森格兰兹[5]及吉尔登斯吞[6]上。

国王	你们不能用迂回婉转的方法，探出他为什么这样神思颠倒，让紊乱而危险的疯狂困扰他的安静的生活吗？
罗森格兰兹	他承认他自己有些神经迷惘，可是绝口不肯说为了什么缘故。
吉尔登斯吞	他也不肯虚心接受我们的探问；当我们想从他嘴里知道他自己的一些真相的时候，他总是用假作痴呆的神气回避不答。
王后	他对待你们还客气吗？
罗森格兰兹	很有礼貌。
吉尔登斯吞	可是不大自然。
罗森格兰兹	他很吝惜自己的话，可是我们问他话的时候，他回答起来却是毫无拘束。
王后	你们有没有劝诱他找些什么消遣？
罗森格兰兹	娘娘，我们来的时候，刚巧有一班戏子也要到这儿来，给我们赶上了；我们把这消息告诉了他，他听了好像很高兴。现在他们已经到了宫里，我想他已经吩咐他们今晚为他演出了。
波洛涅斯	一点不错，他还叫我来请两位陛下同去看看他们演得怎样哩。
国王	那好极了，我非常高兴听见他在这方面感到兴趣。请你们两位还要更进一步鼓起他的兴味，把他的心思移转到这种娱乐上面。
罗森格兰兹	是，陛下。（罗森格兰兹、吉尔登斯吞同下。）
国王	亲爱的乔特鲁德，你也暂时离开我们，因为我们已经暗中差人去唤哈姆雷特到这儿来，让他和奥菲利娅见见面，就像他们偶然相遇一般。她的父亲跟我两人将要权充一下密探，躲在可以看见他们却不能被他们看见的地方，注意他们会面的情形，从他的行为上判断他的疯病究竟是不是因为恋爱上的苦闷。
王后	我愿意服从您的意旨。奥菲利娅，但愿你的美貌果然是哈姆雷特疯狂的原因；更愿你的美德能够帮助他恢复原状，使你们两人都能安享尊荣。
奥菲利娅	娘娘，但愿如此。（王后下。）
波洛涅斯	奥菲利娅，你在这儿走走。陛下，我们就去躲起来吧。（向奥菲利娅）你拿这本书去读，他看见你这样用功，就不会疑心你为什么一个人在这儿了。人们往往用至诚的外表和虔敬的行动，掩饰一颗魔鬼般的内心，这样的例子是太多了。
国王	（旁白）啊，这句话是太真实了！它在我的良心上抽了多么重的一鞭！涂脂抹粉的娼妇的脸，还不及掩藏在虚伪的言辞后面的我的行为更丑恶。难

堪的重负啊！

波洛涅斯　我听见他来了。我们退下去吧，陛下。（国王及波洛涅斯下。）

哈姆雷特上。

哈姆雷特[7]　生存还是毁灭，这是一个值得考虑的问题；默然忍受命运的暴虐的毒箭，或是挺身反抗人世的无涯的苦难，在奋斗中扫清那一切，这两种行为，哪一种更高贵？死了，睡着了，什么都完了；要是在这一种睡眠之中，我们心头的创痛，以及其他无数血肉之躯所不能避免的打击，都可以从此消失，那正是我们求之不得的结局。死了，睡着了，睡着了也许还会做梦。嗯，阻碍就在这儿：因为当我们摆脱了这一具朽腐的皮囊以后，在那死的睡眠里，究竟将要做些什么梦，那不能不使我们踌躇顾虑。人们甘心久困于患难之中，也就是为了这个缘故。谁愿意忍受人世的鞭挞和讥嘲、压迫者的凌辱、傲慢者的冷眼、被轻蔑的爱情的惨痛、法律的迁延、官吏的横暴和俊杰大才费尽辛勤所换来的得势小人的鄙视，要是他只要用一柄小小的刀子，就可以清算他自己的一生？谁愿意负着这样的重担，在烦劳的生命的压迫下呻吟流汗，倘不是因为惧怕不可知的死后，惧怕那从来不曾有一个旅人回来过的神秘之国，是它迷惑了我们的意志，使我们宁愿忍受目前的折磨，不敢向我们所不知道的痛苦飞去？这样，重重的顾虑使我们全变成了懦夫，决心的赤热的光彩，被审慎的思维盖上了一层灰色，伟大的事业在这一种考虑之下，也会逆流而退，失去了行动的意义。且慢！美丽的奥菲利娅！——女神，在你的祈祷之中，不要忘记替我忏悔我的罪孽。

奥菲利娅　我的好殿下，您这许多天来贵体安好吗？

哈姆雷特　谢谢你，很好，很好，很好。

奥菲利娅　殿下，我有几件您送给我的纪念品，我早就想把它们还给您，请您现在收回去吧。

哈姆雷特　不，我不要，我从来没有给你什么东西。

奥菲利娅　殿下，我记得很清楚您把它们送给了我，那时候您还向我说了许多甜蜜的诺言，使这些东西格外显得贵重；现在它们的芳香已经消散，请您拿回去吧，因为，送礼的人要是变了心，礼物虽贵，也会失去了价值。拿去吧，殿下。

哈姆雷特　哈哈！你贞洁吗？

奥菲利娅　殿下！

哈姆雷特　你美丽吗？

奥菲利娅　殿下是什么意思？

哈姆雷特　要是你既贞洁又美丽，那么顶好不要让你的贞洁跟你的美丽来往。

奥菲利娅　殿下，美丽和贞洁相交，那不是再好没有了吗？

哈姆雷特	嗯，真的，因为美丽可以使贞洁变成淫荡，贞洁却未必能使美丽受它自己的感化；这句话从前像是怪诞之谈，可是现在时间已经把它证实了，我的确曾经爱过你。
奥菲利娅	真的，殿下，您曾经使我相信您爱我。
哈姆雷特	你当初就不应该相信我，因为美德不能熏陶我们罪恶的本性。我没有爱过你。
奥菲利娅	那么我真是受了骗了。
哈姆雷特	进尼姑庵去吧！为什么你要生一群罪人出来呢？我自己还不算是一个顶坏的人，可是我可以指出我的许多过失；一个人有了那些过失，他的母亲还是不要生下他来的好。我很骄傲，有仇必报，富于野心，我的罪恶是那么多，连我的思想也容纳不下，我的想象也不能给它们形象，甚至于我都没有充分的时间可以把它们实行出来。像我这样的家伙，匍匐于天地之间，有什么用处呢？我们都是些十足的坏人，一个也不要相信我们。进尼姑庵去吧。你的父亲呢？
奥菲利娅	在家里，殿下。
哈姆雷特	把他关起来，让他只好在家里发发傻劲。再会！
奥菲利娅	哎哟，天哪！救救他！
哈姆雷特	要是你一定要嫁人，我就把这一个诅咒送给你做嫁妆：尽管你像冰一样坚贞，像雪一样纯洁，你还是逃不过谗人的诽谤。进尼姑庵去吧，去！再会！或者要是你必须嫁人的话，就嫁给一个傻瓜吧；因为聪明人都明白你们会叫他们变成怎样的怪物。进尼姑庵去吧，去，越快越好。再会！
奥菲利娅	天上的神明啊，让他清醒过来吧！
哈姆雷特	我也知道你们会怎样涂脂抹粉；上帝给了你们一张脸，你们又替自己另外造了一张。你们烟行媚视，淫声浪气，替上帝造下的生物乱取名字，卖弄你们不懂事的风骚。算了吧，我再也不敢领教了，它已经使我发了狂。我说，我们以后再不要结什么婚了；已经结过婚的，除了一个人以外，都可以让他们活下去；没有结婚的不准再结婚，进尼姑庵去吧，去。（下。）
奥菲利娅	啊，一颗多么高贵的心是这样陨落了！朝臣的眼睛、学者的辩舌、军人的利剑、国家所瞩望的一朵娇花；时流的明镜、人伦的雅范、举世瞩目的中心，这样无可挽回地陨落了！我是一切妇女中间最伤心而不幸的，我曾经从他音乐一般的盟誓中吮吸芬芳的甘蜜，现在却眼看着他高贵无上的理智，像一串美妙的银铃失去了谐和的音调，无比的青春美貌，在疯狂中凋谢！啊！我好苦，谁料过去的繁华，变作今朝的泥土！ 国王及波洛涅斯重上。
国王	恋爱！他的精神错乱不像是为了恋爱；他说的话虽然有些颠倒，也不像是

疯狂。他有些什么心事盘踞在他的灵魂里，我怕它也许会产生危险的结果。为了防止万一起见，我已经当机立断，决定了一个办法：他必须立刻到英国去，向他们追索延宕未纳的贡物；也许他到海外各国游历一趟以后，时时变换的环境，可以替他排解去这一桩使他神思恍惚的心事。你看怎么样？

波洛涅斯　　那很好；可是我相信他烦闷的根本原因，还是为了恋爱上的失意。啊，奥菲利娅！你不用告诉我们哈姆雷特殿下说些什么话，我们全都听见了。陛下，照您的意思办吧；可是您要是认为可以的话，不妨在戏剧终场以后，让他的母后独自一人跟他在一起，恳求他向她吐露他的心事；她必须很坦白地跟他谈谈，我就找一个所在听他们说些什么。要是她也探听不出他的秘密来，您就叫他到英国去，或者凭着您的高见，把他关禁在一个适当的地方。

国王　　　　就这样吧。大人物的疯狂是不能听其自然的。（同下。）

 【注释】

【1】国王：克劳狄斯，丹麦国王。

【2】王后：乔特鲁德，丹麦王后，哈姆雷特之母。

【3】波洛涅斯：御前大臣。

【4】奥菲利娅：波洛涅斯之女。

【5】罗森格兰兹：朝臣。

【6】吉尔登斯吞：朝臣。

【7】哈姆雷特：前王之子，今王之侄。

 【点评】

《哈姆雷特》共五幕，此处节选了第三幕第一场。这一场中，众人在试探哈姆雷特是不是真的疯了。其中，哈姆雷特的一段自白最为耐人寻味。这段内心独白脍炙人口，它深刻地表现了人文主义者哈姆雷特在进行个人复仇和探索社会变革过程中的心路历程。作家借哈姆雷特之口，深刻而具体地揭露了当时的黑暗与不平，充分表现了他人文主义的思想。这也是我们理解主人公性格的一个重要方面的钥匙。哈姆雷特既是个身负为父复仇、扭转乾坤重任的"英勇果断"的王子，又是个具有"延宕"迟疑多虑性格的"忧郁"王子。这种并不单一的个性，正是他血肉丰满、栩栩如生的魅力所在。

作为描绘人类心灵的艺术大师，莎士比亚将人性的复杂和微妙挖掘得惟妙惟肖，且这种个性是合乎情理、合乎人物身份与情节发展的。哈姆雷特身遭变故，理想破灭，他奉命复仇，然而任务是如此艰巨，对手是如此强大，他主观上反对暴力却又脱离群众，造成他在积极行动之中常常产生力不从心和难免失败的感觉，因而他的内心充满矛盾。通过这段独白，我们看到了他对人生的思索、他的烦恼和失望、苦闷和彷徨以及他对周围现实的深刻揭露和批判。

莎士比亚在《哈姆雷特》中的语言风格一改前期剧作中的平稳和简易，转向一种更迅猛、更激烈的风格。哈姆雷特的这段独白就表现出淋漓酣畅、气势磅礴的特色，文体也变得高亢激昂，句式结构更加自由，使整个戏剧表现出崇高和悲怆的气氛。

 【思考探究】

1. 课外阅读《哈姆雷特》全剧，整体把握哈姆雷特的内心变化。

2. 你怎样理解"一千个读者就有一千个哈姆雷特"这句话？

3. 戏中，哈姆雷特的内在冲突表现得非常激烈，请仔细阅读"生存还是毁灭"这段对白，说说激烈的冲突来自哈姆雷特对哪些问题的思考，思考的结果如何？这体现出他怎样的性格特点？

 【相关链接】

名家论《哈姆雷特》

"一个美丽、纯洁、高贵而道德高尚的人，他没有坚强的精力使他成为英雄，却在一个重担下毁灭了，这重担他既不能捐起，也不能放下；每个责任对他都是神圣的，这个责任却是太沉重了。他被要求去做不可能的事，这事本身不是不可能的，对于他却是不可能的。他是怎样地徘徊、辗转、恐惧、进退维谷，总是触景生情，总是回忆过去；最后几乎失却他面前的目标。"

——歌德

"几乎每一个人都能在哈姆雷特身上找到他自己的缺点。"

——屠格涅夫

"哈姆雷特像我们每一个人一样真实，但又要比我们伟大。他是一个巨人，却又是一个真实的人。因为哈姆雷特不是你，也不是我，而是我们大家。哈姆雷特不是某一个人，而是人。"

——雨果

 【知识链接三】

公务文书

所谓公务文书，就是党政机关、人民团体、企事业单位在管理中形成的各种文书的统称，它是与私务文书相对的概念。公务文书种类很多，法定的中央级公务文书，就有党内机关公文、国家行政机关公文、人大权力机关公文、军队机关公文、人民法院公文、检察机关公文。这里选取国家行政机关公文来做介绍。我们认为，行政公文是所有公务文书的典型代表。正如陈少夫、丘国新在《应用写作教程》中所说的："一般的学习者宜首先学习并掌握行政机关公文，尔后在此基础上依据自己的工作需要，再学习掌握党的机关公文、人大机关公文或其他公文……有了基础便能举一反三，触类旁通。"

一、公文的性质、作用

公文是各级各类机关、企事业单位、社会团体实施管理和组织进行的工具，如发布政令，颁布法律、规章，部署工作、沟通信息、报告情况、请示事项等，都离不开公文。国务院在《国家行政机关公文处理办法》中明确指出：国家行政机关公文（包括电报），是行政机关在行政管理过程中形成的具有法定效力和规范体式的文书，是依法行政和进行公务活动的重要工具。其工具性的性质可以概括为："公文是依法治国、依法行政的工具。"

公文具有实用性和工具性、法定性和权威性、程式性和规范性三个主要特征。这三个特征，是公文形成和使用的前提条件。

公文的作用可以归纳为以下几种。

1. 政策法规约束作用

公文是法定作者在法定的范围内行使职权制发，内容具有法定的权威性和法定的行政效力。公文是国家路线、方针、政策、法律、法令、法规的载体，制发公文的目的在于规范人们的行为，约束人们的行为，以此管理国家，维护社会正常秩序。

2. 告启、知照、通联作用

公文是机关之间、上下级、平级之间协调、联系、指挥工作的重要手段，也是沟通情况、接洽工作、交流思想、互通信息的载体，其知照联系作用是十分突出的。

3. 宣传教育作用

公文及时传达党和国家的方针政策，让人们晓谕事理，明确行为方向，规范自己，从而起到宣传教育作用。

4. 凭证依据作用

这是公文的基本作用。公文就是为了阐明、传达制发机关的意图，使收受机关有据可依而制发的，它本身就是用作凭证、依据而出现的。公文不受时空限制，文字表示简练、明确，且具正规性、权威性特点，可以发挥很好的凭证依据作用。

二、公文的种类、特点

公文的种类，就是指公文的文种名称及其特定的性质、功能和特点的界定。我国现行的行政机关公文有以下 13 种。

1. 命令

命令运用于依照有关法律公布行政法规和规章；宣布施行重大强制性行政措施；嘉奖

有关人员。主要有公布令、行政令、嘉奖令。其特点在于法定性、强制性、权威性、约束力。主要是国家机关或国家机关领导人、较大市以上政府机关及其首长可以使用，群众团体、社会团体、企事业单位以及民间机构不得使用。

2. 决定

决定适用于对重要事项或者重大行动做出安排，奖惩有关单位及人员，变更或者撤销下级机关不适当的决定事项。决定的主要特点在于法规性、规范性和指令性三方面。

3. 公告

公告适用于向国内外宣布重要事项或法定事项。公告主要有两个小类：一是宣布重要事项的公告；二是宣布法定事项的公告。公告文体上的特点是法定性、重要性、知照性、庄重性。

4. 通告

通告适用于公布社会各有关方面应当遵守或者周知的事项。通告文体上的特点是通告对象的区域性、内容的规定性和形式的严肃性这三方面。

5. 通知

通知适用于批转下级机关公文，转发上级机关和不相隶属机关的公文，传达要求下级机关办理和需要有关单位周知或者共同执行的事项，任免人员。通知可分为批转通知、转发通知、传达通知、任免通知四个小类。

6. 通报

通报适用于表彰先进、批评错误，传达重要精神或者情况。通报可分为表彰性通报、批评性通报、传达性通报。

7. 意见

意见适用于对重要问题提出见解和处理办法。意见按行文方向分，可以分为下行意见、上行意见和平行意见三种。

8. 报告

报告适用于向上级机关汇报工作，反映情况，答复上级机关的询问。报告的类型按使用范围可分为工作汇报、情况汇报、答复汇报三个类别，其文体特点是汇报性、实践性、陈述性。

9. 请示

请示适用于向上级机关请求指示、批准。请示可分为请求批示的请示和请求批准的请示。

10. 函

函适用于不相隶属机关之间相互商洽工作、询问和答复问题，请求批准和答复审批事项。函可以分为商洽函、询问函、请批函、答复函四个类别。

11. 议案

议案适用于各级人民政府按照法律程序向同级人民代表大会或人民代表大会常务委员会提请审议事项。议案这一文种既是行政公文文种，同时，又是人大机关公文，具有请求性、报告性和严格的法定性。行文语言具请求性和报告性特点。

12. 批复

批复适用于答复下级机关请示事项。批复从来都是下行文，其文体具有明确的针对性和指示性。

13. 会议纪要

会议纪要适用于记载、传达会议情况和议定事项。会议纪要的表现形式有三种：一是文种格式，二是信函格式，三是会议纪要固定版头格式。

三、公文的撰写结构与格式

公文的格式是公文特有的形式标志。这种标志是通过公文的版式来表现。不同文种有不同文种的特点，也就会出现不同的版式结构。主要有以下几种。

1. 文件格式

文件格式即通常所说的"红头文件"。这种文件又分为下行文格式和上行文格式。文件格式的版式结构由眉首、主体、文尾三部分构成。

（1）眉首。眉首又称文头、版头，即公文首页红色反线至页面顶端的部分。主要项目是：发文机关标志，即××××文件，用套红打字印刷；发文字号，由发文机关代字、年度及该年度发文顺序组成编码，如：粤府办〔2011〕5号；签发人，上报公文须标注签发人姓名，居右；秘密等级、保密期限，居首页左上角；紧急程度，居右上密集下面；份号，又称所数编号、份数序号，用阿拉伯数字顶格标注。

（2）主体。主体是指公文行文部分。这部分包括标题、题注、主送机关、正文、附件、公文生效标志、成文日期、附注八项内容。其中，正文是核心部分，表述公文具体内容。

（3）尾部。尾部又称版记，包括主题词、抄送、印发机关与日期。

主题词又叫主题语，是确切表达公文主旨的规范化名词或短语，主要用于检索，有利于公文管理的标准化，位于公文附件以下，抄送项目以上，两者之间隔一横线。上报文件，应标注上级机关公文主题词表中所规定的主题词，一般以2~7个为宜。

抄送是指需要了解公文内容或协助办理相关事项的单位，其单位名称要写全称或规范化简称。

印发机关与印发时期位于抄送项目之下。一般位置是印刷机关居左，日期居右。

行政机关公文一般主要是采用文件格式来行文。也就是人们常说的"红头文件"。除此之外，还有命令格式、信函格式、会议纪要格式、白头文件格式、电报格式等，每种格式都有各自不同的版式要求。请结合本书后面的附录《国家行政机关公文处理办法》分别了解掌握，这里不再介绍。

2. 命令格式

命令格式与文件格式不同的是以下方面。

（1）文件标识。文件标识由发文机关名称加上文种名称构成，没有"文件"二字。

（2）令号。与其他公文的发文字号不同，令是以机关首长名义发布的，令号便以该首长任期内累计序号，而不以年度为限，一般是"第××号"。

（3）标识正文。令号之下空两行标识正文，不用红色反线。

（4）签署。不用机关印章，机关首长亲自用红色笔签字，右空四字，标识签发人职务。

（5）成文日期。在签署之下空一行，右空两字。

（6）版记。没有主送单位，用"分送"方式送达特定人员。

3. 信函格式

信函格式要注意以下几点。

（1）正确使用信函格式，就是依《公文处理办法》规定使用信函格式的版头及其一系列有关规定。

（2）用纸要求。使用 A4 纸。

（3）机关标识。机关名称用全称，套红印刷，后面没有"文件"二字。

（4）武文线和文武线。这是信函格式的最大特点，武文线，置发文机关名称之下 4 mm 处，画两条红线，长度为 170 mm，上粗下细；文武线上细下粗，与武文线平行、等宽。

（5）发文字号。置于武文线下一行版心右边缘顶格标识。发文字号下空一行标识公文标题。

4. 会议纪要格式。

会议纪要格式分为两种。

（1）作为公文文种的会议纪要。与文件格式相同。

（2）行政机关的办公室会议纪要，使用固定形式的会议纪要版头。

5. 白头文件格式。

白头文件格式是实际工作中常常使用的非法定性的公文格式，一般用于印发领导讲话、机关事务文书。

四、公文的写作要求

明确了公文的写作要求，也就基本上把握了其他应用文的写作要求。因此，把握公文的写作要求，可以起到触类旁通的作用。

1. 目的明确。即行文的目的意图要十分明确。一般而言，上行文要有明确的针对性；平行文要有明确的商榷性；下行文要有明确的指导性。

2. 符合政策。行政机关公文是一种贯彻执行党和国家方针政策的重要工具，其写作的全过程都应体现严肃的政策性。特别要注意的是政策的时间性、方向性、连续性与政治性。

3. 选好文种。选好文种的前提是写作者先要明确易混文种之间的区别，例如公告、通告、通知、通报就十分接近，但各有特点，不能混用，必须分清。正确选用文种，要依据发文目的、内容、机关权限等。

4. 严守格式。上面已经大致说过格式的问题，除此之外，格式还有公文用纸、排版、字体型号与装订多个方面的明确规定，这都是写作中应当严格遵守的。

5. 规范语言。语言是公文的直接表现形式，是公文内容载体。事项的准确、观点的鲜明、条理的清晰，都要靠语言的运用来体现。总的来说，公文的语言应当按照公文事务语体的风格来打造，即以记述为特征，以实用为目的，不追求语言的艺术化，也不以生动、形象为标准，而是要把语言的准确、平实、简约、得体作为规范的基本要求，来调适运用语言的诸要素。

第四单元　责任担当

　　责任担当是一种积极进取的人生态度和价值取向，是一种崇高的精神追求和思想境界。青年大学生应抓住这个大有可为的历史机遇期，以奋进者的姿态披荆斩棘，不断开拓进取，开辟新的局面，坚决杜绝满足现状、观望等待、不思进取、坐享其成、被动应付等心态。

　　学习和实践是成长进步和提高本领的唯一途径。青年人在追梦的伟大征途上，迫切需要勤学苦练、不畏艰险、投身实践，唯此才能不辜负时代赋予的使命。

《大学》（节选）

　　《大学》原为《礼记》第四十二篇。宋朝程颢、程颐兄弟把它从《礼记》中抽出，编次章句。朱熹将《大学》《中庸》《论语》《孟子》合编注释，称为"四书"，从此《大学》成为儒家经典。至于《大学》的作者，程颢、程颐认为是"孔氏之遗书也"。朱熹把《大学》重新编排整理，分为"经"一章，"传"十章。认为，"经一章盖孔子之言，而曾子述之；其传十章，则曾子之意而门人记之也"。就是说，"经"是孔子的话，曾子记录下来；"传"是曾子解释"经"的话，由曾子的学生记录下来。

　　大学之道[1]，在明明德，在亲民[2]，在止于至善。知止[3]而后有定，定而后能静，静而后能安，安而后能虑，虑而后能得。物有本末，事有终始。知所先后，则近道矣。

　　古之欲明明德于天下者，先治其国；欲治其国者，先齐其家；欲齐其家者，先修其身；欲修其身者，先正其心；欲正其心者，先诚其意；欲诚其意者，先致其知[4]。致知在格物[5]。

　　物格而后知至，知至而后意诚，意诚而后心正，心正而后身修，身修而后家齐，家齐而后国治，国治而后天下平。

　　自天子以至于庶人，壹是皆以修身为本[6]。其本乱而末[7]治者，否矣。其所厚者薄，而其所薄者厚[8]，未之有也[9]！

【注释】

【1】大学之道：大学的宗旨。"大学"一词在古代有两种含义：一是"博学"；二是相对于"小学"而言的"大人之学"。

【2】亲民：根据后面的"传"文，"亲"应为"新"，即革新、弃旧图新。亲民，也就是新民，使人弃旧图新、去恶从善。

【3】知止：知道目标所在。

【4】致其知：使自己获得知识。

【5】格物：认识、研究万事万物。

【6】壹是：都是。本：根本。

【7】末：相对于本而言，指枝末、枝节。

【8】厚者薄：该重视的不重视。薄者厚：不该重视的却加以重视。

【9】未之有也：未有之也。没有这样的道理（事情、做法等）。

【点评】

《大学》是儒家的经典著作，全书主要表达"大学之道"的内容与实践步骤。理论架构以三纲领、八条目为主。三纲领是全书的总纲目，八条目是实践功夫的次第步骤。

"明明德、亲民、止于至善"是全篇的主旨，亦是全篇的总纲目。"明德、亲民、止于至善"三者之间有不可分割的本末始终的互扣关系，互为涵摄。

所谓八目，是指格物、致知、诚意、正心、修身、齐家、治国、平天下。它既是为达到"三纲"而设计的条目功夫，也是儒学为我们所展示的人生进修阶梯。在这"八目"里，指出儒家内圣外王的理想世界，从"格物、致知、诚意、正心"的"内修"到"齐家、治国、平天下"的"外治"，中间以"修身"相连，八条目前后相续，逐个递进而又相互联系，体现了过程与效果的统一。

整篇《大学》内容提纲挈领、层次分明，语言前后顶针、简明精辟，读此文，似行走于一条湍急的山间小溪，曲曲折折却又一气呵成，叮咚婉转却又壮丽滂沱，自己的人生历程与追求责任也都在文章中一一映现。

【思考探究】

1. 翻译下列句子。

（1）知止而后有定，定而后能静，静而后能安，安而后能虑，虑而后能得。

（2）致知在格物。

2. 《大学》里的"三纲"和"八目"有怎样的逻辑关系？

3. 请结合你自己的实际情况，谈谈你对"修身、齐家、治国、平天下"的认识和实践。

【相关链接】

中 庸

天命之谓性，率性之谓道，修道之谓教。道也者，不可须臾离也，可离非道也。是故君子戒慎乎其所不睹，恐惧乎其所不闻。莫见乎隐，莫显乎微，故君子慎其独也。喜怒哀乐之未发谓之中，发而皆中节谓之和。中也者，天下之大本也；和也者，天下之达道也。致中和，天地位焉，万物育焉。

仲尼曰：君子中庸，小人反中庸。君子之中庸也，君子而时中；小人之中庸也，小人而无忌惮也。

子曰：中庸其至矣乎！民鲜能久矣。

子曰：道之不行也，我知之矣。知者过之，愚者不及也。道之不明也，我知之矣。贤者过之，不肖者不及也。人莫不饮食，鲜能知味也。

子曰：道其不行矣乎。

子曰：舜其大知也与。舜好问而好察迩言，隐恶而扬善，执其两端，用其中于民。其斯以为舜乎。

子曰：人皆曰予知。驱而纳诸罟擭陷阱之中，而莫之知避也。人皆曰予知，择乎中庸，而不能期月守也。

子曰：回之为人也，择乎中庸，得一善言则拳拳服膺，而弗失之矣。

子曰：天下国家，可均也；爵禄，可辞也；白刃，可蹈也；中庸不可能也。

子路问强。子曰：南方之强与、北方之强与，抑而强与？宽柔以教，不报无道，南方之强也，君子居之。衽金革，死而不厌，北方之强也，而强者居之。故君子和而不流，强哉矫！中立而不倚，强哉矫！国有道，不变塞焉，强哉矫！国无道，至死不变，强哉矫！

子曰：素隐行怪，后世有述焉，吾弗为之矣。君子遵道而行，半途而废，吾弗能已矣。君子依乎中庸，遁世不见知而不悔，唯圣者能之。

君子之道费而隐，夫妇之愚，可以与知焉，及其至也，虽圣人亦有所不知焉；夫妇之不肖，可以能行焉，及其至也，虽圣人亦有所不能焉。天地之大也，人犹有所憾，故君子语大，天下莫能载焉，语小，天下莫能破焉。诗云：鸢飞戾天，鱼跃于渊。言其上下察也。君子之道，造端乎夫妇，及其至也，察乎天地。

子曰：道不远人，人之为道而远人，不可以为道。诗云：伐柯伐柯，其则不远。执柯以伐柯，睨而视之，犹以为远。故君子以人治人，改而止。忠恕违道不远。施诸己而不愿，亦勿施于人。君子之道四，丘未能一焉。所求乎子，以事父，未能也；所求乎臣，以事君，未能也；所求乎弟，以事兄，未能也；所求乎朋友，先施之，未能也。庸德之行，庸言之谨，有所不足，不敢不勉。有余不敢尽，言顾行，行顾言，君子胡不慥慥尔。

报任安书

司马迁

本文出自《汉书·司马迁传》，系司马迁写与友人任安的书信。

《汉书》，又称《前汉书》，由我国东汉时期的历史学家班固编撰，是中国第一部纪传体断代史，"二十四史"之一。《汉书》是继《史记》之后我国古代又一部重要史书，与《史记》《后汉书》《三国志》并称为"前四史"。《汉书》开创了我国断代纪传表志体史书，奠定了修正史的编例。历来，"史之良，首推迁、固""史风汉"，史班或班马并称，两书各有所长，同为中华史学名著，为治文史者必读之史籍。《汉书》尤以史料丰富、闻见博洽著称，"整齐一代之书，文赡事详，要非后世史官所能及"。可见，《汉书》在史学史上有重要的价值和地位。

司马迁（前145或前135—前87?），字子长，西汉夏阳（今陕西韩城南）人，中国古代伟大的史学家、思想家、文学家，被后人尊称为"史圣"。他最大的贡献是创作了中国第一部纪传体通史《史记》（原名《太史公书》），具有巨大的史学、文学价值，对后世小说、戏剧、传记文学、散文的创作产生了广泛而深刻的影响，被认为是中国史书的典范。鲁迅把它誉为"史家之绝唱，无韵之《离骚》"。

夫仆与李陵俱居门下[1]，素非能相善也。趣舍异路[2]，未尝衔杯酒[3]，接殷勤之余欢。然仆观其为人，自守奇士[4]，事亲孝，与士信，临财廉，取予义，分别有让，恭俭下人，常思奋不顾身，以徇国家之急。其素所蓄积也，仆以为有国士之风。夫人臣出万死不顾一生之计，赴公家之难，斯已奇矣。今举事一不当，而全躯保妻子之臣，随而媒孽其短[5]，仆诚私心痛之。且李陵提步卒不满五千，深践戎马之地，足历王庭[6]，垂饵虎口，横挑强胡[7]，仰亿万之师[8]，与单于连战十有余日，所杀过当。虏救死扶伤不给，旃裘之君长咸震怖[9]，乃悉征其左右贤王[10]，举引弓之民，一国共攻而围之。转斗千里，矢尽道穷，救兵不至，士卒死伤如积。然陵一呼劳军，士无不起，躬自流涕，沫血饮泣[11]，更张空弮[12]，冒白刃，北向争死敌者。陵未没时，使有来报，汉公卿王侯皆奉觞上寿[13]。后数日，陵败书闻，主上为之食不甘味，听朝不怡，大臣忧惧，不知所出。仆窃不自料其卑贱，见主上惨怆怛悼，诚欲效其款款之愚[14]。以为李陵素与士大夫绝甘分少[15]，能得人之死力，虽古之名将不能过也。身虽陷败，彼观其意，且欲得其当而报于汉。事已无可奈何，其所摧败，功亦足以暴于天下矣。仆怀欲陈之，而未有路。适会召问，即以此指推言陵之功[16]，欲以广主上之意，塞睚眦之辞[17]。未能尽明，明主不晓，以为仆沮贰师[18]，而为李陵游说，遂下于理[19]。拳拳之忠，终不能自列，因为诬上，卒从吏议。家贫，货赂不足以自赎，交游莫救，左右亲近，不为一言。身非木石，独与法吏为伍，深幽囹圄之中[20]，谁可告愬者[21]！此真少卿所亲见，仆行事岂不然乎？李陵既生降，隤其家声[22]，而仆又佴以蚕室[23]，重为天下观笑。悲夫！悲夫！事未易一二为俗人言也。

仆之先人，非有剖符丹书之功[24]，文史星历，近乎卜祝之间[25]，固主上所戏弄，倡优所畜[26]，流俗之所轻也。假令仆伏法受诛，若九牛亡一毛，与蝼蚁何以异？而世又不与能死节者比，特以为智穷罪极，不能自免，卒就死耳。何也？素所自树立使然也[27]。人固有一死，或重于泰山，或轻于鸿毛，用之所趋异也。太上不辱先，其次不辱身，其次不辱理色，其次不辱辞令，其次诎体受辱[28]，其次易服受辱[29]，其次关木索、被箠楚受辱[30]，其次剔毛发、婴金铁受辱[31]，其次毁肌肤、断肢体受辱，最下腐刑[32]，极矣。传曰"刑不上大夫"[33]，此言士节不可不勉励也。猛虎处深山，百兽震恐，及其在槛阱之中[34]，摇尾而求食，积威约之渐也。故士有画地为牢，势不可入，削木为吏，议不可对，定计于鲜也[35]。今交手足，受木索，暴肌肤，受榜箠[36]，幽于圜墙之中。当此之时，见狱吏则头抢地[37]，视徒隶则心惕息[38]。何者？积威约之势也。及已至是，言不辱者，所谓强颜耳，曷足贵乎？且西伯，伯也[39]，拘于羑里[40]；李斯[41]，相也，具五刑[42]；淮阴[43]，王也，受械于陈[44]；彭越[45]、张敖，南面称孤[46]，系狱抵罪；绛侯诛诸吕[47]，权倾五伯[48]，囚于请室[49]；魏其，大将也，衣赭衣，关三木[50]；季布为朱家钳奴[51]；灌夫受辱于居室[52]。此人皆身至王侯将相，声闻邻国，及罪至罔加[53]，不能引决自裁[54]。在尘埃之中，古今一体，安在其不辱也？由此言之，勇怯，势也；强弱，形也。审矣，何足怪乎！夫人不能早自裁绳墨之外[55]，已稍陵迟，至于鞭箠之间，乃欲引节，斯不亦远乎！古人所以重施刑于大夫者，殆为此也。

夫人情莫不贪生恶死，念父母，顾妻子。至激于义理者不然，乃有所不得已也。今仆不幸，早失父母，无兄弟之亲，独身孤立。少卿视仆于妻子何如哉？且勇者不必死节，怯夫慕义，何处不勉焉？仆虽怯懦，欲苟活，亦颇识去就之分矣[56]，何至自沉溺缧绁之辱哉[57]！且夫臧获婢妾，犹能引决[58]，况仆之不得已乎？所以隐忍苟活，幽于粪土之中而不辞者，恨私心有所不尽，鄙陋没世而文采不表于后也。

古者富贵而名摩灭，不可胜记，唯倜傥非常之人称焉[59]。盖文王拘而演《周易》[60]；仲尼厄而作《春秋》[61]；屈原放逐，乃赋《离骚》[62]；左丘失明，厥有《国语》[63]；孙子膑脚，《兵法》修列[64]；不韦迁蜀，世传《吕览》[65]；韩非囚秦，《说难》《孤愤》[66]。《诗》三百篇[67]，大抵圣贤发愤之所为作也。此人皆意有所郁结，不得通其道，故述往事，思来者。及如左丘明无目，孙子断足，终不可用，退而论书策以舒其愤，思垂空文以自见。

仆窃不逊，近自托于无能之辞，网罗天下放失旧闻[68]，略考其行事，综其终始，稽其成败兴坏之纪。上计轩辕，下至于兹，为十表，本纪十二，书八章，世家三十，列传七十，凡百三十篇，亦欲以究天人之际，通古今之变，成一家之言。草创未就，会遭此祸，惜其不成，是以就极刑而无愠色^[69]。仆诚已著此书，臧之名山，传之其人，通邑大都。则仆偿前辱之责，虽万被戮，岂有悔哉？然此可为智者道，难为俗人言也。

且负下未易居，下流多谤议，仆以口语遇遭此祸，重为乡党所笑^[70]，以污辱先人，亦何面目复上父母之丘墓乎？虽累百世，垢弥甚耳！是以肠一日而九回^[71]，居则忽忽若有所亡，出则不知其所往。每念斯耻，汗未尝不发背沾衣也。身直为闺阁之臣^[72]，宁得自引深藏于岩穴邪？故且从俗浮沉，与时俯仰，以通其狂惑。今少卿乃教以推贤进士，无乃与仆私心刺谬乎。今虽欲自雕琢，曼辞以自饰^[73]，无益于俗，不信，只取辱耳。要之死日，然后是非乃定。书不能悉意，故略陈固陋。谨再拜。

【注释】

【1】李陵：西汉名将李广孙，善骑射。武帝时，为骑都尉，率兵出击匈奴贵族，战败投降，封右校王，后病死匈奴。俱居门下：司马迁曾与李陵同在"侍中曹"（官署名）内任侍中。

【2】趣舍：向往和废弃。趣，同"趋"。

【3】衔杯酒：在一起喝酒，指私人交往。

【4】自守：能守住自己的节操。

【5】媒孽（niè）：酿酒的酵母。这里用作动词，夸大的意思。

【6】王庭：匈奴单于的居处。

【7】强：同"疆"。胡：指匈奴。

【8】仰：仰攻。当时李陵军被围困谷地。

【9】旃（zhān）：毛织品。《史记·匈奴传》："自君王以下，咸食肉，衣其皮革。披旃裘。"

【10】左右贤王：左贤王和右贤王，匈奴封号最高的贵族。

【11】沬（huì）：以手掬水洗脸。

【12】彍（quān）：强硬的弓弩。

【13】上寿：这里指祝捷。

【14】怛（dá）：悲痛。款款：忠诚的样子。

【15】士大夫：此指李陵的部下将士。绝甘：舍弃甘美的食品。分少：即使所得甚少也平分给众人。

【16】指：同"旨"。

【17】睚眦（yá zì）：怒目相视。

【18】沮：毁坏。贰师：贰师将军李广利，汉武帝宠妃李夫人之兄。李陵被围时，李广利并未率主力救援，致使李陵兵败。其后司马迁为李陵辩解，武帝以为他有意诋毁李广利。

【19】理：指大理，即廷尉，掌管诉讼行狱之事。

【20】图圄（líng yǔ）：监狱。

【21】愬：同"诉"。

【22】隤（tuí）：坠毁。李陵是名将之后，据《史记·李广传》记载："单于既得陵，素闻其家声，以女妻陵而贵之……自是之后，李氏名败。"

【23】佴：推置其中。蚕室：温暖密封的房子。言其像养蚕的房子。初受腐刑的人怕风，故须住此。

【24】剖符：把竹做的契约一剖为二，皇帝与大臣各执一块，上面写着同样的誓词，说永远不改变立功大臣的爵位。丹书：把誓词用丹砂写在铁制的契券上。凡持有剖符、丹书的大臣，其子孙犯罪可获赦免。

【25】文史星历：史籍和天文历法，都属太史令掌管。

【26】倡优所畜：被当作乐师和优伶来养育。

【27】所自树立：自己用来立身于世的，也就是自己从事的职业和所处的地位。

【28】诎：同"屈"，捆绑囚禁时身体屈曲。

【29】易服：换上罪犯的服装。古代罪犯穿赭（深红）色的衣服。

【30】木索：木枷和绳索。

【31】剔（tì）：同"剃"，把头发剃光，即髡（kūn）刑。婴：环绕。颈上戴着铁链服苦役，即钳刑。

【32】腐刑：宫刑。

【33】刑不上大夫：《礼记·曲礼》中语。

【34】阱（jǐng）：捕兽的陷坑。槛：关兽的笼子。

【35】鲜：态度鲜明。即自杀，以示不受辱。

【36】榜：鞭打。箠：竹棒。此处用作动词。

【37】头抢地：以头触地，即叩头。

【38】惕息：胆战心惊。

【39】西伯：周文王，为西方诸侯之长。

【40】羑里：在今河南汤阴县，文王曾被殷纣王囚禁于此。

【41】李斯：秦始皇时任为丞相，后因秦二世听信赵高谗言，被受五刑，腰斩于咸阳。

【42】五刑：秦汉时五种刑罚，见《汉书·刑法志》："当三族者，皆先黥劓，斩左右趾，笞杀之，枭其首，菹其骨肉于市。"

【43】淮阴：指淮阴侯韩信。

【44】受械于陈：汉立，淮阴侯韩信被刘邦封为楚王，都下邳（今江苏邳县）。后高祖疑其谋反，用陈平之计，在陈（楚地）逮捕了他。械，拘禁手足的木制刑具。

【45】彭越：汉高祖的功臣。

【46】张敖：汉高祖功臣张耳的儿子，袭父爵为赵王。彭越和张敖都因被人诬告称孤

谋反，下狱定罪。

【47】绛侯：汉初功臣周勃，封绛侯。惠帝和吕后死后，吕后家族中吕产、吕禄等人谋夺汉室，周勃和陈平一起定计诛诸吕，迎立刘邦中子刘恒为文帝。

【48】五伯："五霸"。

【49】请室：大臣犯罪等待判决的地方。周勃后被人诬告谋反，囚于狱中。

【50】魏其：大将军窦婴，汉景帝时被封为魏其侯。武帝时，营救灌夫，被人诬告，下狱判处死罪。三木：头枷、手铐、脚镣。

【51】季布：楚霸王项羽的大将，曾多次打击刘邦。项羽败死，刘邦出重金缉捕季布。季布改名换姓，受髡刑和钳刑，卖身给鲁人朱家为奴。

【52】灌夫：汉景帝时为中郎将，武帝时官太仆。因得罪了丞相田蚡，被囚于居室，后受诛。居室：少府所属的官署。

【53】罔：同"网"，法网。

【54】引决自裁：下决心自杀。

【55】绳墨：指法律。

【56】去就：指舍生就义。

【57】缧绁（xiè）：捆绑犯人的绳子，引申为捆绑、牢狱。

【58】臧获：奴曰臧，婢曰获。

【59】倜（tì）傥：豪迈不受拘束。

【60】文王拘而演《周易》：传说周文王被殷纣王拘禁在羑里时，把古代的八卦推演为六十四卦，成为《周易》的骨干。

【61】仲尼厄而作春秋：孔丘字仲尼，周游列国宣传儒道，在陈地和蔡地受到围攻和绝粮之苦，返回鲁国作《春秋》一书。

【62】屈原：曾两次被楚王放逐，幽愤而作《离骚》。

【63】左丘：春秋时鲁国史官左丘明。《国语》：史书，相传为左丘明撰著。

【64】孙子：春秋战国时著名军事家孙膑。膑脚：孙膑曾与庞涓一起从鬼谷子习兵法。后庞涓为魏惠王将军，骗膑入魏，割去了他的膑骨（膝盖骨）。孙膑有《孙膑兵法》传世。

【65】不韦：吕不韦，战国末年大商人，秦初为相国。曾命门客著《吕氏春秋》（一名《吕览》）。始皇十年，令吕不韦举家迁蜀，吕不韦自杀。

【66】韩非：战国后期韩国公子，曾从荀卿学，入秦被李斯所谗，下狱死。著有《韩非子》，《说难》《孤愤》是其中的两篇。

【67】《诗》三百篇：今本《诗经》共有三百零五篇，此举其整数。

【68】失：读为"佚"（yì）。

【69】愠（yùn）：怒。

【70】笑：辱笑。

【71】九回：九转。形容痛苦至极。

【72】闺阁之臣：指宦官。闺、阁都是宫中小门，指皇帝深密的内廷。

【73】曼辞：美好的言辞。

 【点评】

《报任安书》原文较长，本文为节选。任安在任中书谒者令时曾写信给司马迁，希望他"尽推贤进士之义"。任安后因事入狱，临刑前，司马迁才写了这封著名的回信。

在这封信中，作者先述对方来信之意和自己回信迟的原因，说自己是"刑余之人"，"已亏形为扫除之隶，在阑茸之中"，因而不具备"推贤进士"的资格，然后详述因为替李陵说情而获罪的经过。司马迁在信中以无比激愤的心情，向朋友也向世人诉说了自己因李陵之祸所受的奇耻大辱，倾吐了内心郁积已久的痛苦与愤懑，大胆揭露了朝廷大臣的自私，甚至还不加掩饰地流露出了对汉武帝是非不辨、刻薄寡恩的不满。信中还委婉述说了他受刑后"隐忍苟活"的一片苦衷。为了完成《史记》的著述，司马迁所忍受的屈辱和耻笑，绝非常人所能想象。但他有一条非常坚定的信念——死要死得有价值，要"重于泰山"，所以，不完成《史记》的写作，绝不能轻易去死，即使一时被人误解也在所不惜。就是这样的信念支持他在"肠一日而九回"的痛苦挣扎中顽强地活了下来，忍辱负重，坚韧不拔，终于实现了夙愿，完成了大业。今天我们读着这部不朽的巨著，遥想司马迁当年写作时的艰辛与坚毅，怎能不对他的崇高精神无比敬佩！

全文感情真挚强烈，夹叙夹议，回环反复，情怀慷慨，是激切感人的至情之作。吴楚材在《古文观止》中评："此书反复曲折，首尾相续，叙事明白，豪气逼人。其感慨啸歌，大有燕赵烈士之风。忧愁幽思，则又直与《离骚》对垒。文情至此极矣！"

 【思考探究】

1. 熟读课文，说说作者受极辱而不自杀的原因以及他是怎样逐步说明这个原因的。
2. 最后一段里，哪些句子照应前文，哪些句子写作者当时的处境和心情？
3. 有感情地反复朗读课文。试以今天的观念审视司马迁，谈谈你对司马迁的看法。

【相关链接】

答苏武书（节选）

李 陵

嗟乎，子卿！人之相知，贵相知心，前书仓卒，未尽所怀，故复略而言之。

昔先帝授陵步卒五千，出征绝域。五将失道，陵独遇战，而裹万里之粮，帅徒步之师；

出天汉之外，入强胡之域；以五千之众，对十万之军；策疲乏之兵，当新羁之马。然犹斩将搴旗，追奔逐北，灭迹扫尘，斩其枭帅，使三军之士，视死如归。陵也不才，希当大任，意谓此时，功难堪矣。匈奴既败，举国兴师。更练精兵，强逾十万。单于临阵，亲自合围。客主之形，既不相如；步马之势，又甚悬绝。疲兵再战，一以当千，然犹扶乘创痛，决命争首。死伤积野，余不满百，而皆扶病，不任干戈，然陵振臂一呼，创病皆起，举刃指虏，胡马奔走。兵尽矢穷，人无尺铁，犹复徒首奋呼，争为先登。当此时也，天地为陵震怒，战士为陵饮血。单于谓陵不可复得，便欲引还，而贼臣教之，遂使复战，故陵不免耳。

昔高皇帝以三十万众，困于平城。当此之时，猛将如云，谋臣如雨，然犹七日不食，仅乃得免。况当陵者，岂易为力哉？而执事者云云，苟怨陵以不死。然陵不死，罪也；子卿视陵，岂偷生之士而惜死之人哉？宁有背君亲，捐妻子而反为利者乎？然陵不死，有所为也，故欲如前书之言，报恩于国主耳，诚以虚死不如立节，灭名不如报德也。昔范蠡不殉会稽之耻，曹沫不死三败之辱，卒复勾践之仇，报鲁国之羞，区区之心，窃慕此耳。何图志未立而怨已成，计未从而骨肉受刑，此陵所以仰天椎心而泣血也。

假如我有九条命

余光中

余光中（1928—2017），当代著名诗人和评论家，祖籍福建永春。1947年考入金陵大学外语系（后转入厦门大学），1949年随父母迁香港，次年赴台，就读于台湾大学外文系。1953年，与覃子豪、钟鼎文等共创"蓝星"诗社。后赴美进修，获爱荷华大学艺术硕士学位，返台后曾任师大、政大、台大、香港中文大学教授及台湾中山大学文学院院长。

余光中被称为台湾现代派"十大诗人"之一。出版诗集《舟子的悲歌》《蓝色的羽毛》《钟乳石》《万圣节》《莲的联想》《五陵少年》《天国的夜市》《敲打乐》《在冷战的年代》《白玉苦瓜》《天狼星》《与永恒拔河》《余光中诗选》。余光中的散文在台湾堪称一绝。散文集有《左手的缪斯》《逍遥游》《望乡的牧神》《焚鹤人》《听听那冷雨》《青青边稔》《桥跨黄金城》等。评论集有《掌上雨》《分水岭上》，评著有《梵谷传》等。

假如我有九条命，就好了。

一条命，就可以专门应付现实的生活。苦命的丹麦王子[1]说过，既有肉身，就注定要承受与生俱来的千般惊扰。现代人最烦的一件事，莫过于办手续；办手续最烦的一面莫过于填表格。表格愈大愈好填，但要整理和收存，却愈小愈方便。表格是机关发的，当然力求其小，于是申请人得在四根牙签就塞满了的细长格子里，填下自己的地址。许多人的地址都是节外生枝，街外有巷，巷中有弄，门牌还有几号之几，不知怎么填得进去。这时填表人真希望自己是神，能把须弥纳入芥子，或者只要在格中填上两个字："天堂"。一张表填完，又来一张，上面还有密密麻麻的各条说明，必须皱眉细阅。至于照片、印章，以及各种证件的号码，更是缺一不可。于是半条命已去了，剩下的半条勉强可以用来回信和开会，假如你找得到相关的来信，受得了邻座的烟熏。

一条命，有心留在台北的老宅，陪伴父亲和岳母。父亲年逾九十，右眼失明，左眼不清。他原是最外倾好动的人，喜欢与乡亲契阔谈宴，现在却坐困在半昧不明的寂寞世界里，出不得门，只能追忆冥隔了二十七年的亡妻，怀念分散在外地的子媳和孙女。岳母也已过了八十，五年前断腿至今，步履不再稳便，却能勉力以蹒跚之身，照顾旁边的朦胧之人。她原是我的姨母，家母亡故以来，她便迁来同住，主持失去了主妇之家的琐务，对我的殷殷照拂，情如半母，使我常常感念天无绝人之路，我失去了母亲，神却再补我一个。

一条命，用来做丈夫和爸爸。世界上大概很少全职的丈夫，男人忙于外务，做这件事不过是兼差。女人做妻子，往往却是专职。女人填表，可以自称"主妇"（housewife），却从未见过男人自称"主夫"（househusband）。一个人有好太太，必定是天意，这样的神恩应该细加体会，切勿视为当然。我觉得自己做丈夫比做爸爸要称职一点，原因正是有个好太太。做母亲的既然那么能干而又负责，做父亲的也就乐得"垂拱而治"了。所以我家实行的是总理制，我只是合照上那位俨然的元首。四个女儿天各一方，负责通信、打电话的是母亲，做父亲的总是在忙别的事情，只在心底默默怀念着她们。

一条命，用来做朋友。中国的"旧男人"做丈夫虽然只是兼职，但是做起朋友来却是专任。妻子如果成全丈夫，让他仗义疏财，去做一个漂亮的朋友，"江湖人称小孟尝"，便能赢得贤名。这种有友无妻的作风，"新男人"当然不取。不过新男人也不能遗世独立，不交朋友。要表现得"够朋友"，就得有闲、有钱，才能近悦远来。穷忙的人怎敢放手去交游？我不算太穷，却穷于时间，在"够朋友"上面只敢维持低姿态，大半仅是应战。跟身边的朋友打完消耗战，再无余力和远方的朋友隔海越洲，维持庞大的通信网了。演成近交而不远攻的局面，虽云目光如豆，却也由于鞭长莫及。

一条命，用来读书。世界上的书太多了，古人的书尚未读通三卷两帙，今人的书又汹涌而来，将人淹没。谁要是能把朋友题赠的大著通通读完，在斯文圈里就称得上是圣人了。有人读书，是纵情任性地乱读，只读自己喜欢的书，也能成为名士。有人呢是苦心孤诣地精读，只读名门正派的书，立志成为通儒。我呢，论狂放不敢做名士，论修养不够做通儒，有点不上不下。要是我不写作，就可以规规矩矩地治学；或者不教书，就可以痛痛快快地读书。假如有一条命专供读书，当然就无所谓了。

书要教得好，也要全力以赴，不能随便。老师考学生，毕竟范围有限，题目有形。学生考老师，往往无限又无形。上课之前要备课，下课之后要阅卷，这一切都还有限。倒是在教室以外和学生闲谈问答之间，更能发挥"人师"之功，在"教"外施"化"。常言"名师出高徒"，未必尽然。老师太有名了，便忙于外务，席不暇暖，怎能即之也温？倒是有一些老师"博学而无所成名"，能经常与学生接触，产生实效。

另一条命应该完全用来写作。台湾的作家极少是专业，大半另有正职。我的正职是教书，幸而所教与所写颇有相通之处，不至于互相排斥。以前在台湾，我日间教英文，夜间写中文，颇能并行不悖。后来在香港，我日间教二十世纪三十年代文学，夜间写二十世纪八十年代文学，也可以各行其是。不过艺术是需要全神投入的活动，没有一位兼职然而认真的艺术家不把艺术放在主位。鲁本斯任荷兰驻西班牙大使，每天下午在御花园里作画。一位侍臣在园中走过，说道："哟，外交家有时也画几张画消遣呢。"鲁本斯答道："错了，艺术家有时为了消遣，也办点外交。"陆游诗云："看渠胸次隘宇宙，惜哉千万不一施。空回英概入笔墨，生民清庙非唐诗。向令天开太宗业，马周遇合非公谁？后世但作诗人看，使我抚几空嗟咨。"陆游认为杜甫之才应立功，而不应仅仅立言，看法和鲁本斯正好相反。我赞成鲁本斯的看法，认为立言已足自豪。鲁本斯所以传后，是由于他的艺术，不是他的外交。

一条命，专门用来旅行。我认为没有人不喜欢到处去看看：多看他人，多阅他乡，不但可以认识世界，亦可以认识自己。有人旅行是乘豪华邮轮，谢灵运再世大概也会如此。有人背负行囊，翻山越岭。有人骑自行车环游天下。这些都令我羡慕。我所优为的，却是驾车长征，去看天涯海角。我的太太比我更爱旅行，所以夫妻两人正好互作旅伴，这一点只怕徐霞客也要艳羡。不过徐霞客是大旅行家、大探险家，我们，只是浅游而已。

最后还剩一条命，用来从从容容地过日子，看花开花谢，人往人来，并不特别要追求什么，也不被"截止日期"所追迫。

 【注释】

【1】苦命的丹麦王子：指丹麦王子哈姆雷特，是一个悲剧性的人物。

 【点评】

假如我有九条命，虽然是个大胆假设，但每条命的生活却是如此现实。在本文中，我们看到了作者的人生状态：充实而积极，理想而美好，即便面对填表格之类的烦琐，也颇有调侃之风趣。同时，作者也对生活有着自己独特的见解，对亲情、友情、读书、教书、写作、旅游等的态度和处世，都显示着人生智慧。本文的语言洗练、风趣、传神，并引经据典，含有文化神韵。

在"华语文学传媒大奖"的评选中，评委对余光中是这样评价的："余光中的散文雍容华贵，他的写作接续了散文的古老传统，也汲取了诸多现代元素。感性与知性、幽默与庄重、头脑与心肠交织在一起，构成了他独特的散文路径。他渊博的学识，总是掩饰不了天真性情的流露，他雄健的笔触，发现的常常是生命和智慧的秘密。他崇尚散文的自然、随意，注重散文的容量与弹性，他探索散文变革的丰富可能性，同时也追求汉语自身的精致、准确与神韵。"本文即是典型一例。

 【思考探究】

1. 文章开头就说"假如我有九条命，就好了"，"好"在哪里？

2. 自选一个角度，就本文的语言特色或构思特点做一些点评。

3. 人有九条命是不可能的，为什么作者还要假设有九条命？你从中有何启示？

4. 如果你有九条命，你会如何安排？仿照课文，用笔记录下你对生命的认识和理解。

一件小事[1]

鲁 迅

鲁迅（1881—1936），浙江绍兴人，原名周树人，字豫才，出生于绍兴城内都昌坊口一个破落的士大夫家庭。因痛感中国人的愚弱，以为改造中国人的精神重于医治人的肉体，于1906年毅然终止学医，选择以文学艺术为武器救国救民的毕生奋斗道路，发表第一篇白话小说《狂人日记》时正式用笔名"鲁迅"，他被誉为现代文学的一面旗帜。他的著作以小说、杂文为主，代表作有：小说集《呐喊》《彷徨》《故事新编》等，散文集《朝花夕拾》，散文诗集《野草》，杂文集《热风》《华盖集》《三闲集》《二心集》《而已集》《坟》等。

鲁迅以笔代戈，奋笔疾书，战斗一生，被誉为"民族魂"。毛泽东评价他是伟大的文学家、思想家和革命家，是中华文化革命的主将。"横眉冷对千夫指，俯首甘为孺子牛"是鲁迅先生一生的写照。

我从乡下跑到京城里，一转眼已经六年了。其间耳闻目睹的所谓国家大事，算起来也很不少，但在我心里，都不留什么痕迹，倘要我寻出这些事的影响来说，便只是增长了我的坏脾气——老实说，便是教我一天比一天的看不起人。

但有一件小事，却于我有意义，将我从坏脾气里拖开，使我至今忘记不得。

这是民国六年的冬天，大北风刮得正猛，我因为生计关系，不得不一早在路上走。一路几乎遇不见人，好容易才雇定了一辆人力车，叫他拉到S门去。不一会儿，北风小了，路上浮尘早已刮净，剩下一条洁白的大道来，车夫也跑得更快。刚近S门，忽而车把上带着一个人，慢慢地倒了。

跌倒的是一个老女人，花白头发，衣服都很破烂。伊从马路上突然向车前横截过来。车夫已经让开道，但伊的破棉背心没有上扣，微风吹着，向外展开，所以终于兜着车把。幸而车夫早有点停步，否则伊定要栽一个大筋斗，跌到头破血出了。

伊伏在地上，车夫便也立住脚。我料定这老女人并没有伤，又没有别人看见，便很怪他多事，要自己惹出是非，也误了我的路。

我便对他说："没有什么的。走你的罢！"

车夫毫不理会——或者并没有听到——却放下车子，扶那老女人慢慢起来，搀着臂膊立定，问伊说：

"你怎么啦？"

"我摔坏了。"

我想，我眼见你慢慢倒地，怎么会摔坏呢，装腔作势罢了，这真可憎恶。车夫多事，也正是自讨苦吃，现在你自己想法去。

车夫听了这老女人的话，却毫不踌躇，仍然搀着伊的臂膊，便一步一步地向前走。我有些诧异，忙看前面，是一所巡警分驻所，大风之后，外面也不见人。这车夫扶着那老女人，便正是向那大门走去。

我这时突然感到一种异样的感觉，觉得他满身灰尘的后影，霎时高大了，而且越走越大，须仰视才见。而且他对于我，渐渐地又几乎变成一种威压，甚而至于要榨出皮袍下面藏着的"小"来。

我的活力这时大约有些凝滞了，坐着没有动，也没有想，直到看见分驻所里走出一个巡警，才下了车。

巡警走近我说："你自己雇车吧，他不能拉你了。"

我没有思索地从外套袋里抓出一大把铜元，交给巡警，说："请你给他……"

风全住了，路上还很静。我走着，一面想，几乎怕敢想到自己。以前的事姑且搁起，这一大把铜元又是什么意思？奖他么？我还能裁判车夫么？我不能回答自己。

这事到了现在，还是时时记起。我因此也时时煞了苦痛，努力的要想到我自己。几年来的文治武力，在我早如幼小时候所读过的"子曰诗云"[2]一般，背不上半句了。独有这一件小事，却总是浮在我眼前，有时反更分明，教我惭愧，催我自新，并且增长我的勇气和希望。

一九二〇年七月。

 【注释】

【1】本篇最初发表于一九一九年十二月一日北京《晨报·周年纪念增刊》。

【2】"子曰诗云"："子曰"即"夫子说"；"诗云"即"《诗经》上说"，泛指儒家古籍，这里指旧时学塾的初级读物。

 【点评】

故事发生在"我"、车夫和一个女人之间。作者用干净利落的语言简单交代了事情的全过程："我"乘坐的人力三轮车撞倒了一位穷困的老女人，车夫无视"我"的催促毫不犹豫地将老女人搀进了巡警分驻所。事情虽小，行文虽短，然而三轮车夫光辉的形象却屹然突显在读者眼前，"觉得他满身灰尘的后影霎时高大了，而且愈走愈大，须仰视才见"。茅盾在1928年指出其意义是使人们"看见鸠首囚形的愚笨卑劣的代表的人形下面，却有一颗质朴的心，热而且跳的心"。

20世纪上叶的旧中国，人力车夫作为下层社会的一部分饱受歧视和压迫。鲁迅这篇发表于1919年底的小说，让我们充分感受到一个"下等人"高尚人格的力量。小说所揭示的人与人之间的关系却如此真实且具有代表性，显示了鲁迅作品对当时社会的切入之深。鲁迅与车夫的这些事，对鲁迅伟大的一生来说，只是平凡小事，但也足以反映出鲁迅对下层民众朴素而深沉的爱以及对自己思想的解剖。

 【思考探究】

1. 结合所学过的鲁迅作品，说说作者对于劳动人民的复杂情感，并找出文中相关的语句。
2. 从这件小事，你分别能从人力车夫和鲁迅身上看到什么？
3. 联系社会实际，谈谈你学习本文后的感想。

 【相关链接】

我的伯父鲁迅先生

周　晔

伯父鲁迅先生在世的时候，我年纪还小，根本不知道鲁迅是谁，以为伯父就是伯父，跟任何人的伯父一样。伯父去世了，他的遗体躺在万国殡仪馆的礼堂里，许多人都来追悼他，向他致敬，有的甚至失声痛哭。数不清的挽联挂满了墙壁，大大小小的花圈堆满了整间屋子。送挽联送花圈的有工人，有学生，各色各样的人都有。那时候我有点惊异了，为什么伯父得到这么多人的爱戴？我呆呆地望着来来往往吊唁的人，想到我就要永远见不到伯父的面了，听不到他的声音了，也得不到他的爱抚了，泪珠就一滴一滴地掉下来。

就在伯父逝世那一年的正月里，一个星期六的下午，爸爸妈妈带我到伯父家里去。那时候每到周末，我们姐妹三个轮流跟随着爸爸妈妈到伯父家去团聚。这一天在晚餐桌上，伯父跟我谈起《水浒传》里的故事和人物。不知道伯父怎么会知道我读了《水浒传》，大概是爸爸告诉他的吧。老实说，我读《水浒传》不过囫囵吞枣地看一遍，只注意紧张动人的情节；那些好汉的个性，那些复杂的内容，全搞不清楚，有时候还把这个人做的事情安在那个人身上。伯父问我的时候，我就张冠李戴地乱说一气。伯父摸着胡子，笑了笑，说："哈哈！还是我的记性好。"听了伯父这句话，我又羞愧，又悔恨，比挨打挨骂还难受，从此，我读什么书都不再马马虎虎了。

那天临走的时候，伯父送我两本书，一本是《表》，一本是《小约翰》。伯父已经去世多年了，这两本书我还保存着。

有一次，在伯父家里，大伙儿围着一张桌子吃晚饭。我望望爸爸的鼻子，又望望伯父的鼻子，对他说："大伯，您跟爸爸哪儿都像，就是有一点不像。"

"哪一点不像呢？"伯父转过头来，微笑着问我。他嚼着东西，嘴唇上的胡子跟着一动一动的。

"爸爸的鼻子又高又直，您的呢，又扁又平。"我望了他们半天才说。

"你不知道，"伯父摸了摸自己的鼻子，笑着说，"我小的时候，鼻子跟你爸爸的一样，也是又高又直的。"

"那怎么——"

"可是到了后来，碰了几次壁，把鼻子碰扁了。"

"碰壁？"我说，"您怎么会碰壁呢？是不是您走路不小心？"

"你想，四周黑洞洞的，还不容易碰壁吗？"

"哦！"我恍然大悟，"墙壁当然比鼻子硬得多了，怪不得您把鼻子碰扁了。"

在座的人都哈哈大笑起来。

有一天黄昏时候，呼呼的北风怒号着，天色十分阴暗。街上的人都匆匆忙忙赶着回家。爸爸妈妈拉着我的手，到伯父家去。走到离伯父家门口不远的地方，看见一个拉黄包车的坐在地上呻吟，车子扔在一边。

我们走过去，看见他两只手捧着脚，脚上没穿鞋，地上淌了一摊血。他听见脚步声，抬起头来，饱经风霜的脸上现出难以忍受的痛苦。

"怎么了？"爸爸问他。

"先生，"他那灰白的抽动着的嘴唇里发出低微的声音，"没留心，踩在碎玻璃上，玻璃片插进脚底了，疼得厉害，回不了家啦！"

爸爸跑到伯父家里，不一会儿，就跟伯父拿了药和纱布出来。他们把那个拉车的扶上车子，一个蹲着，一个半跪着，爸爸拿镊子给那个拉车的夹出碎玻璃片，伯父拿来硼酸水给他洗干净，他们又给他敷上药，扎好绷带。

拉车的感激地说："我家离这儿不远，这就可以支持着回去了。两位好心的先生，我真不知道怎么谢你们！"

伯父又掏出一些钱来给他，叫他在家里休养几天，把剩下的药和绷带也给了他。

天黑了，路灯发出微弱的光。我站在伯父家门口看着他们，突然感到深深的寒意，摸摸自己的鼻尖，冷得像冰，脚和手也有些麻木了。我想，这么冷的天，那个拉车的怎么能光着脚拉着车在路上跑呢？

伯父和爸爸回来的时候，我就问他们。伯父的回答我现在记不清了，只记得他的话很深奥，不容易懂。我抬起头来，要求他给我详细地解说。这时候，我清清楚楚地看见，而且现在也清清楚楚地记得，他的脸上不再有那种慈祥的愉快的表情了，变得那么严肃。他没有回答我，只把他枯瘦的手按在我的头上，半天没动，最后深深地叹了一口气。

伯父逝世以后，我见到他家的女佣阿三。阿三是个工人的妻子，她丈夫失了业，她愁得两只眼睛起了蒙，看东西不清楚，模模糊糊的像隔着雾。她跟我谈起伯父生前的事情。

她说："周先生自己病得那么厉害，还三更半夜地写文章。有时候我听着他一阵阵接连不断地咳嗽，真替他难受。他对自己的病一点儿也不在乎，倒常常劝我多休息，不叫我干重活儿。"

的确，伯父就是这样的一个人，他为自己想得少，为别人想得多。

雪落在中国的土地上

艾 青

艾青（1910—1996），原名蒋海澄，曾用笔名莪加、克阿、林壁等，浙江省金华人。中国现代著名诗人，主要作品有《大堰河——我的保姆》《艾青诗选》。抗战期间是他创作的高潮期，出版了《北方》《向太阳》《旷野》《火把》《黎明的通知》《雷地钻》等9部诗集。诗作倾诉着民族的苦难，歌颂了祖国的战斗，渗透着时代气氛，笔触雄浑，气势壮阔，情调奋发昂扬。

雪落在中国的土地上，
寒冷在封锁着中国呀……

风，
像一个太悲哀了的老妇，
紧紧地跟随着
伸出寒冷的指爪
拉扯着行人的衣襟，
用着像土地一样古老的话
一刻也不停地絮聒[1]着……

那从林间出现的，
赶着马车的
你中国的农夫
戴着皮帽
冒着大雪
要到哪儿去呢？

告诉你
我也是农人的后裔——
由于你们的
刻满了痛苦的皱纹的脸

我能如此深深地
知道了
生活在草原上的人们的
岁月的艰辛。

而我
也并不比你们快乐啊
——躺在时间的河流上
苦难的浪涛
曾经几次把我吞没而又卷起——
流浪与监禁
已失去了我的青春的
最可贵的日子
我的生命
也像你们的生命
一样的憔悴呀

雪落在中国的土地上，
寒冷在封锁着中国呀……
沿着雪夜的河流，
一盏小油灯在徐缓地移行，
那破烂的乌篷船里
映着灯光，垂着头
坐着的是谁呀？

——啊，你
蓬发垢面的少妇，
是不是
你的家
——那幸福与温暖的巢穴——
已被暴戾[2]的敌人
烧毁了么？
是不是
也像这样的夜间，
失去了男人的保护，

在死亡的恐怖里，
你已经受尽敌人刺刀的戏弄？

咳，就在如此寒冷的今夜，
无数的
我们的年老的母亲，
都蜷伏在不是自己的家里，
就像异邦人，
不知明天的车轮
要滚上怎样的路程……
——而且
中国的路
是如此的崎岖
是如此的泥泞呀

雪落在中国的土地上，
寒冷在封锁着中国呀……

那些被烽火所啮[3]啃着的地域，
无数的，土地的垦殖者
失去了他们所饲养的家畜
失去了他们肥沃的田地
拥挤在
生活的绝望的污巷里；
饥馑的大地
朝向阴暗的天
伸出乞援的
颤抖着的两臂。

中国的痛苦与灾难
像这雪夜一样广阔而又漫长呀！

雪落在中国的土地上
寒冷在封锁着中国呀……

中国，
我的在没有灯光的晚上
所写的无力的诗句
能给你些许的温暖么？

一九三七年十二月二十八日夜间

 【注释】

【1】 絮聒（guō）：唠叨不休。

【2】 暴戾（lì）：残暴，凶狠。

【3】 啮（niè）：咬。

 【点评】

　　《雪落在中国的土地上》是一首感情真挚、意境沉郁而广漠的长诗。诗人看到在民族存亡的关头，权贵们仍在作威作福，处处是穷困和饥饿，他感到异常失望，他深切地感悟到了古老的民族在解救自身的战争中所承受的深重灾难，而广袤的土地和亿万生灵也将要度着极为艰辛的日子。严酷的现实强烈地震撼着诗人的心灵。于是，他整个身心的里里外外感到一种弥天的透骨的寒战，诗人在诗中反复地呼号："雪落在中国的土地上，/寒冷在封锁着中国呀……"这两行反复回响的诗，可以说是诗的主旋律。

　　透过这首诗充满具象的描写，我们能感受到全诗浸透着忧患得令人奋发的情感，所有的细节描写都潜含着觉醒了的民族的痛苦和复仇的火种。诗歌具有一种散文美，正是这种自然的艺术特色，使它没有雕琢和虚饰的痕迹，几乎看不到什么有形可感技巧。

 【思考探究】

1. 这首诗重点描绘了哪几幅画面？
2. 诗运用了哪些自然意象？分别包含着怎样的象征意义？
3. 这首诗中的反复咏叹在情感的表达和篇章结构上各有什么作用？

 【相关链接】

我爱这土地

艾 青

假如我是一只鸟，
我也应该用嘶哑的喉咙歌唱：

这被暴风雨所打击着的土地，
这永远汹涌着我们的悲愤的河流，
这无止息地吹刮着的激怒的风，
和那来自林间的无比温柔的黎明……
然后我死了，
连羽毛也腐烂在土地里面。

为什么我的眼里常含泪水？
因为我对这土地爱得深沉……

重新做人

欧·亨利

> 欧·亨利（O. Henry, 1862—1910），原名：威廉·雪德尼·波特（William Sydney Porter），美国著名批判现实主义作家，世界三大短篇小说大师之一，曾被评论界誉为曼哈顿桂冠散文作家和美国现代短篇小说之父。他的作品构思新颖、语言诙谐，结局常常出人意料，代表作有小说集《白菜与国王》《四百万》《命运之路》等。其中一些名篇如《爱的牺牲》《警察与赞美诗》《带家具出租的房间》《贤人的礼物》《最后一片藤叶》等使他获得了世界声誉。

看守来到监狱制鞋工场，吉米·瓦伦汀正在那里勤勤恳恳地缝着鞋帮。看守把他领到前楼办公室。典狱长把当天早晨州长签署的赦免状给了吉米。吉米接过来时有几分厌烦的神气。他被判四年徒刑，蹲了将近十个月。他原以为最多三个月就能恢复自由。像吉米·瓦伦汀这样在外面有许多朋友的人，进了监狱连头发都不必剃光。

"喂，瓦伦汀，"典狱长说，"你明天早晨可以出去啦。振作起来，重新做人，你心眼并不坏。以后别砸保险箱了，老老实实地过日子吧。"

"我吗?"吉米诧异地说，"哎，我生平没有砸过一只保险箱。"

"哦，没有吗?"典狱长笑了，"当然没有，现在让我们来看看。你是怎么由于斯普林菲尔德的那件案子给送进来的？是不是因为你怕牵连某一个社会地位很高的人，故意不提出当时不在出事现场的证据？还是仅仅因为不仗义的陪审团亏待了你？你们这些自称清白的罪犯总是要找借口的。"

"我吗?"吉米还是露出无辜的样子斩钉截铁地说，"哎，典狱长，我生平没有到过斯普林菲尔德!"

"带他回去吧，克罗宁，"典狱长微笑着说，"替他准备好出去的衣服。明天早晨七点钟放他出去，让他先到大房间里来。你最好多考虑考虑我的劝告，瓦伦汀。"

第二天早晨七点一刻，吉米已经站在典狱长的大办公室里。他穿着一套极不称身的现成衣服和一双不舒服的吱吱发响的皮鞋，那身打扮是政府释放强行挽留的客人时免费供给的。

办事员给他一张火车票和一张五元的钞票，法律指望他靠这笔钱来重新做人，成为安分守己的好公民。典狱长请他抽了一支雪茄，同他握手告别。瓦伦汀，九七六二号，档案上注明"州长赦免"。詹姆斯·瓦伦汀先生走进了外面阳光灿烂的世界。

吉米不去理会鸟儿的歌唱、绿树的婆娑和花草的芬芳，径直朝一家饭馆走去。在那里，他尝到了久违的自由的欢乐，吃了一只烤鸡，喝了一瓶白酒；最后再来一支比典狱长给他的要高出一档的雪茄。他从饭馆出来，悠闲地走向车站。他扔了一枚两毛五分的银币给一个坐在门口，捧着帽子行乞的盲人，然后上了火车。三小时后，火车把他带到州境附近的一个小镇上。他到了迈克·多兰的咖啡馆，同迈克握了手。当时只有迈克一个人在酒吧后面。

"真对不起，吉米老弟，我们没有把这件事早些办妥。"迈克说，"我们要对付斯普林菲尔德提出的反对，州长几乎撒手不干了。你好吗？"

"很好。"吉米说，"我的钥匙还在吗？"

他拿了钥匙，上楼打开后房的房门。一切都同他离开时一样。当他们用武力逮捕他时，那位著名的侦探本·普赖斯的衬衫上给扯下了一颗纽扣，如今纽扣还在地板上。

吉米把贴墙的折床放下来，推开墙壁上一块暗板，取出一只蒙着灰尘的手提箱。他打开箱子，喜爱地望着那套东部最好的盗窃工具。那是一套样式俱全，用特种硬钢制造的，最新式的工具，有钻头、冲孔器、摇钻、螺丝钻、钢撬、钳子和两三件吉米自己设计，并引以自豪的新玩意儿。这是他花了九百多元在一个专门打制这类东西的地方订做的。

过了半小时，吉米下楼来，穿过咖啡馆。他已经换了一套雅致称身的衣服，手里提着那只抹拭干净的箱子。

"有苗头吗？"迈克·多兰亲切地问道。

"我吗？"吉米用困惑的声调说，"我不明白，我现在是纽约饼干麦片联合公司的推销员。"

这句话叫迈克听了非常高兴，以至吉米不得不留下来喝一杯牛奶苏打，他从不碰烈性饮料。

在瓦伦汀——九七六二号释放了一星期之后，印第安纳州里发生了一件保险箱盗窃案，案子做得干净利落，毫无线索可寻。一共失窃了为数不多的八百元。两星期后，洛根斯波特有一只新式防盗保险箱给轻而易举地打开了，失窃一千五百元现款，证券和银器没有损失。警局开始注意了。接着，杰斐逊城一只老式银行保险箱出了毛病，损失了五千元现款。如今失窃的数字相当高了，本·普赖斯不得不插手干预。经过比较，他发现盗窃的方法惊人地相似。本·普赖斯调查了失窃现场，宣布说："那是'花花公子'吉米·瓦伦汀的手法。他又恢复营业了。瞧那个暗码盘，像潮湿天气拔萝卜那般轻易地拔了出来。只有他的钳子才干得了。再瞧这些发条给削得多么利落！吉米一向只消钻一个洞就行了。哎，我想我得逮住瓦伦汀先生。下次可不能有什么减刑或者赦免的蠢事，他得蹲满刑期才行。"

本·普赖斯了解吉米的习惯。他经手处理斯普林菲尔德那件案子时就摸熟了吉米的脾气。跑得远，脱身快，不找搭档，喜欢交上流社会的朋友；这些情况让瓦伦汀赢得了难得失手的名声。本·普赖斯已在追踪这个难抓到的开保险箱好手的消息透露了出去，有防盗保险箱的人比较安心一些了。

一天下午，吉米·瓦伦汀带着他的手提箱搭了邮车来到艾尔摩尔。艾尔摩尔是阿肯色州黑榭[1]地带的一个小镇，离铁路线有五英里。吉米活像是一个从学校回家来的结实年轻的大学四年级学生，他在宽阔的人行道上向旅馆走去。

一位年轻姑娘穿过街道，在拐角那里打他身边经过，走进一间挂着"艾尔摩尔银行"招牌的门。吉米·瓦伦汀直勾勾地瞅着她，忘了自己是谁，仿佛成了另一个人。她垂下眼睛，脸上泛起一阵红晕。有吉米这种气宇和外表的年轻人在艾尔摩尔是不多见的。

银行门口台阶上有个男孩，仿佛是股东老板似的在游荡，吉米便缠住他，开始打听这个小镇的情况，不时给他几枚银币。没多久，那位姑娘出来了，装着根本没有见到这个提箱子的年轻人，大模大样地自顾自走路。

"那位年轻姑娘是不是波利·辛普森小姐？"吉米装得老实，其实很狡黠地问道。

"不。"小孩说，"她是安娜贝尔·亚当斯。这家银行就是她爸爸开的。你到艾尔摩尔来干吗？那表链是不是金的？我就要有一条巴儿狗了。还有银角子吗？"

吉米到了农场主旅馆，用拉尔夫·迪·斯潘塞的姓名登了记，租了一个房间。他靠在柜台上，把自己的来意告诉了那个旅馆职员。他说他来艾尔摩尔是想找个地方做些买卖。这个小镇做鞋子行业怎么样？他想到了鞋子行业，有没有机会？

旅馆职员被吉米的衣着和风度打动了。他本人也可以算是艾尔摩尔那些还不够格的时髦青年之一，但是现在看到了自己的差距。他一面揣摩吉米的领结是怎么打的，一面恳切地提供了情况。

是啊，鞋子行业应该有很好的机会。当地没有专门的鞋店，绸缎和百货商店兼做鞋子生意。各行各业的买卖都相当好。希望斯潘塞先生能打定主意在艾尔摩尔安顿下来。他将发现住在这个小镇上是很愉快的，居民都很好客。

斯潘塞先生认为不妨在镇上逗留几天，看看情形再说。不，不必叫小厮了。他自己把手提箱带上去；箱子相当沉。

一阵突如其来、脱胎换骨的爱情之火把吉米·瓦伦汀烧成了灰烬，从灰烬中重生的凤凰拉尔夫·斯潘塞先生在艾尔摩尔安顿下来，一帆风顺。他开了一家鞋店，买卖很兴隆。

在社交上，他也获得了成功，交了许多朋友。他的愿望也达到了。他结识了安娜贝尔·亚当斯小姐，越来越为她的魅力所倾倒。

一年后，拉尔夫·斯潘塞先生的情况是这样的：他赢得了当地人士的尊敬，他的鞋店很发达，他和安娜贝尔已经决定在两星期后结婚。亚当斯先生是个典型的、勤恳的乡间银行家，他很器重斯潘塞。安娜贝尔非但爱他，并且为他骄傲。他在亚当斯一家和安娜贝尔的已经出嫁的姊姊家里都很受欢迎，仿佛他已是他们家的成员了。

一天，吉米坐在他的房间里写了如下的一封信，寄往他在圣路易斯的一个老朋友的可靠的地址。

　　亲爱的老朋友：

　　我希望你在下星期三晚上九点钟到小石城沙利文那里去。我请你帮我料理一些小事。同时我想把我那套工具送给你。我知道你一定乐于接受的；复制一套的话，花一千元都不够。喂，比利，我已经不干那一行啦；一年前歇手的。我开了一家很好的店铺。如今我老老实实地过活，两星期后，我将同世界上最好的姑娘结婚。这才是生活，比利，正直的生活。现在即使给我一百万，我也不会去碰人家的一块钱了。结婚后，我打算把铺子盘掉，到西部去，那里被翻旧账的危险比较少。我告诉你，比利，她简直是个天使。她相信我；我怎么也不会再干不光明的事了。千万到沙利文那里去，我非见你不可。工具我随身带去。

你的老朋友

吉米

　　吉米发出这封信之后的星期一晚上，本·普赖斯乘了一辆租来的马车悄悄到了艾尔摩尔。他不声不响地在镇上闲逛，终于打听到他要知道的事情。他在斯潘塞鞋店对面的药房里看清了拉尔夫·迪·斯潘塞。

　　"你快同银行老板的女儿结婚了吗，吉米?"本轻轻地自言自语说，"嘿，我还不知道呢!"

　　第二天早晨，吉米在亚当斯家里吃早饭。他那天要到小石城去订购结婚礼服，再替安娜贝尔买些好东西。那是他到艾尔摩尔后的第一次出门。自从他干了那些专业"工作"以来，已经过去一年多了，他认为出门一次不会有什么问题。

　　早饭后，家里的人浩浩荡荡地一起到商业区去；亚当斯先生、安娜贝尔、吉米、安娜贝尔已出嫁的姊姊和她的两个女儿，一个五岁，一个九岁。他们路过吉米仍旧寄住的旅馆，吉米上楼到他的房间里去拿手提箱。之后他们便去银行。吉米的马车停在那里，等一会儿由多尔夫吉布森赶车送他去火车站。

　　大伙走进银行营业室的雕花橡木的高栅栏里；吉米也进去了，因为亚当斯未来的女婿是到处都受欢迎的。职员们都乐于接近那位将同安娜贝尔小姐结婚的、漂亮可亲的年轻人。吉米放下手提箱。安娜贝尔充满了幸福感和青春活泼，她戴上吉米的帽子，拎起手提箱。"我像不像一个旅行推销员?"安娜贝尔说，"哎呀! 一拉尔夫，多么沉呀! 里面好像装满了金砖。"

　　"装着许多包镍的鞋楦，"吉米淡淡地说，"我准备还给别人，我自己带着，可以省掉行李费。我近来太节俭了。"

　　艾尔摩尔银行最近安装了一个新保险库。亚当斯先生非常得意，坚持要大家见识见识。保险库不大，但是有一扇新式的门。门上装有一个定时锁和三道用一个把手同时开关的钢闩。亚当斯先生得意扬扬地把它的构造解释给斯潘塞先生听，斯潘塞彬彬有礼地听着，但好像不很感兴趣。那两个小女孩，梅和阿加莎，见了闪闪发亮的金属以及古怪的时钟装置和把手，非常高兴。

　　这时候，本·普赖斯逛了进来，胳臂肘支在柜台上，有意无意地向栅栏里瞥去。他对出纳员说他不要什么，只是等一个熟人。

突然间，女人当中发出了一声尖叫，乱成一团。在大人们没有注意的时候，九岁的梅好奇地把阿加莎关进保险库，学着亚当斯先生的样子，关上了钢闩，扭动了暗码盘。

老银行家跳上前去，扳动着把手。"门打不开了。"他呻唤着说，"定时锁没有上，暗码也没有对准。"

阿加莎的母亲又歇斯底里地尖叫起来。

"嘘！"亚当斯先生举起发抖的手说，"大伙都静一会儿，阿加莎！"他尽量大声地嚷道，"听我说。"静下来的时候，他们隐隐约约可以听到那孩子关在漆黑的保险库里吓得狂叫的声音。

——"我的小宝贝！"她母亲哀叫道，"她会吓死的！开门！哦，把它打开！你们这些男人不能想些办法吗？"

"小石城才有人能打开这扇门。"亚当斯先生声音颤抖地说，"——老天！斯潘塞，我们该怎么办？那孩子，她在里面待不了多久。里面空气不够，何况她要吓坏的。"

阿加莎的母亲发疯似的用手捶打着保险库的门，有人甚至提议用炸药。安娜贝尔转向吉米，她那双大眼睛里充满了焦急，但并没有绝望的神色。对一个女人来说，她所崇拜的男人仿佛是无所不能的。

"你能想些办法吗，拉尔夫？试试看，好吗？"

他瞅着她，嘴唇上和急切的眼睛里露出一抹古怪柔和的笑容。

"安娜贝尔，"他说，"把你戴的那朵玫瑰给我，好不好？"

她以为自己听错了他的话，但还是从胸襟上取下那朵玫瑰，交到他手里。吉米把它塞进坎肩口袋，脱去上衣，卷起袖子。这一来，拉尔夫·迪·斯潘塞消失了，代替他的是吉米·瓦伦汀。

"大家从门口闪开。"他简单地命令说。

他把手提箱往桌子上一放，打了开来。从那一刻开始，他就仿佛没有意识到周围的人了。他敏捷而井井有条地把那些闪亮古怪的工具摆出来，一面照他平时干活的脾气轻轻地吹着口哨。周围的人屏声静息，一动不动地看着他，似乎都着了魔。

不出一分钟，吉米的小钢钻已经顺利钻进了钢门。十分钟后，这打破了他自己的盗窃纪录，他打开钢闩，拉开了门。

阿加莎几乎吓瘫了，但没有任何损伤，被搂在她妈妈怀里。

吉米·瓦伦汀穿好上衣，到栅栏外面，向前门走去。半路上，他模模糊糊听到一个耳熟的声音喊了一声"拉尔夫"，但他没有停下脚步。

门口有一个高大的人几乎挡住了他的去路。

"喂，本！"吉米说道，脸上还带着那种古怪的笑容。"你终于来了，是吗？好吧，我们走。我想现在也无所谓了。"

本·普赖斯的举动有些古怪。

"你认错了人吧，斯潘塞先生。"他说，"别以为我认识你，那辆马车还在等着你呢，不是吗？"

本·普赖斯转过身，朝街上走去。

【注释】

【1】黑榭（hú）：地名。

【点评】

读罢此文，每个读者都会发出一声惊叹，惊叹吉米与安娜贝尔的美好爱情，惊叹吉米在关键时刻的"重操旧业"，惊叹本·普赖斯的善良人性和网开一面，又同时惊叹吉米的脚步将何去何从。

这就是欧·亨利的小说。欧·亨利的人生之路充满着坎坷与失意，命运的捉弄改变了他的人生轨迹，监狱的生活让他饱受了痛苦与折磨，正是这种磨难使其作品的触角深广，常人无法企及。他对底层人物怀有特殊的感情，才会用浓墨重彩来描绘小人物，是真情实意的流露，没有丝毫的造作。

本文中小人物的可贵在于他那么真实，没有截然的善与恶，他会良心发现，幡然悔悟，重新做人，因而具有撼动人心的艺术感染力。

本文的成功还在于作者捕捉到了生活中令人啼笑皆非却富有哲理的典型性戏剧场面。在一个个生活的片断里，处于两难中的主人公必须面对抉择，这时不仅能集中刻画人物心理，也能充分展示生活中固有的矛盾。再加上欧·亨利具有把情节剪裁得恰到好处的本领，因而能在很短的篇幅内达到一种思想与艺术相结合的完美效果，给人以强烈的印象。

欧·亨利的小说在艺术处理上的最大特点就是它们的"意外结局"。情节的发展似乎明明朝着一个方向在发展，结果却来个出其不意。这意外的结局一般说来是比较令人宽慰的，即便是悲哀的结局，也常包含着某种光明之处，这就是所谓"带泪的微笑"。

欧·亨利的语言本身也充满了夸张和幽默，而幽默能起到淡化事物悲剧性的作用，使大众读者更能接受。

【思考探究】

1. 你觉得吉米是一个怎样的人？猜测吉米最后过上了怎样的生活。
2. 本文的情节跌宕起伏，扣人心弦，说说作者是怎样处理材料与主题的关系的。
3. 本文的语言风趣幽默、直观形象，请找出几处例子加以说明。

【相关链接】

最后一片藤叶（故事梗概）

欧·亨利

华盛顿广场西边的格林威治村房租低廉，街道横七竖八，便于躲债，这里住着贫穷的人们。一幢楼的底层住着一位老画家贝尔曼，他穷愁潦倒，性格孤傲，艺术上失意。三楼住着两位名不见经传的年轻女画家——苏艾和琼珊。秋天里，琼珊患了肺炎，贫病交加，医治无望。她躺在床上，透过窗口，看到空荡、阴沉的院子里，一株根已枯萎的常春藤，在深秋的寒风中，藤上的叶子差不多都吹落了，只剩下几根藤枝依附在破墙上。琼珊一片片地数着藤叶，看着它飘落，沮丧极了。她想到自己生命之树的叶片也正往下落，她认定最后一片叶子落地之时，便是她生命的终结之日。同患肺炎的老贝尔曼从苏艾那里知道此情况后，在一个风雨交加、凄冷的夜晚，艰难爬上墙，画了一片永不会坠落的藤叶。琼珊在这不落的藤叶的感召下，重获生的信念，病愈活了下来，但是老贝尔曼却因受凉病重去世，他用自己的生命绘出了毕生的杰作——最后的一片叶子。

【知识链接四】

日用文书

日用性文书是指人们日常生活中需要使用的文书，如条据类、告启类、书信类、礼仪类等文书，都属日用文书。

日常应用文，具有内容的具体性、单一性、事务性，格式的规范性、习用性，使用的广泛性、高频性特点，无论机关、团体、企业和个人都经常使用。随着社会的发展，这些不同文种在使用中有时会有混用现象。比如，遗失物品、证件，可用遗失启事，也可用遗失声明；海报的应用也有变化，往往会使用事项做名称，甚至使用广告形式。学习这些日用文种，务必要掌握它们的特点、种类、写作格式和要求。这里仅就启事、说明书、专用书信做简要介绍。

一、启事

启事是机关、企事业单位、团体或个人因事向公众说明或希望公众给予帮助和响应而用简明的文字写出来的公告性应用文体。启事多刊登在报纸杂志上，或张贴在引人注意的公共场所，也可在电视台、广播电台播出。

启事的种类很多，根据启事事项的不同，可以分为：

寻找类启事。这类启事有寻人启事、寻物启事、招领启事等。

征招类启事。这类启事有招生、招考、招聘启事；征婚、征文、征订、征集设计启

事等。

周知类启事。这类启事有开业启事、迁址启事、变更启事、婚庆启事等。

声明类启事。这类启事有遗失启事、更正启事和其他声明启事等。

启事一般由标题、正文、结尾和落款四部分组成。

1. 标题

标题的写法可以有这样几种：第一种，只写"启事"；第二种，标题里标明启事事项，如"招领启事""开业启事"等；第三种，启事重要和紧迫，可以标明"重要启事"或"紧急启事"；第四种，将"启事"两字省去，只写"寻人""招聘"等。

2. 正文

不同类型的启事正文内容有所不同，一般包括启事的目的、意义、具体办理方法、要求、条件等。正文是启事的主要部分，主要说明启事的事项。正文写法形式多样，可以分段写，内容多的应逐条分项写清楚。要写具体、明白、准确、简练通俗，千万不可模糊、含混、模棱两可，以免产生歧义。

3. 结尾

写联系方式，有附件列附件，需敬语写敬语。

4. 落款

即署名和日期。在标题和正文中已写明启事者，落款中可省略，只写日期。报刊上刊登的启事也可以不写日期。

二、说明书

说明书是对机关、团体、企业基本概况以及产品性质、性能、构造、用途、规格、使用方法、保管方法、注意事项等进行说明的应用文。

说明书的特点如下。

1. 功能上的说明和推介宣传性

一份好的说明书，既能明确告诉人们一些基本情况，比如单位的性质、地点、人员组成等，产品的性能特点、使用方法，避免发生意外或损坏产品，而且还可起到宣传推介作用，使生产企业和部门的产品扩大影响，赢得信誉，从而有利于迅速占领市场。

2. 说明内容的完整性与真实性

产品说明书一般应将产品的技术指标、结构、性能、特点、功能、用途、使用方法、维修保养和注意事项等完整地、全面地加以介绍说明，而且要十分准确、科学，实事求是，不能用夸张之词而失信于用户。

3. 语言的通俗性与简明性

说明书的语言要通俗易懂，简明扼要，让人一看就心里明白、清楚。因此，词语不能艰深，句子不能过长，层次不能混杂，要充分体现语言应用上的通俗性与简明性。

说明书的结构可分为标题、正文、结尾三个部分。

标题。标题一般由"××简介"或"××产品说明书"或"××讲解词"组成。

正文。正文是具体说明机关、单位、企业的基本概况，语言简洁，层次清楚。

结尾。一般说明机关、单位、企业名称、地址、电话号码、传真电话、网址、邮编等，以便于联系。

例如：

吉首大学黄永玉艺术博物馆简介

吉首大学黄永玉艺术博物馆坐立于吉首大学校园风雨湖畔。

博物馆于 2003 年开始创建。是年 7 月，我国现代著名艺术家、文学家、收藏家，享誉世界的文化大师，中国美术金彩奖、终身成就奖获得者，意大利总司令荣誉勋章、团结星二级骑士勋章荣获者——湖南凤凰黄永玉先生，偕同美国著名博物馆专家哈维·韦斯特先生造访吉首大学，黄先生愿将毕生收藏的文物捐赠家乡高等学府吉首大学，而后，先生又将自创的部分书画作品及文物相赠，吉首大学为铭感先生对家乡和家乡大学之厚爱，弘扬先生文化艺术精神，展示先生卓越文化艺术成果，陶冶当代学子人文精神，决定创建吉首大学黄永玉艺术博物馆。

博物馆由北京建筑研究中心主任、美国麻省理工建筑系主任、北京非常建筑设计室主任张永和教授领衔设计。

博物馆建筑面积 4200m²，展厅面积 2600m²，由序厅、艺术人生、书画天地、收藏世界四厅构成。

序厅陈列有 800cm×300cm 大型青钢雕塑，黄永玉吉首大学现场所绘《采芰荷以为裳》，沉睡三峡江底 1.5 万年之久的阴沉木，大型壁挂土家织锦和工艺图案。

艺术人生厅以黄永玉人生艺术世界为轨迹，以文字、图表、照片，实物相结合表现手法，分为《永不回来的风景》《无愁河的流浪汉》《绘画新生活的鬼才》《"文革"中的"湘西刁民"》几个板块，全面展现黄永玉充满传奇色彩的艺术人生，凸显先生独特的人格品质和大家风范、艺术魅力。

书画天地厅陈列黄永玉创作的部分美术、雕塑、木刻、书法等，以水墨画为主，1500 cm×5500 cm 的巨画《松风如涛》气势恢宏，令人叹为观止。着重展示黄永玉融古今中外文化于一身的高超本领与艺术风格，揭示先生对人类智慧的不懈追求，不断创造的心灵世界与智慧。

收藏世界厅展出上至龙山、仰韶，下迄明清的珍贵文物达 200 件。其中，以战国至汉代的陶器为主。精美绝伦的各种工艺品，在造型、纹样、技巧和意境上凸显天真狂放的浪漫主义和古拙气势之美，从中窥视黄永玉丰厚的中国传统文化的学识涵养及其审美取向。

2006 年 10 月 1 日，黄永玉艺术博物馆在吉首大学风雨湖畔隆重开馆。

吉首大学黄永玉艺术博物馆馆长　谷遇春

联系地址：湖南省湘西土家族苗族自治州吉首市人民南路　邮政编码：416000

联系电话：0743-2141357

三、信函

信函是人们日常生活和工作、学习中广泛使用的一种日常应用文。信函可分为一般信函和专用信函。一般信函属于私人书信，通常是不公开的。有两种类型：一是与家人之间的通信，称为家书；二是与其他亲友的通信，称为社交书信；专用信函是大量运用于机关、单位、团体和个人与机关、单位、团体之间公务交往的书信。专用信函的类型很多，常用的有介绍信、证明信、申请书、决心书、倡议书、挑战书、应战书、邀请书、慰问信、感谢信、表扬信、祝贺信、聘书、请柬、喜报等。

无论一般信函还是专用信函，它们都有明确的受文对象和特定的功用，有固定的或习惯的格式。专用信函在这方面的要求尤为严格，因为它是人们交流思想、传递信息、表达意愿与诉求、进行沟通交际的重要工具与手段，能根据需要写作规范得体的专用信函，是人们特别是青年学子必备的能力。这里将重点讲授介绍信、求职书、祝贺信。

（一）介绍信

介绍信是介绍被派遣人员到其他单位联系工作、参观学习、了解情况或参加有关社会活动时用的专用书信。介绍信是用来介绍联系接洽事宜的一种应用文体，它具有介绍、证明的双重作用。使用介绍信，可以使对方了解来人的身份和目的，以便得到对方的信任和支持。

介绍信的书写一般有以下几个部分。

（1）标题。第一行中间写"介绍信"三字。

（2）称谓。可在第二行顶格书写受文单位或个人名称。后用冒号。

（3）正文。写派出人员姓名、身份、事由、希望。

（4）祝语。正文下一行写"此致"，再下一行顶格写"敬礼"。

（5）落款。写出具介绍信的单位全称，注明日期。

介绍信的写作，应注意的是要写明被介绍者的真实姓名和身份，接洽的事项与希求；称谓、祝语要得当、得体；用语要清晰、简明。

例如：

介绍信

××学校：

兹介绍我公司××同志等×人（均系我公司职员），前来贵处联系我公司产品销售事宜，请接洽为盼。

此致

敬礼！

××公司（盖章）

×年×月×日

这是一封不带存根的普通介绍信，语言简明概括，格式规范。

（二）求职信

求职信是求职者向用人单位或相关领导自荐谋求职位的书信。早在古代就有，李白的

《与韩荆州书》就是一封自荐求职信。随着社会经济的发展，这种应用文种逐渐多起来。尤其是改革开放的不断深入和经济的快速发展，人才的流动日益频繁，求职已成为一种社会化的活动。求职信已成为求职者推销展示自我，用人者了解、认识求职者的主要方式与途径。

求职信的特点如下。

首先是针对性。是指要针对求职单位的实际情况、用人者的心理和自己的求职目标写。信中内容的书写应当与职业的要求具有相应性。

其次是自荐性。所谓自荐性就是指要恰当地推销自己。求职信是沟通求职者与用人者的一种媒介，写作者要善于推介自己，要充分展示自己的成绩、特长、优势，甚至用自己的个性特色，以获得用人单位或领导的重视和认同。正因为如此，信的书写表达，一定要用第一人称来做自我介绍。因为这种方式较为稳妥。

再者是明确求职目标。即你要求到什么公司或什么单位工作，你想干什么工作，这一点必须明确，绝不能模棱两可。求职缘起要明确。即交代求职的理由，说明你为什么要到该公司工作，你想获得这份工作的原因是什么。回答这个问题时，要简洁，不要啰唆，既要实事求是，又要机智灵活。

最后是语言详略得当。这一点在谈求职条件时，要善于扬长避短，针对求职目标，表现自己的主要业绩和优势，在陈述自己求职条件的时候，一定要恰如其分。过于卑怯，读信人会认为你没有信心，缺乏进取心和创造力；一味浮夸，读信人会觉得你不知天高地厚，干事不踏实。

求职信的写作格式一般由六部分组成，即标题、称呼、正文、结尾、附件、署名日期。

（1）标题。一般直书"求职信"三字。如果求职心切，可加"紧急"二字表明。

（2）称呼。它是对读信人的称谓。由于读信人是公司或单位的负责人，故可直呼他为"××公司负责人""××厂厂长""××企业经理"等。求职信不同于一般的私人书信，故称呼时应注意，不要用"亲爱的""我最尊敬的"等字眼。为了礼貌起见，可用"尊敬的××"来称呼。

（3）正文。这是求职信写作的重点。第一，交代你求职的原因；第二，写应聘、应征的条件，尤其要注意表现你的主要成绩，突出你的优势；第三，主要是强调你的愿望和要求。

（4）结尾。用敬语结尾："敬礼""祝工作顺利"等。

（5）附件。如前所述，选用的证明材料，应有必要的签名和盖章。这是附在信末的对你起着证明或介绍作用的有关材料。它包括你的个人简历、所学专业课程一览表、各门课程的成绩一览表、发表的论文或论著，单位、学校或某个教授、专家的推荐信等。附件在求职信的写作中具有重要意义。它不仅让读信人对你有具体的了解，还可增强他对你的信任感。

（6）落款、日期。注明求职人姓名与成文日期。

例如：

求职信

尊敬的领导：

　　您好！

　　非常感谢您给我一次迈向成功的机会。

　　我是一名东莞理工学院城市学院汉语言文学专业（主修新闻方向）的应届毕业生。您能在百忙之中抽空翻阅我的资料，我感到万分荣幸。我来自潮汕大地，就在这人杰地灵的环境中，完成了我的基础教育，奠定了我走向人生的丰厚文化底蕴。2016 年的金秋，我带着家乡的风采，迈进了城市学院的大门。师长们的谆谆教诲，同学们的拳拳帮助，让我在古今文学的走廊里行走，在古今汉语的字词间搜练，在新闻传媒的广阔天地间畅游，构筑了我语言文学、新闻传媒的坚实理论基础。

　　作为一名本科大学生，我一直认为理论要和实践紧密联系在一起，才能真正增长才干。因此，我有意识地加入大学生记者团，通过新闻实践活动来深化自己的专业知识，提高自己的动手能力。在大学生记者团工作的四年里，我很得学院党委宣传部领导的肯定，担任大学生记者团团长。在三年的任职期间，我先后采访了学院多位高层领导、华夏集团股份有限公司副总经理梅国兰女士、永兴隆金属有限公司副总经理杨瑜女士以及学院多位成功的校友。

　　除了努力学好新闻专业知识以外，我还利用自己的业余时间，训练了自己在平面设计上的特长。2019 年暑假期间，我在东莞市华天广告策划有限公司实习，其间和东莞市妇联、东莞市民盟建立友好的合作关系。自己编辑设计的出版物，如《前进中的东莞妇女》《城院人》《城曦》《飞翔》等书籍或刊物，得到了社会的广泛认同。

　　本人熟练掌握 CorelDRAW、Photoshop 等设计软件，进行广告、书籍、杂志、画册等纸质刊物的设计工作。

　　我正处在人生中精力充沛的阶段，如同我自荐书上的标语一样"痴思长绳系日，不教一日闲过"，与其整天想着如何用绳子系住太阳，不如脚踏实地，兢兢业业地做好工作。

　　最后，谢谢您在百忙之中所给予我的关注，愿贵单位发展蒸蒸日上，屡创佳绩，祝您的事业百尺竿头，更进一步！

　　希望各位领导能够对我予以考虑，我热切期盼你们的回音，谢谢！

　　此致

敬礼

自荐人　张昌

2019 年 11 月 28 日

第五单元　生命哲思

生命是我们最珍爱的东西，它是我们所拥有一切的前提。生命又是我们最易忽略的东西，人们在道理上都知道生命的宝贵，实际上却常常做一些损害生命的事情，抽烟，酗酒，纵欲，不讲卫生，超负荷工作，等等。

人们为虚名浮利而忙碌，却舍不得花时间来做一些实现生命本身价值的事情让生命本身感到愉快。往往是当我们的生命真正受到威胁的时候，我们才幡然醒悟，生命的不可替代的价值才突现在我们的眼前。古人云："死生亦大矣！"青年不可不思。

《道德经》二章

老　子

老子（约前571—前471），姓李，名耳，字伯阳，楚国苦县（今河南鹿邑东）厉乡曲仁里人（一说为今安徽涡阳人）。春秋时期思想家、哲学家、道家学派的创始人，曾做过周朝的守藏史。晚年在陈国居住，后出关赴秦国讲学，不知所终。

《道德经》又名《老子》，是老子用韵文写成的一部哲学著作。它是道家的主要经典，也是研究老子哲学思想的直接材料。全文共分81章，包括对待一般性的问题、治国平天下的道理、诸侯国之间的问题与战争、怎样立身处世、如何养生等方面进行阐述。该书文约义丰，虽仅五千来字，却包含着十分丰富深刻的哲学思想。他的哲学思想核心是"道生万物"的宇宙生成说，把宇宙看成一个自然产生、自然演变的过程，天地万物是依照自然规律发展变化的，而"道"是世界的本源。老子哲学的精髓是他的朴素辩证法思想，认为天地万物都是相辅相成的。《道德经》已被俄、日、德、英等国翻译出版，深受各国读者喜爱。

七　章

天长，地久。

天地所以能长久者，以其不自生[1]，故能长生[2]。

是以圣人后其身而身先[3]；外其身而身存[4]。

非以其无私邪？故能成其私[5]。

【注释】

【1】不自生：不为了自己生存。

【2】长生：长久生存。

【3】后其身而身先：后其身，即其身后，把自身放在人后；身先，即先身，先得到爱戴。

【4】外其身而身存：外其身，即其身外，把自己置之度外；身存，即存身，保全了生命。

【5】私：后一个私，指自身事业。

十三章

宠辱若惊[1]，贵大患若身[2]。

何谓宠辱若惊？

宠为下[3]，得之若惊，失之若惊，是谓宠辱若惊。

何谓贵大患若身？

吾所以有大患者，为吾有身；及吾无身，吾有何患[4]？

故贵以身为天下，若可寄天下[5]；

爱以身为天下，若可托天下。

【注释】

【1】若惊：感到惊恐。

【2】贵大患若身：贵，重视。大患，指宠辱。若身，如同重视自身生命。

【3】下：卑下的意思。

【4】及吾无身，吾有何患：如果我没有身体，我还有什么祸患。

【5】若：作"乃"字解，古声韵"若""乃"相通。下同。

【点评】

老子哲学的中心思想，就是"道"。在八十一章的《道德经》中，"道"共出现70多次。这里选的两章，也是他从"道"的角度谈及人生（生命）之道的。

第七章，老子借用"天道"观来论述"人生之道"表现了他的先人后己的谦让精神。老子认为，"圣人"不从自私考虑，把自身放在众人的后面，自然会赢得众人的爱戴；把自身置之度外，反而会保全自身。老子的这种先人后己的谦让精神，对后人很有启迪意义。

第十三章，则从治国的高度，提出了"贵身""爱身"的主张。老子首先论述宠辱对人身的危害，他认为，得宠者以得宠为殊荣，为了不致失去殊荣，便在赐宠者面前诚惶诚恐，曲意逢迎，自身的人格尊严被损害了；受辱也损害了自身的人格尊严，与得宠没有什么不同。把宠辱看得比自身生命还重，是最大的祸害。老子说，只有珍重自身生命的人，才能珍重天下人的生命，只有爱惜自身生命的人，才能爱惜天下人的生命，也只有这样的人，才能使人放心地把天下托付于他，让他担当起治理天下的任务。

 【思考探究】

1. 重点弄懂"后其身而身先"与"外其身而身存"句的意思。
2. 把这两章翻译成现代文。

 【相关链接】

《道德经》三十三章

知人者智，自知者明。
胜人者有力，自胜者强。
知足者富。
强行者有志。
不失其所者久。
死而不亡者寿。

庖丁解牛

庄　子

庄子（前369—前286），名周，战国时宋国蒙（今河南商丘）人，我国古代著名哲学家。

庄子推崇老子学说，却又发展了老子的思想。"道"是其哲学基础和最高范畴，既是关于世界起源和本质的观念，又是至人的认识境界。庄子的体道人生，实际上就是一种艺术人生。这种哲学思想的表现形式具有鲜明的文学特质。

《庄子》一书，是庄子和他的门人、后学所著文章的纂辑。《汉书·艺文志》著录52篇，今存33篇，分为内、外、杂三部分。一般认为，内篇是庄子所作；外篇是弟子门人所作；杂篇是后学所作，但大体上反映了庄子的思想。《庄子》的文章，"深于比兴""深于取象"，善于运用形象说理，它"寓言十九"，文采繁富，汪洋捭阖，仪态万方。它以奇特的想象、峥嵘的议论、恣肆的文风和恢诡的形象，在先秦诸子散文中独步一时。在先秦说理文中最有文学价值，对中国散文艺术的发展产生了重大的影响。

庖丁为文惠君解牛[1]，手之所触[2]，肩之所倚，足之所履[3]，膝之所踦[4]，砉然向然[5]，奏刀騞然[6]，莫不中音。合乎《桑林》之舞[7]，乃中《经首》之会[8]。

文惠君曰："嘻[9]，善哉！技盖至此乎？[10]"

庖丁释刀对曰[11]："臣之所好者，道也[12]。进乎技矣[13]。始臣之解牛之时，所见无非全牛者。三年之后，未尝见全牛也。方今之时，臣以神遇而不以目视[14]，官知止而神欲行[15]。依乎天理[16]，批大郤[17]，导大窾[18]，因其固然[19]，技经肯綮之未尝[20]，而况大軱乎[21]！良庖岁更刀，割也[22]；族庖月更刀，折也[23]。今臣之刀十九年矣，所解数千牛矣，而刀刃若新发[24]于硎。彼节者有间[25]，而刀刃者无厚[26]；以无厚入有间，恢恢乎其于游刃必有余地矣[27]，是以十九年而刀刃若新发于硎。虽然，每至于族[28]，吾见其难为，怵然为戒[29]，视为止，行为迟，动刀甚微[30]，謋然已解，如土委地[31]。提刀而立，为之四顾，为之踌躇满志[32]，善刀而藏之[33]。"

文惠君曰："善哉，吾闻庖丁之言，得养生焉[34]。"

【注释】

【1】庖（páo）丁：名丁的厨工。先秦古书往往将职业放在人名前。文惠君：梁惠王，也称魏惠王。解牛：宰牛，这里指把整个牛体开剥分剖。

【2】所触：接触的地方。

【3】倚：靠。履：踩。

【4】踦（yǐ）：支撑，接触。这里的意思是宰牛时抬起一条腿，用膝盖抵住牛。

【5】砉（xū）然：象声词，砉然，形容皮骨相离声。向然：形容多种声音相互响应。向，通"响"。

【6】奏刀：进刀；騞（huō）然：象声词，形容比砉然更大的进刀解牛声。

【7】中（zhòng）音：音响合乎音乐的节奏。《桑林》：传说中商汤王时的乐曲名。

【8】《经首》：传说中尧乐曲《咸池》中的一章。会：音节。以上两句互文，即"乃合于桑林、经首之舞之会"之意。

【9】嘻：赞叹声。

【10】盖：同"盍"，亦即"何"，怎样。句中语气词，表示赞叹。

【11】释：放下。

【12】好（hào）者：喜好的东西。道：天道，自然的规律。

【13】进：超过。乎：介词，同"于"。

【14】方今：当今。以神遇：用精神（跟它）接触。遇，会合，接触。

【15】官知：感官知觉，这里指视觉。神欲：指精神活动。

【16】天理：指牛体的自然的生理结构。

【17】批：击，劈开。郤（xì）：指牛筋骨间的空隙。

【18】导：顺着，循着，这里有引向的意思。窾（kuǎn）：空，指骨节的空处。

【19】因：依着，顺着。固然：原来那样，指牛体本来的结构。

【20】技经：经络纠结处。技，据清俞樾考证，当是"枝"字之误，指支脉，即络。经，经脉。肯：紧附在骨上的。綮：骨肉结合处。未尝：没有拿刀试过。

【21】軱（gū）：股部的大骨。

【22】岁：每年。更（gēng）：换。割：这里指生割硬砍。

【23】族庖：指一般的厨师。族：众，一般。月：每月。折：断，指用刀折骨。

【24】新发于硎（xíng）：刚从磨刀石磨出来。发：出。硎：磨刀石。

【25】节：关节，骨节。间（jiàn）：间隙，缝隙。

【26】无厚：没有厚度，极言其薄。

【27】恢恢乎：宽绰的样子。乎，形容词词尾，同"然"。游刃：使刀刃来回活动。

【28】族：指（筋骨）交错聚结处。

【29】怵（chù）然：害怕的样子。为（wèi）：介词，即"为之"，同下"为止""为是""因此"之意。戒：警觉。

【30】视为止：目光为之集中。止，停留在一点上。行为迟：行动为之缓慢。微：轻。

【31】謋（huō）然：象声词，骨肉分离的声音。委地：堆积。委：卸落，坠下，散落在地上。

【32】踌躇满志：悠然自得，心满意足。

【33】善刀：善通"缮"，这里做动词用，修治、拭擦的意思。

【34】养生：指养生之道。

 【点评】

本文是从《庄子》内篇《养生主》中节选出来的，题目是编者加的。

庄子所说的"养生"，包括范围很广，保身（保养身体）、全生（保全性命）、尽年（尽天年，不夭折）、养亲（奉养父母）等。"庖丁解牛"这个故事也见于其他古书。庄子借用这个故事，本意在宣扬他的顺应环境、保全性命的人生观。但故事本身却告诉人们：只要经过反复实践，真正掌握了客观事物的规律性，对于自己所从事的工作就能得心应手、运用自如。

故事将"道"这一抽象的道理，寓于"庖丁解牛"这一具体形象的故事中，充分体现了"深于比兴""深于取象"的艺术特征，收到了"形象大于思想"的艺术效果。

故事描绘细致，庖丁的形象表现得非常生动，富于个性。

 【思考探究】

1. 《庖丁解牛》的故事本身告诉人们什么道理？
2. 简析庖丁的形象。
3. 从《庖丁解牛》的描绘中，赏析庄子文章的艺术特征。

 【相关链接】

种树郭橐驼传（节选）

柳宗元

有问之，对曰："橐驼非能使木寿且孳也，能顺木之天，以致其性焉尔。凡植木之性：其本欲舒，其培欲平，其土欲故，其筑欲密。既然已，勿动勿虑，去不复顾。其莳也若子，其置也若弃，则其天者全而其性得矣。故吾不害其长而已，非有能硕茂之也；不抑耗其实而已，非有能早而蕃之也。他植者则不然：根拳而土易，其培之也，若不过焉则不及。苟有能反事者，则又爱之太恩，忧之太勤，旦视而暮抚，已去而复顾。甚者爪其肤以验其生枯，摇其本以观其疏密，而木之性日以离矣。虽曰爱之，其实害之；虽曰忧之，其实仇之；故不我若也。吾又何能为哉！"

兰亭集序

王羲之

王羲之（321—379），字逸少，号澹斋，汉族，祖籍琅邪临沂（今属山东），后迁会稽山阴（今浙江绍兴），晚年隐居剡县金庭，东晋时期著名书法家，有书圣之称，历任秘书郎、宁远将军、江州刺史。后为会稽内史，领右将军，人称"王右军""王会稽"。其子王献之书法亦佳，世人合称为"二王"。此后历代王氏家族书法人才辈出。东晋升平五年卒，葬于金庭瀑布山（又称紫藤山），其五世孙衡舍宅为金庭观，遗址犹存。

永和九年[1]，岁在癸丑，暮春之初[2]，会于会稽山阴之兰亭[3]，修禊事也[4]。群贤毕至[5]，少长咸集[6]。此地有崇山峻岭[7]，茂林修竹[8]，又有清流激湍[9]，映带左右[10]，引以为流觞曲水[11]，列坐其次[12]。虽无丝竹管弦之盛[13]，一觞一咏[14]，亦足以畅叙幽情[15]。是日也[16]，天朗气清，惠风和畅[17]。仰观宇宙之大，俯察品类之盛[18]，所以游目骋怀[19]，足以极视听之娱[20]，信可乐也[21]。

夫人之相与，俯仰一世[22]，或取诸怀抱[23]，晤言一室之内[24]；或因寄所托，放浪形骸之外[25]。虽趣舍万殊[26]，静躁不同[27]，当其欣于所遇，暂得于己，快然自足[28]，曾不知老之将至[29]。及其所之既倦[30]，情随事迁[31]，感慨系之矣[32]。向之所欣[33]，俯仰之间，已为陈迹[34]，犹不能不以之兴怀[35]，况修短随化[36]，终期于尽[37]！古人云："死生亦大矣。"[38]岂不痛哉！

每览昔人兴感之由，若合一契[39]，未尝不临文嗟悼[40]，不能喻之于怀[41]。固知一死生为虚诞，齐彭殇为妄作[42]，后之视今，亦犹今之视昔，悲夫！故列叙时人[43]，录其所述[44]，虽世殊事异[45]，所以兴怀，其致一也[46]。后之览者[47]，亦将有感于斯文[48]。

【注释】

【1】永和：晋穆帝（345—356）年号，上巳节，王羲之与谢安、孙绰、支遁等名士共41人在兰亭集会，举行禊礼，饮酒赋诗，事后将作品结为一集，由王羲之写了这篇序总述其事。

【2】暮春：阴历三月。暮，晚。

【3】会（kuài）稽：郡名，包括今浙江西部、江苏东南部一带地方。山阴：今浙江绍兴。

【4】修禊（xì）事也：（为了做）禊礼这件事。古代风俗，于农历三月上旬的巳日

（魏以后定为三月三日），人们群聚于水滨嬉戏洗濯，以祓除不祥和求福。实际上这是古人的一种游春活动。

【5】群贤：诸多贤士能人。指谢安等32位社会名流。贤：形容词做名词。毕至：全到。

【6】少长：年少的，年长的。指不同年龄的社会名流。如王羲之的儿子王凝之、王徽之是少；谢安、王羲之等是长。少长：形容词做名词。咸：都。

【7】崇山峻岭：高峻的山岭。

【8】修竹：高高的竹子。

【9】激湍：流势很急的水。

【10】映带左右：辉映点缀在亭子的周围。映带，映衬、围绕。

【11】流觞曲水：用漆制的酒杯盛酒，放入弯曲的水道中任其漂流，杯停在某人面前，某人就引杯饮酒。这是古人一种劝酒取乐的方式。流：使动用法。

【12】列坐其次：列坐在曲水之旁。列坐，排列而坐。次，旁边，水边。

【13】丝竹管弦之盛：演奏音乐的盛况。盛，盛大。

【14】一觞一咏：喝点酒，作点诗。

【15】幽情：幽深内藏的感情。

【16】是日也：这一天。

【17】惠风：和风。和畅：缓和。

【18】品类之盛：万物的繁多。品类，指自然界的万物。

【19】所以：用来。骋：奔驰，敞开。

【20】极：穷尽。

【21】信：实在。

【22】夫人之相与，俯仰一世：人与人相交往，很快便度过一生。夫，引起下文的助词。相与，相处、相交往。俯仰，一俯一仰之间，表示时间的短暂。

【23】取诸：从……中取得。

【24】晤言：坦诚交谈。一说，面对面交谈。

【25】因寄所托，放浪形骸之外：就着自己所爱好的事物，寄托自己的情怀，不受约束，放纵无羁地生活。因，依、随着。寄，寄托。所托，所爱好的事物。放浪，放纵、无拘束。形骸，身体、形体。

【26】趣舍万殊：各有各的爱好。趣，趋向，取向。舍，舍弃。万殊，千差万别。

【27】静躁：安静与躁动。

【28】快然自足：感到高兴和满足。

【29】曾不知老之将至：竟不知道衰老将要到来。语出《论语·述而》："其为人也，发愤忘食，乐以忘忧，不知老之将至云尔。"

【30】所之既倦：（对于）所喜爱或得到的事物已经厌倦。之，往、到达。

【31】情随事迁：感情随着事物的变化而变化。

【32】感慨系之：感慨随着产生。系，附着。

【33】向：过去、以前。

【34】陈迹：旧迹。

【35】以之兴怀：因它而引起心中的感触。以，因。之，指"向之所欣……以为陈迹"。兴，发生、引起。

【36】修短随化：寿命长短听凭造化。化，自然。

【37】期：至、及。

【38】死生亦大矣：死生毕竟是件大事啊，语出《庄子·德充符》，判断句。

【39】契：符契，古代的一种信物。在符契上刻上字，剖而为二，各执一半，作为凭证。

【40】临文嗟悼：读古人文章时叹息哀伤。临，面对。

【41】喻：明白。

【42】固知一死生为虚诞，齐彭殇（shāng）为妄作：本来知道把死和生等同起来的说法是不真实的，把长寿和短命等同起来的说法是妄造的。固，本来、当然。一，把……看作一样；齐，把……看作相等，都用作动词。虚诞，虚妄荒诞的话。殇，未成年死去的人。妄作，妄造、胡说。一生死，齐彭殇，都是庄子的看法。

【43】列叙时人：一个一个记下当时与会的人。

【44】录其所述：录下他们作的诗。

【45】虽世殊事异：纵使时代变了，事情不同了。虽，纵使。

【46】其致一也：人们的思想情趣是一样的。

【47】后之览者：后世的读者。

【48】斯文：这次集会的诗文。

〔点评〕

《兰亭集序》是一篇清丽精致、内涵深刻的妙文。全文短短 324 字，巧用"起、承、转、合"四法，虚实穿插地表达了作者对生命的态度与思考。文章"起"时，点出时间、地点、人物和风景，言简意赅，层次井然，并简介饮酒赋诗的过程和方式，点明文章主旨；"承"处，由"天朗气清，惠风和畅"，自然地推向寥廓宇宙及大千世界中的万物，欢快畅达的意境跃然而出；"转"时，作者兴尽悲来，感慨世事无常，悲人生之短暂、宿命之无情，情绪急转直下，孤寂而沉痛；"合"处，作者指斥"一死生""齐彭殇"的虚妄生命观，流露出对生命的满腔热情和执着向往，最后点明作序之缘由。

《兰亭集序》的情感脉络十分清楚，作者先由眼前的兰亭雅集之乐写起，接着由宴聚之"乐"转为"死生亦大"的"痛"的感慨，引发了对人生深远的思考，最后以"悲"叹结尾。抓住这一点，也就找到了解读本文的一把金钥匙。

【思考探究】

1. 作者为什么而"乐"？从哪几方面写"乐"？

2. 作者为什么会突然转入"死生亦大"的"痛"的感慨？

3. 作者批判士大夫中流行的"一死生，齐彭殇"消极虚无的人生观，表明了他对人生怎样的思考？他又为何而"悲"？

4. 你认为这是怎样的人生态度？王羲之的人生观对于现在又有怎样的意义和启发？

 【相关链接】

《兰亭集序》

长期以来，人们在解读这篇杰作时，要么指责它情调消极，要么泛泛而论，未能揭示它内蕴的精神。魏晋时期通常被认为是我国历史上人的自觉和文的时代。魏晋人对人自身的外在于人的客观世界都有深广精微的体认和探求，这一时期的文学作品中充溢着浓郁的人生意识和宇宙情调，从这一角度去解读，能使我们更趋近于文本的内在精神。

（一）澄怀者眼里的自然。本文开头以简净雅洁、铿锵有致的语言写出兰亭宴集之时优美的环境和舒适的天气，这些景物，清澈明朗，晶莹亮丽，生机盎然，反复吟咏，读者的心胸也会变得灵秀爽快。

这里的自然是经过王羲之心灵漱涤过的自然，是澄怀者眼里的自然。王羲之以高洁脱俗的情怀、美好自由的心灵去领悟客观世界，自然在他的眼里就有了活泼的生机和灵性。

（二）深情者眼里的自然。《兰亭集序》主旨在于探索人生哲理，发表对人生忧乐和生死问题的看法，即所谓"畅叙幽情"。深情的人对事物往往别有一种敏锐、深刻的感受，对人生更有一份特别的热爱执着。

文中王羲之思考并揭示了人生忧患的来源，首先来自外在世界的流转不定，难以依恃，其次来自个体生命的短暂有限，第三来自生命本体永不满足的内在欲望。他的这种认识、关注，使人们对探寻生存的意义和价值保持敏感和热情，使人们对生命的悠长和局限拥有清醒的认识，从而扬长避短，在有限的人生中进行无限的价值创造，因此这种喟叹不能认为是消极的。

——摘自《名作欣赏》1997.4 陈友康

春江花月夜

张若虚

本诗选自《全唐诗》。

张若虚（约660—约720），生卒年、字号均不详。扬州（今属江苏）人。曾任兖州兵曹。事迹略见于《旧唐书·贺知章传》。中宗神龙（705—707）中，与贺知章、贺朝、万齐融、邢巨、包融俱以文词俊秀驰名于京都，与贺知章、张旭、包融并称"吴中四士"。玄宗开元时尚在世。张若虚的诗仅存两首于《全唐诗》中。其中《春江花月夜》是一篇脍炙人口的名作，它沿用陈隋乐府旧题，抒写真挚动人的离情别绪及富有哲理意味的人生感慨，语言清新优美，韵律婉转悠扬，洗去了宫体诗的浓脂艳粉，给人以澄澈空明、清丽自然的感觉。

春江潮水连海平，海上明月共潮生。
滟滟[1]随波千万里，何处春江无月明！
江流宛转绕芳甸[2]，月照花林皆似霰[3]。
空里流霜[4]不觉飞，汀[5]上白沙看不见。
江天一色无纤尘，皎皎空中孤月轮。
江畔何人初见月？江月何年初照人？
人生代代无穷已，江月年年望[6]相似。
不知江月待何人，但见长江送流水。
白云一片去悠悠，青枫浦[7]上不胜愁。
谁家今夜扁舟子[8]？何处相思明月楼[9]？
可怜楼上月徘徊[10]，应照离人妆镜台。
玉户[11]帘中卷不去，捣衣砧[12]上拂还来。
此时相望不相闻，愿逐月华流照君。
鸿雁长飞光不度，鱼龙潜跃水成文[13]。
昨夜闲潭梦落花，可怜春半不还家。
江水流春去欲尽，江潭落月复西斜。
斜月沉沉藏海雾，碣石潇湘[14]无限路。
不知乘月几人归，落月摇情满江树。

【注释】

【1】滟滟：波光荡漾的样子。

【2】芳甸：开满花草的郊野。甸，郊外之地。

【3】霰：天空中降落的白色不透明的小冰粒。此处形容月光下春花晶莹洁白。

【4】流霜：飞霜。古人以为霜和雪一样，是从空中落下来的，所以叫流霜。此处比喻月光皎洁，月色朦胧、流荡，所以不觉得有霜霰飞扬。

【5】汀：水边平地，小洲。

【6】望：一作"只"。

【7】青枫浦：地名，今湖南浏阳境内有青枫浦。这里泛指游子所在的地方。暗用《楚辞·招魂》"湛湛江水兮上有枫，目极千里兮伤春心"句意，隐含离别之意。

【8】扁舟子：漂荡江湖的游子。扁舟，小舟。

【9】明月楼：月夜下的闺楼。这里指闺中思妇。

【10】月徘徊：指月光偏照闺楼，徘徊不去，令人不胜相思之苦。

【11】玉户：以玉石镶嵌，形容楼阁华丽。

【12】捣衣砧：捣衣石，捶布石。

【13】文：水波纹。

【14】碣石潇湘：碣石，山名，在渤海边上。潇湘，湘江与潇水，在今湖南。这里两个地名一南一北，暗指路途遥远，相聚无望。无限路：极言离人相距之远。

 【点评】

　　此诗沿用陈隋乐府旧题，运用富有生活气息的清丽之笔，以月为主体，以江为场景，描绘了一幅幽美邈远、惝恍迷离的春江月夜图，抒写了游子思妇真挚动人的离情别绪以及富有哲理意味的人生感慨，表现了一种迥绝的宇宙意识，创造了一个深沉、寥廓、宁静的境界，引导诗人探索着人生的哲理与宇宙的奥秘："人生代代无穷已，江月年年望相似。"个人的生命是短暂易逝的，而人类的存在则是绵延久长的，诗人虽有对人生短暂的感伤，但并不是颓废与绝望，而是缘于对人生的追求与热爱。

青春余梦

孙 犁

孙犁（1913—2002），原名孙树勋，曾用笔名芸夫，河北省安平县孙遥城村人。当代著名小说家、散文家，"荷花淀派"的创始人，曾任河北抗战学院教官，晋察通讯社、晋察冀边区文联、晋察冀日报社及华北联合大学编辑、教师等职，延安鲁迅艺术文学院教师，《平原杂志》编辑，代表作有《风云初现》《铁木前传》《白洋淀纪事》等。

我住的大杂院里，有一棵大杨树，树龄至少有七十年了。

它有两围粗，枝叶茂密。经过动乱、地震，院里的花草树木，都破坏了，唯独它仍然矗立着。这样高大的树木，在这个繁华的大城市，确实少见了。

我幼年时，我们家的北边，也有一棵这样大的杨树。我的童年，有很多时光是在它的下面、它的周围度过的。我不只在秋风起后，在那里拣过杨叶，用长长的柳枝穿起来，像一条条的大蜈蚣；在春天度荒年的时候，我还吃过杨树飘落的花，那可以说是最苦最难以下咽的野菜了。

现在我已经老了，蛰居[1]在这个大院里，不能再向远的地方走去，高的地方飞去。每年冬季，我要生火炉，劈柴是宝贵的，这棵大杨树帮了我不少忙。霜冻以后，它要脱落很多干枝，这种干枝，稍稍晒干，就可以生火，很有油性，很容易点着。每听到风声，我就到它下面去拣拾这种干枝，堆在门外，然后把它们折断晒干。

在这些干枝的表皮上，还留有绿的颜色，在表皮下面，还有水分。我想：它也是有过青春的呀！正像我也有过青春一样。然而它现在干枯了，脱落了，它不是还可以帮助别人生起火炉取暖吗？

是为序。

我的青春的最早阶段，是在保定育德中学度过的。保定是一座古老的城市、荒凉的城市，但也是很便于读书的城市。

在这个城市，我待了六年时间。在课堂上，我念英语，演算术。在课外，我在学校的图书馆，领了一个小木牌，把要借的书名写在上面，交给在小窗口等待的管理员，就可以拿到要看的书。图书管理员都是博学之士。星期天，我到天华市场去看书，那里有一家卖文具的小铺子，代卖各种新书。我可以站在那里翻看整整半天，主人不会干涉我。我在他那里看过很多种新书，只买过一本。这本书，我现在还保存着。我不大到商务印书馆去，它的门半掩着，柜台很高，望不见它摆的书籍。

读书的兴趣是多变的，忽然想看古书了；又忽然想看外国文学了；又忽然想研究社会科学了，这都没有关系。尽量去看吧，每一种学科，都多读几本吧。

后来，我又流浪到北平去了。除了买书看书，我还好看电影，好听京戏，迷恋着一些电影明星，一些科班名角。我住在东单牌楼，晚上，一个人走着到西单牌楼去看电影，到鲜鱼口去听京戏。那时长安大街多么荒凉、多么安静啊！一路上，很少遇到行人。

各种艺术都要去接触。饥饿了，就掏出剩下的几个铜板，坐在露天的小饭摊上，吃碗适口的杂菜烩饼吧。

有一阵子，我还好歌曲，因为民族的苦难太深重了，我们要呼喊。

无论保定和北平，都曾使我失望过，痛苦过。但也都给过我安慰和鼓舞，留下的印象是深刻的。我在那里得到过朋友们的帮助，也爱过人，同情过人。写过诗，写过小说，都没有成功。我又回到农村来了，又听到杨树叶子，哗哗地响着。

后来，我参加了抗日战争，关于这[2]，我写得已经很多了。

战争，充实了我的青春，也结束了我的青春。

我的青春，价值如何？是欢乐多，还是痛苦多？是安逸享受多，还是颠沛流离多？是虚度，还是有所作为，都不必去总结了。时代有总的结论、总的评价。个人是一滴水，如果滴落在江河，流向大海，大海是不会枯竭的。正像杨树虽有脱落的枝叶，它的本身是长存的。我祝愿它长存！

是为本文。

1982 年 12 月 6 日清晨

【注释】

【1】蛰居：像动物一样藏在屋里，不与外界接触。

【2】这：是指参加抗战及其所写下来的《白洋淀纪事》之类的文章和作品。

【点评】

这是孙犁先生即将步入人生古稀之年回味青春过往的心灵之作。短文开篇的一句话，看似平常，却蕴含深意："我住的大杂院里，有一棵大杨树，树龄至少有七十年了。"这大杨树难道不就是作者自身的形象吗？这随意的话语，不是作者在向读者暗示其写作的背景与动机吗？不是在交代作者叙写的核心意象吗？这开头的一句话，就能撩起读者无限的思绪，进入作者的内心世界，与作者一起展开对青年的美好回忆，激起读者无限的情思。

短文的前一部分用描写、记叙、议论相结合的手法，集中写大杨树的形态及其精神，展示作者童年和老年与大杨树的密切关系，高度赞美杨树的奉献精神。

短文的后半部分重点写作者青年时代的经历与作为，兴趣、爱好与个性，展示了作者青春生活的丰富多彩和对青春的赞美与祝颂。

本文的语言简洁、平实、通俗，结构巧妙、剪裁合理，体现了作家惯常的写作风格。

 【思考探究】

1. 文中"是为序"、结尾"是为本文"在文中有何作用？

2. 孙犁是人们熟悉的作家，请你阅读一下他的《白洋淀纪事》等作品，从中探讨他的写作风格，找一个适当的场合，与人交流心得体会。

3. 孙犁的语言十分朴素、简练，请以本文为例，加以具体说明。

 【相关链接】

与友人论学习古文

孙 犁

承问我学习古代文字的经验，实在惭愧，我在这方面的根底很薄，不能冒充高深。

我上小学的时候，是一九一九年，已经是国民小学。在农村，小学校的设备虽然很简陋，不过是借一家闲院，两间泥房做教室，复式教学，一个先生教四班学生。虽然这样，学校的门口，还是左右挂了两面虎头牌："学校重地"及"闲人免进"。

你看未进校门之先，我们接触的已经是这样带有浓厚封建国粹色彩的文字了。但进校后所学的，还是新学制的课本，并不是过去的"四书五经"了。所以，我在小学四年，并没有读过什么古文。不过，在农村所接触的文字，例如政府告示、春节门联、婚丧应酬文字……

我读的第一篇"古文"，是我家的私乘。我的父亲，在经营了多年商业以后，立志要为我的祖父立碑。他求人——一位前清进士撰写了一篇碑文，并把这篇碑文交给小学的先生，要他教我读，以备在立碑的仪式上，叫我在碑前朗诵。父亲把这件事，看得很重，不只有光宗耀祖的虔诚，还有教子成才的希望。我记得先生每天在课后教我念，完全是生吞活剥，我也背得很熟，在我们家庭的那次大典上，据反映我读得还不错。

《傅雷家书》两则

傅　雷

《傅雷家书》摘编了傅雷及其夫人写给儿子傅聪、傅敏的家信186封。《傅雷家书》是一本"充满着父爱的苦心孤诣、呕心沥血的教子篇";也是"最好的艺术学徒修养读物";更是既平凡又典型的"不聪明"的近代中国知识分子的深刻写照。

傅雷（1908—1966），字怒安，号怒庵，江苏南汇（今属上海）人，翻译家，文艺评论家，翻译的作品共30余种，主要为法国文学作品，其中巴尔扎克占14种。傅雷作为一个翻译家，别人说"没有他，就没有巴尔扎克在中国"，他译介罗曼·罗兰的《约翰·克利斯朵夫》深深影响了几代中国人;作为音乐鉴赏家，他写下了对贝多芬、莫扎特和肖邦的赏析;作为文学评论家，他对张爱玲小说的精湛点评，为学界做出了文本批评深入浅出的典范;他写给长子傅聪的家书《傅雷家书》自20世纪80年代出版至今，已经感动了数百万读者。

1954 年 10 月 2 日

聪，亲爱的孩子。收到 9 月 22 日晚发的第六信，很高兴。我们并没为你前信感到什么烦恼或是不安。我在第八封信中还对你预告，这种精神消沉的情形，以后还是会有的。我是过来人，绝不至于大惊小怪。你也不必为此担心，更不必硬压在肚里不告诉我们。心中的苦闷不在家信中发泄，又哪里去发泄呢？孩子不向父母诉苦向谁诉呢？我们不来安慰你，又该谁来安慰你呢？人一辈子都在高潮——低潮中浮沉，唯有庸碌的人，生活才如死水一般;或者要有极高的修养，方能廓然无累，真正地解脱。只要高潮不过分使你紧张，低潮不过分使你颓废，就好了。太阳太强烈，会把五谷晒焦;雨水太猛，也会淹死庄稼。我们只求心理相当平衡，不至于受伤而已。你也不是栽了筋斗爬不起来的人。我预料国外这几年，对你整个的人也有很大的帮助。这次来信所说的痛苦，我都理会得;我很同情，我愿意尽量安慰你、鼓励你。克利斯朵夫不是经过多少回这种情形吗？他不是一切艺术家的缩影与结晶吗？慢慢地你会养成另外一种心情对付过去的事：就是能够想到而不再惊心动魄，能够从客观的立场分析前因后果，做将来的借鉴，以免重蹈覆辙。一个人唯有敢于正视现实，正视错误，用理智分析，彻底感悟，才不至于被回忆侵蚀。我相信你逐渐会学会这一套，越来越坚强的。我以前在信中和你提过感情的 ruin〔创伤，覆灭〕，就是要你把这些事当作心灵的灰烬看，看的时候当然不免感触万端，但不要刻骨铭心地伤害自己，而要像对着古战场一般地存着凭吊的心怀。倘若你认为这些话是对的，对你有些启发作用，那么将来在遇到因回忆而痛苦的时候（那一定免不了会再来的），拿出这封信来重读几遍。

1955 年 1 月 26 日

早预算新年中必可接到你的信，我们都当作等待什么礼物一般地等着。果然昨天早上收到你来信，而且是多少可喜的消息。孩子！要是我们在会场上，一定会禁不住涕泗横流的。世界上最高的最纯洁的欢乐，莫过于欣赏艺术，更莫过于欣赏自己的孩子的手和心传达出来的艺术！其次，我们也因为你替祖国增光而快乐！更因为你能借音乐而使多少人欢笑而快乐！想到你将来一定有更大的成就，没有止境的进步，为更多的人更广大的群众服务，鼓舞他们的心情，抚慰他们的创痛，我们真是心都要跳出来了！能够把不朽大师的不朽作品发扬光大，传布到地球上每一个角落去，真是多神圣、多光荣的使命！孩子，你太幸福了，天待你太厚了。我更高兴更感到安慰的是，多少过分的谀词与夸奖，都没有使你丧失自知之明，众人的掌声、拥抱，名流的赞美，都没有减少你对艺术的谦卑！总算我的教育没有白费，你二十年的折磨没有白受！你能坚强（不为胜利冲昏了头脑是坚强的最好的证据），只要你能坚强，我就一辈子放了心！成就的大小、高低，是不在我们掌握之内的，一半靠人力，一半靠天赋，但只要坚强，就不怕失败，不怕挫折，不怕打击——不管是人事上的、生活上的、技术上的、学习上的——打击；从此以后你可以孤军奋斗了。何况事实上有多少良师益友在周围帮助你、扶掖你。还加上古今的名著，时时刻刻给你精神上的养料！孩子，从今以后，你永远不会孤独的了，即使孤独也不怕的了！

赤子之心这句话，我也一直记住的。赤子便是不知道孤独的。赤子孤独了，会创造一个世界，创造许多心灵的朋友！永远保持赤子之心，到老也不会落伍，永远能够与普天下的赤子之心相接相契相抱！你那位朋友说得不错，艺术表现得动人，一定是从心灵的纯洁来的！不是纯洁到像明镜一般，怎能体会到前人的心灵？怎能打动听众的心灵？

音乐院长说你的演奏像流水、像河，更令我想到克利斯朵夫的象征。天舅舅说你小时候常以克利斯朵夫自命，而你的个性居然和罗曼·罗兰的理想有些相像了。河，莱茵，江声浩荡……钟声复起，天已黎明……中国正到了"复旦"的黎明时期，但愿你做中国的——新中国的——钟声，响遍世界，响遍每个人的心！滔滔不竭的流水，流到每个人的心坎里去，把大家都带着，跟你一块到无边无岸的音响的海洋中去吧！名闻世界的扬子江与黄河，比莱茵的气势还要大呢！……黄河之水天上来，奔流到海不复回！……无边落木萧萧下，不尽长江滚滚来！……有这种诗人灵魂的传统的民族，应该有气吞牛斗的表现才对。

你说常在矛盾与快乐之中，但我相信艺术家没有矛盾不会进步，不会演变，不会深入。有矛盾正是生机蓬勃的明证。眼前你感到的还不过是技巧与理想的矛盾，将来你还有反复不已更大的矛盾呢：形式与内容的枘凿，自己内心的许许多多不可预料的矛盾，都在前途等着你。别担心，解决一个矛盾，便是前进一步！矛盾是解决不完的，所以艺术没有止境，没有 perfect（完美，十全十美）的一天，人生也没有 perfect 的一天！唯其如此，才需要我们日以继夜，终生地追求、苦练；要不然大家做了羲皇上人，垂手而天下治，做人也太腻了！

【点评】

两封家书，分别写于儿子消沉苦闷和欣喜成功之时。儿子精神消沉时，劝慰他如何面对感情的创伤，学会泰然处之。儿子取得巨大成功时，激励孩子保持谦卑、不惧孤独，勇攀艺术高峰。无论是前者和风细雨式的款款相慰，还是后者满怀激情式的深情勉励，翻译家对儿子的殷殷期望、舐犊之情令人心动。谁能不为如此的父爱所感化呢？

在他给傅聪的家书中，充分体现了他在音乐方面的素养及深刻的探索。他自己没有从事过音乐实践，但他对于一位音乐家在艺术生活中所遭受的心灵历程，体会得相当细致深刻。这种对音乐敏锐的感悟力，不仅对孩子的音乐事业大大有裨益，也成为傅雷在人生苦旅中安慰心灵的良药。

傅聪说，透过父亲写给他的那么多家书，足以看出父亲是一个非常热情的人、充满父爱的人。家书谈的是做人的原则、艺术的修养。父亲既热情又细致，细小到衣、食、住、行都要管，什么都替你想到了。傅聪很坦率地说，有优点必然有缺点，他以为父亲过于严格、慎微。幸亏他一半像父亲，另一半像母亲，他从母亲那里继承了宽容、乐天的品格。

【思考探究】

1. 从傅雷的家书中我们看到，音乐在陶冶人的性情时，主要有哪些作用？
2. 孤独的赤子创造的是什么样的世界？
3. 找出文中的比喻句，并说明其作用。

【知识链接五】

经济文书

社会上常用的经济合同、项目意向书、经济活动分析报告、经济诉讼等都属于与经济活动、经济工作相适应的专业性经济文书。经济文书的重要功能是帮助经济部门、企事业单位和个人处理经济事务、传播经济信息、协调经济活动，从而提高经济效益、促进经济发展。其总体特征是价值取向的实用性、信息传递的真实性、创制原则的法规性与政策性、文本写作的程式性与规范性。

这些经济文书往往又有跨专业、跨文种的特点，比如经济诉讼文书既属于经济文书，又属于司法文书，经济活动分析报告既是经济文书，也属于事务文书调查报告中的一种。在经济大潮汹涌澎湃的今天，经济文书的地位与作用格外凸显，经济文书的学习了解与实践写作越来越受到高度重视。

一、经济合同

合同，就是平等主体的自然人、法人及其他组织之间设立、变更、终止民事权利义务关系的协议。

经济合同以经济利益为纽带，把社会经济活动有机联系起来，是一种对合同双方都具有同等约束力的文书。其作用是：有利于保护合同当事人的合法权益；有利于解决经济纠纷，维护社会经济秩序；有利于加强专业化生产协作和企业的经营管理，促进社会经济的发展。

经济合同的书写形式有三种：一是条文式，二是表格式，三是条文与表格结合式。除特殊情况外，一般用工商行政管理机关监制的合同纸。不论采用何种形式，合同的结构格式都应该包括以下四个部分。

1. 标题

经济合同的标题，一般应明确标出合同的性质。如购销合同、预购合同、供应合同等。

2. 约首

在正文之前写明签订合同的双方当事人的名称（要使用全称），然后用括号分别称甲方、乙方或买方、卖方。

3. 正文

这是合同的主体。正文开始，先写订立合同的目的或根据，然后逐条写明双方协议定妥的下列内容。

（1）标的。标的是经济合同中确定当事人权利和义务共同指向的对象。标的可以是商品货物，也可以是劳务或工程项目，而借款合同的标的是货币。商品货物的标的包括商品的名称、规格、型号或代号、版号、商标等。

（2）数量。经济合同的数量指的是标的数量，数量要使用通用标准计量单位。

（3）质量。质量是合同标的产品或劳务的优劣程度。它包括标的品种、规格、型号、牌号、商标、技术标准、技术和工艺要求等。凡有标准等级的均应标明等级，如哪年哪月哪日的国际标准、国家或部颁标准、地方标准或企业标准等，也可以双方协商一个标准，在合同中附上具体样品。

（4）价款。取得合同标的一方，向对方所支付的代价。价金以货币数量表示，是经济合同双方等价交换的经济关系的标志。价金条款一般包括产品的价格组成、作价方法、作价标准、调价处理办法等。

（5）期限。经济合同履行的期限，即合同议定的履行时间，是负有义务的双方按议定的时间履行合同的条款。

（6）地点。指履行合同的具体地点，这是分清双方责任的依据之一。书写这一条款时，必须写明交（提）货、付款、验收或劳务的具体地点。

（7）履行方式。是指当事人双方履行合同的方式。包括交付方式（自提、送货）、验收方式（验收规范、验收标准、质量检验标准）、价款结算方式（采取何种银行转账结算方式）。

（8）违约责任。是对不履行合同规定义务的一方的制裁措施。合同中的违约责任是通过违约金反映的。违约金的数量，可依据法律规定，也可以由当事人双方依法商定，并要在合同中具体写明。

4. 结尾

结尾一般有四项内容：合同附件；有效期限；合同份数，交由谁保管；由订立合同的当事人签名盖章并写上签订的年、月、日。

请看下例：

购销合同

立合同人：××市食品公司（以下简称乙方）

××市肉类联合加工厂（以下简称甲方）

为了繁荣市场，保证食用猪油供应，经双方协商，签订本合同，以资共同遵守。

一、由甲方向乙方订购食用猪油 200 吨。按每吨 3500 元计算，由甲方付给乙方货款共 70 万元。

二、乙方于 2001 年 4 月至 5 月分 4 次在××火车站向甲方交付完所订购的食用猪油。

三、付款办法采取银行托收承付。甲方在验收第一批货物后 5 日内先付款 50%，在验收全部货物后 5 日内付清余下货款。

四、采用铁桶包装，铁桶回空，回空铁桶由甲方运至××站，运杂费由乙方负担。货物发运后的铁路运费及卸车费由甲方负担。

五、质量标准。按食用油规格水分不超过 1% 为合格，不符合质量标准甲方拒收。

六、双方按规定日期交付货物或货款，逾期不履行合同的，违约方按每天 1% 的尾款或货物折价款付给对方违约金。

七、本合同一式四份，双方各执正副本一份存查。

××市肉联厂（盖章）	××市食品公司（盖章）
地址：×××××××	地址：×××××××××××××
电报挂号：××××	电报挂号：××××
账号：×××××××××	账号：×××××××××××××
代表人：×××（签名）	代表人：×××（签名）
电话号码：×××××××	电话号码：×××××××××
开户银行：×××××××	开户银行：×××××××××
	×××× 年 × 月 × 日

这是一份条文式购销合同，写得简明、具体、完备、规范。首先确定了购销的标的物、单价及总货款，然后规定了货物支付的时间、方式和地点，并且注明了付款方式和有关要求，还规定了包装方式和包装处理的要求以及质量标准，最后明确了双方的违约责任和处罚方法，结尾列项清楚、规范。

二、经济活动分析报告

经济分析报告是以经济理论为指导，依据党和国家方针政策，利用计划目标、会计核算、统计资料和经济调查所掌握的情况，对某一地区、部门、单位一定时期的经济活动情况进行的分析研究而形成的书面报告。

经济分析报告的主要功能是：

一是把握规律，依据现状为解决经济问题提供依据。

二是有助于互通信息，促进经济交流。

经济分析报告的形式具有多样性：有的是"前文后图"式，有的是"文中插图"式，有的是以数字图表为主、以文字分析解说为辅的"数字图表说明"式。但不管采用何种形式，其基本结构一般都包括标题、正文、落款几部分：

1. 标题。

经济活动分析报告的标题比较灵活。常用的有报告式标题、论文式标题和新闻式标题。

报告式标题带有汇报性质，行文关系较固定，与公文中的"报告"标题相似，一般由单位名称、时限、对象、文种构成。

论文式标题又称简要式标题。这种标题与论文标题相似，常用于报刊上发表的分析报告，如《目前刺激政策还不能退出》。

新闻式标题是以新闻标题作为分析报告的标题。这种标题已日渐增多，主要原因是它醒目、简要，有吸引力。如：《国内钢价连涨五周——钢铁板块逆势上扬》。

2. 正文

正文由三部分构成：前言、主体、结尾。

①前言又称导语、引言。这部分主要包括分析对象、目的、意义、内容等要素，其写法上主要是针对性提出问题，交代基本情况。

②主体。这部分是经济活动分析报告的核心，也是安排评估分析内容的部分。这部分可以按分析报告的类型、目的和要求来安排分析的内容。一般来说，要以总体指标完成情况，综合经济效益分析为主进行分析、比较和说明。

③结尾。这部分是安排建议和对策的内容之处。大体有分析的结论、改进意见或建议、具体的措施、办法、要求等内容。

3. 落款

落款主要是署名和日期。

例如：

2010年东莞经济运行平稳良好
东莞市统计局

2010 年，面对复杂多变的国内外经济环境，东莞深入贯彻落实科学发展观，坚定推进经济社会双转型，大力调整结构，全力保持经济平稳较快增长。全年主要宏观经济指标向好，经济总量持续增加，增长较快；工业生产增长有力，外需恢复性增长显著，财税收入快速增长，消费价格虽然上涨，但低于全国、全省平均水平。

1. 经济平稳快速增长

初步测算，2010 年全市完成生产总值 4246.25 亿元，比上年增长 10.3%。其中，第一产业增加值 16.64 亿元，增长 1.9%；第二产业增加值 2183.18 亿元，增长 16.8%；第三产业增加值 2046.43 亿元，增长 3.9%。分季度看，一季度完成生产总值 854.51 亿元，二季度完成 1083.94 亿元，三季度完成 1142.51 亿元，四季度完成 1165.29 亿元，季度环比呈现在较快的基础上趋向稳定的特点，经济持续向好的基础更加稳固。

2. 工业生产增速较快，经济效益显著好转

2010 年全市规模以上工业完成增加值 1812.86 亿元，比上年增长 19.0%，主导行业增长较快。全年规模以上八大支柱行业总产值 4818.36 亿元，增长 20.2%，比全市平均增速快 1 个百分点。其中主导行业通信设备、计算机及其他电子制造业产值大幅增长 23.1%。传统制造业中，纺织服装鞋帽制造业产值增长 14.7%，玩具制造业产值增长 17.6%。

工业经济效益显著好转。2010 年全市规模以上工业利润总额 274.87 亿元，比上年增长 66.3%；29 个工业大类行业中仅有 1 个行业出现亏损。亏损企业由上年同期的 2087 家减少至 1329 家，降低 36.3%；工业经济综合效益指数为 132.63，上升 15.4 个百分点；资产负债率为 60.94%，提高 0.4 个百分点。

3. 固定资产投资保持一定规模

（略）

4. 消费继续保持较强增势

（略）

5. 对外贸易全面恢复增长

（略）

6. 利用外资保持增长

（略）

第六单元　风华正茂

"恰同学少年，风华正茂"。（《沁园春·长沙》）青年人要增强志气、骨气、底气，不负时代、不负韶华，立足现实大地、敢于作为，在知行合一中主动干事创业。青年"大国工匠"要以精湛的专业技能，挖掘和表达新时代的精神内涵，铸造新时代的万千气象，凝聚起磅礴向上的精神力量，展现新时代、新征程的壮美图景。

蒹　葭

《诗经》

蒹葭苍苍，白露为霜。所谓伊人，在水一方。溯洄从之[1]，道阻且长。溯游[2]从之，宛在水中央。

蒹葭凄凄[3]，白露未晞[4]。所谓伊人，在水之湄[5]。溯洄从之，道阻且跻[6]。溯游从之，宛在水中坻[7]。

蒹葭采采[8]，白露未已。所谓伊人，在水之涘[9]。溯洄从之，道阻且右。溯游从之，宛在水中沚[10]。

【注释】

【1】溯洄从之：意思是沿着河道向上游去寻找她。溯洄，逆流而上。从，跟随，这里指"追寻"的意思。

【2】溯游：顺流而涉。游，指直流。

【3】凄凄：同"萋萋"，茂盛的样子。

【4】晞：晒干。

【5】湄：水和草交接之处，指岸边。

【6】跻：升高，这里形容道路又陡又高。

【7】坻：水中的小洲或高地。

【8】采采：茂盛的样子。

【9】涘：水边。

【10】沚：水中的小块陆地。

【点评】

　　如果把诗中的"伊人"认定为情人、恋人，那么，这首诗就是表现了抒情主人公对美好爱情的执着追求和追求不得的惆怅心情。精神是可贵的，感情是真挚的，但结果是渺茫的，处境是可悲的。这首诗以水、芦苇、霜、露等意象营造了一种朦胧、清新又神秘的意境。早晨的薄雾笼罩着一切，晶莹的露珠已凝成冰霜。一位羞涩的少女缓缓而行。诗中水的意象正代表了女性，体现出女性的美，而薄薄的雾就像是少女蒙上的纱。她一会儿出现在水边，一会儿又出现在水之洲。寻找不到，急切而又无奈的心情正如蚂蚁爬一般痒，又如刀绞一般痛。就像我们常说的"距离产生美感"，这种美感因距离变得朦胧。主人公和伊人的身份、面目、空间位置都是模糊的，给人以雾里看花、若隐若现、朦胧缥缈之感。蒹葭、白露、伊人、秋水越发显得难以捉摸，构成了一幅朦胧淡雅的水彩画。然而这首诗最有价值意义、最令人共鸣的东西，不是抒情主人公的追求和失落，而是他所创造的"在水一方"可望而不可即这一具有普遍意义的艺术意境。由于诗中的"伊人"没有具体所指，而河水的意义又在于阻隔，所以凡世间一切因受阻而难以达到的种种追求，都可以在这里产生共鸣。

治学三境界

王国维

本文选自《人间词话》。

《人间词话》是国学大师王国维所著的一部文学批评著作，是其代表作，在中国诗话、词话发展史上堪称一部划时代的作品，自 1908 年在《国粹学报》上公开发表以来，颇受世人的青睐与关注，是晚清以来最有影响的著作之一。王国维以西方哲学、文学和美学的视野，对历代诗词名家名作做了精彩而独到的点评，并提出了独特的文学理论，观点新颖，自成体系，精义迭出。

王国维（1877—1927），初名国桢，字静安，一字伯隅，初号礼堂，晚号观堂，又号永观。浙江海宁人。他博学通儒，功力之深、治学范围之广、对学术界影响之大，为近代以来所仅见。其生平著作甚多，身后遗著收为全集者有《海宁王静安先生遗书》《观堂集林》等数种。《人间词话》一书乃是王国维接受了西洋美学思想之洗礼后，以崭新的眼光对中国旧文学所做的评论，具有划时代的意义，向来极受学术界重视。

古今之成大事业、大学问者，必经过三种之境界："昨夜西风凋碧树。独上高楼，望尽天涯路。"[1]此第一境也。"衣带渐宽终不悔，为伊消得人憔悴。"[2]此第二境也。"众里寻他千百度，回头蓦见，那人正在灯火阑珊处。"[3]此第三境也。此等语皆非大词人不能道。然遽以此意解释诸词，恐为晏、欧诸公所不许也。

【注释】

【1】"昨夜"两句：出自晏殊《蝶恋花》："槛菊愁烟兰泣露。罗幕轻寒，燕子双飞去。明月不谙离恨苦，斜光到晓穿朱户。昨夜西风凋碧树。独上高楼，望尽天涯路。欲寄彩笺兼尺素，山长水阔知何处。"萧瑟的秋风中，游子登高望远，怀念亲人，见不到又音信难通，就如一名学者刚开始做学问时那种对知识的惆怅迷惘的心情。

【2】"衣带"二句：出自柳永《蝶恋花》："伫倚危楼风细细。望极春愁，黯黯生天际。草色烟光残照里，无言谁会凭阑意。拟把疏狂图一醉，对酒当歌，强乐还无味。衣带渐宽终不悔，为伊消得人憔悴。"王国维将此词作者误作欧阳修。沉溺于热恋中的情人对爱情的执着，人消瘦了，但绝不后悔。就如学者在追求知识的过程中所表现出的一种认定了目标就呕心沥血孜孜以求的执着精神。

【3】"众里"三句：出自辛弃疾《青玉案·元夕》："东风夜放花千树。更吹落，星如

雨。宝马雕车香满路。凤箫声动，玉壶光转，一夜鱼龙舞。蛾儿雪柳黄金缕。笑语盈盈暗香去。众里寻他千百度，蓦然回首，那人却在，灯火阑珊处。"王国维引文将"蓦然回首"误作"回头蓦见"，将"却在"误作"正在"。没有千百度的上下求索，不会有瞬间的顿悟和理解。

【点评】

　　王国维先生认为每个人成就大事业都要经历三个阶段：第一阶段是混沌迷茫，不知前路在何方。第二阶段是上下而求索，历尽艰苦磨难而不悔，开始见到熹微的曙光。第三阶段是豁然开朗，终于找到了事业成功的钥匙，顿时感到，答案原先以为远在天边，实则近在眼前。这三个阶段，可以概括为迷惘—求索—顿悟，细细品味，真是人生事业成功无法逾越的三个阶段，从哲学角度讲，就是人生事业成功必然经历的客观规律。王国维先生从古代几位大词人的词作中摘引出这几段名句来形象地讲做学问的三境界。很明显，原来的词意大多写人间儿女私情，然而王国维先生却很巧妙地借用来讲做学问的境界，可谓一语中的，讲得非常透彻。

【思考探究】

1. 如何理解文中"三境界"？
2. 你对人生有怎样的规划？

我所知道的康桥[1]（节选）

徐志摩

徐志摩（1896—1931），现代诗人、散文家。汉族，浙江海宁人，徐志摩是金庸的表兄。原名章垿，初字槱森，留学美国时改字志摩。徐志摩是新月派代表诗人，新月诗社成员。1921年赴英国留学，入剑桥大学当特别生，研究政治经济学。在剑桥两年深受西方教育的熏陶及欧美浪漫主义和唯美派诗人的影响。1922年返国后在报刊上发表大量诗文。1923年，参与发起成立新月社，加入文学研究会。先后任北京大学、光华大学、大夏大学和南京中央大学教授。1931年11月，由南京乘飞机到北平，因遇雾在济南附近触山，机坠身亡。

徐志摩诗歌集有《志摩的诗》《翡冷翠的一夜》《猛虎集》《云游》共四集，散文集有《落叶》《巴黎的鳞爪》《秋》，小说集《轮盘》等。徐诗字句清新、韵律谐和、比喻新奇、想象丰富、意境优美、神思飘逸、富于变化，并追求艺术形式的整饬、华美，具有鲜明的艺术个性。他的散文也自成一格，取得了不亚于诗歌的成就，其中《自剖》《想飞》《我所知道的康桥》《翡冷翠山居闲话》等都是传世的名篇。

康桥的灵性全在一条河上；康河，我敢说，是全世界最秀丽的一条水。河的名字是葛兰大（Granta），也有叫康河（River Gam）的，许有上下流的区别，我不甚清楚。河身多的是曲折，上游是有名的拜伦潭——"Byron's Pool"——当年拜伦常在那里玩的。有一个老村子叫格兰骞斯德，有一个果子园，你可以躺在累累的桃李树荫下吃茶，花果会掉入你的茶杯，小雀子会到你桌上来啄食，那真是别有一番天地。这是上游。下游是从骞斯德顿下去，河面展开，那是春夏间竞舟的场所。上下河分界处有一个坝筑，水流急得很，在星光下听水声，听近村晚钟声，听河畔倦牛刍草声，是我康桥经验中最神秘的一种：大自然的优美、宁静，调谐在这星光与波光的默契中不期然地淹入了你的性灵。

但康河的精华是在它的中汊，著名的"Backs"[2]，这两岸是几个最蜚声的学院的建筑。从上面下来是Pembroke, St. Katharine's, King's, Clare, Trinity, St. John's[3]。最令人流连的一节是克莱亚与王家学院的毗连处，克莱亚的秀丽紧邻着王家教堂（King's Chapel）的闳伟。别的地方尽有更美更庄严的建筑，例如巴黎赛因河的罗浮宫一带，威尼斯的利阿尔多大桥的两岸，翡冷翠维基乌大桥的周遭[4]；但康桥的"Backs"自有它的特长，这不容易用一二个状词来概括，它那脱离尽尘埃气的一种清澈秀逸的意境可说是超出了画图而化生了音乐的神味。再没有比这一群建筑更调谐更匀称的了！论画，可比的许只有柯罗（Corot）的田野[5]；论音乐，可比的许只有肖班（Chopin）的夜曲[6]。就这也不能给你依稀的印象，它给你的美感简直是神灵性的一种。

假如你站在王家学院桥边的那棵大槐树荫下眺望，右侧面，隔着一大方浅草坪，是我们的校友居（Fellows Building），那年代并不早，但它的妩媚也是不可掩的，它那苍白的石壁上春夏间满缀着艳色的蔷薇在和风中摇颤，更移左是那教学，森林似的尖阁不可涴的永远直指着天空[7]；更左是克莱亚，啊！那不可信的玲珑的方庭，谁说这不是圣克莱亚（St. Clare）的化身，哪一块石上不闪耀着她当年圣洁的精神？在克莱亚后背隐约可辨的是康桥最潇贵最骄纵的三一学院（Trinity），它那临河的图书楼上坐镇着拜伦神采惊人的雕像。

但这时你的注意早已叫克莱亚的三环洞桥魔术似的摄住。你见过西湖白堤上的西泠断桥不是？（可怜它们早已叫代表近代丑恶精神的汽车公司给踩平了，现在它们跟着苍凉的雷峰永远辞别了人间。）你忘不了那桥上斑驳的苍苔，木栅的古色，与那桥拱下泄露的湖光与山色不是？克莱亚并没有那样体面的衬托，它也不比庐山栖贤寺旁的观音桥，上瞰五老的奇峰，下临深潭与飞瀑；它只是怯伶伶的一座三环洞的小桥，它那桥洞间也只掩映着细纹的波鳞与婆娑的树影，它那桥上栉比的小穿栏与栏节顶上双双的白石球，也只是村姑子头上不夸张的香草与野花一类的装饰；但你凝神地看着，更凝神地看着，你再反省你的心境，看还有一丝屑的俗念沾滞不？只要你审美的本能不曾泯灭时，这是你的机会实现纯粹美感的神奇！

但你还得选你赏鉴的时辰。英国的天时与气候是走极端的。冬天是荒谬的坏，逢着连绵的雾盲天你一定不迟疑地甘愿进地狱本身去试试；春天（英国是几乎没有夏天的）是更荒谬的可爱，尤其是它那四五月间最渐缓最艳丽的黄昏，那才真是寸寸黄金。在康河边上过一个黄昏是一服灵魂的补剂。啊！我那时蜜甜的单独，那时蜜甜的闲暇。一晚又一晚的，只见我出神似的倚在桥栏上向西天凝望——

看一回凝静的桥影，
数一数螺钿的波纹；
我倚暖了石栏的青苔，
青苔凉透了我的心坎……
还有几句更笨重的怎能仿佛那游丝似轻妙的情景：
难忘七月的黄昏，远树凝寂，
像墨泼的山形，衬出轻柔暝色，
密稠稠，七分鹅黄，三分橘绿，
那妙意只可去秋梦边缘捕捉……

这河身的两岸都是四季常青最葱翠的草坪。从校友居的楼上望去，对岸草场上，不论早晚，永远有数十匹黄牛与白马，胫蹄没在恣蔓的草丛中，从容地在咬嚼，星星的黄花在风中动荡，应和着它们尾鬃的扫拂。桥的两端有斜倚的垂柳与槐阴护住。水是澈底的清澄，深不足四尺，匀匀地长着长条的水草。这岸边的草坪又是我的爱宠，在清朝，在傍晚，我常去这天然的织锦上坐地，有时读书，有时看水，有时仰卧着看天空的行云，有时反扑着搂抱大地的温软。

但河上的风流还不止两岸的秀丽。你得买船去玩。船不止一种：有普通的双桨划船，有轻快的薄皮舟（Canoe），有最别致的长形撑篙船（Punt）。最末的一种是别处不常有的：约莫有二丈长，三尺宽，你站直在船艄上用长竿撑着走的。这撑是一种技术。我手脚太蠢，始终不曾学会。你初起手尝试时，容易把船身横住在河中，东颠西撞的狼狈。英国人是不轻易开口笑人的，但是小心他们不出声的皱眉！也不知有多少次河中本来悠闲的秩序叫我这莽撞的外行给捣乱了。我真的始终不曾学会：每回我不服输去租船再试的时候，有一个白胡子的船家往往带讥讽地对我说："先生，这撑船费劲，天热累人，还是拿个薄皮舟溜溜吧！"我哪里肯听话，长篙子一点就把船撑了开去，结果还是把河身一段段腰斩了去！

你站在桥上去看人家撑，那多不费劲，多美！尤其在礼拜天有几个专家的女郎，穿一身缟素衣服，裙裾在风前悠悠地飘着，戴一顶宽边的薄纱帽，帽影在水草间颤动，你看她们出桥洞时的姿态，捻起一根竟像没分量的长竿，只轻轻地，不经心地往波心里一点，身子微微地一蹲，这船身便波地转出了桥影，翠条鱼似的向前滑了去。她们那敏捷，那闲暇，那轻盈，真是值得歌咏的。

在初夏阳光渐暖时你去买一只小船，划去桥边阴下躺着念你的书或是做你的梦，槐花香在水面上飘浮，鱼群的唼喋在你的耳边挑逗[8]。或是在初秋的黄昏，近着新月的寒光，望上流僻静处远去。爱热闹的少年们携着他们的女友，在船沿上支着双双的东洋彩纸灯，带着话匣子[9]，船心里用软垫铺着，也开向无人迹处去享他们的野福——谁不爱听那水底翻的音乐在静定的河上描写梦意与春光！

住惯城市的人不易知道季候的变迁。看见叶子掉知道是秋，看见叶子绿知道是春；天冷了装炉子，天热了拆炉子；脱下棉袍，换上夹袍，脱下夹袍，穿上单袍；不过如此罢了。天上星斗的消息，地下泥土里的消息，空中风吹的消息，都不关我们的事。忙着哪，这样那样事情多着，谁耐烦管星星的移转，花草的消长，风云的变幻？同时我们抱怨我们的生活，苦痛，烦闷，拘束，枯燥，谁肯承认做人是快乐？谁不多少间咒诅人生？

但不满意的生活大都是由于自取的。我是一个生命的信仰者，我信生活绝不是我们大多数人仅仅从自身经验推得的那样暗惨。我们的病根是在"忘本"。人是自然的产儿，就比枝头的花与鸟是自然的产儿；但我们不幸是文明人，人世深似一天，离自然远似一天。离开了泥土的花草，离开了水的鱼，能快活吗？能生存吗？从大自然，我们取得我们的生命；从大自然，我们应分取得我们继续的资养。哪一株婆娑的大木没有盘错的根柢深入在无尽藏的地里？我们是永远不能独立的。有幸福是永远不离母亲抚育的孩子，有健康是永远接近自然的人们。不必一定与鹿豕游，不必一定回"洞府"去：为医治我们当前生活的枯窘，只要"不完全遗忘自然"一张轻淡的药方，我们的病像就有缓和的希望。在青草里打几个滚，到海水里洗几次浴，到高处去看几次朝霞与晚照——你肩背上的负担就会轻松了去的。

这是极肤浅的道理，当然。但我要没有过过康桥的日子，我就不会有这样的自信。我这一辈子就只那一春，说也可怜，算是不曾虚度。就只那一春，我的生活是自然的，是真愉快的！（虽则碰巧那也是我最感受人生痛苦的时期。）我那时有的是闲暇，有的是自由，有的是绝对单独的机会。说也奇怪，竟像是第一次，我辨认了星月的光明，草的青，花的香，流水的殷勤。我能忘记那初春的睥睨吗？曾经有多少个清晨我独自冒着冷去薄霜铺地的林子里闲步——为听鸟语，为盼朝阳，为寻泥土里渐次苏醒的花草，为体会最微细最神妙的春信。啊，那是新来的画眉在那边凋不尽的青枝上试它的新声！啊，这是第一朵小雪球花挣出了半冻的地面！啊，这不是新来的潮润沾上了寂寞的柳条？

静极了，这朝来水溶溶的大道，只远处牛奶车的铃声，点缀这周遭的沉默。顺着这大道走去，走到尽头，再转入林子里的小径，往烟雾浓密处走去，头顶是交织的榆荫，透露着漠楞楞的曙色；再往前走去，走尽这林子，当前是平坦的原野，望见了村舍，初青的麦田，更远三两个馒形的小山掩住了一条通道。天边是雾茫茫的，尖尖的黑影是近村的教寺。听，那晓钟和缓的清音。这一带是此邦中部的平原，地形像是海里的轻波，默沉沉地起伏；山岭是望不见的，有的是常青的草原与沃腴的田壤。登那土阜上望去，康桥只是一带茂林，拥戴着几处娉婷的尖阁。妩媚的康河也望不见踪迹，你只能循着那锦带似的林木想象那一流清浅。村舍与树林是这地盘上的棋子，有村舍处有佳荫，有佳荫处有村舍。这早起是看炊烟的时辰：朝雾渐渐地升起，揭开了这灰苍苍的天幕（最好是微霭后的光景），远近的炊烟，成丝的，成缕的，成卷的，轻快的，迟重的，浓灰的，淡青的，惨白的，在静定的朝气里渐渐地上腾，渐渐地不见，仿佛是朝来人们的祈祷，参差地翳入了天听[10]。朝阳是难得见的，这初春的天气。但它来时是起早人莫大的愉快。顷刻间这田野添深了颜色，一层轻纱似的金粉糁上了这草，这树，这通道，这庄舍。顷刻间这周遭弥漫了清晨富丽的温柔。顷刻间你的心怀也分润了白天诞生的光荣。"春！"这胜利的晴空仿佛在你的耳边私语。"春！"你那快活的灵魂也仿佛在那里回响。

伺候着河上的风光，这春来一天有一天的消息。关心石上的苔痕，关心败草里的鲜花，关心这水流的缓急，关心水草的滋长，关心天上的云霞，关心新来的鸟语。怯伶伶的小雪球是探春信的小使。铃兰与香草是欢喜的初声。窈窕的莲馨，玲珑的石水仙，爱热闹的克罗克斯，耐辛苦的蒲公英与雏菊——这时候春光已是烂漫在人间，更不需殷勤问询。

瑰丽的春放[11]，这是你野游的时期。可爱的路政，这里不比中国，哪一处不是坦荡荡的大道？徒步是一个愉快，但骑自转车是一个更大的愉快。在康桥骑车是普遍的技术；妇人，稚子，老翁，一致享受这双轮舞的快乐。（在康桥听说自转车是不怕人偷的，就为人人都自己有车，没人要偷。）任你选一个方向，任你上一条通道，顺着这带草味的和风，放轮远去，保管你这半天的逍遥是你性灵的补剂。——这道上有的是清阴与美草，随地都可以供你休憩。你如爱花，这里多的是锦绣似的草原。你如爱鸟，这里多的是巧啭的鸣禽。你如爱儿童，这乡间到处是可亲的稚子。你如爱人情，这里多的是不嫌远客的乡人，你到处可以"挂单"借宿[12]，有酪浆与嫩薯供你饱餐，有夺目的果鲜恣你尝新。你如爱酒，这乡间每"望"都为你储有上好的新酿[13]，黑啤如太浓，苹果酒、姜酒都是供你解渴润肺的……带一卷书，走十里路，选一块清静地，看天，听鸟，读书，倦了时，和身在草绵绵处寻梦去——你能想象更适情更适性的消遣吗？

陆放翁有一联诗句："传呼快马迎新月，却上轻舆趁晚凉[14]。"这是做地方官的风流。我在康桥时虽没马骑，没轿子坐，却也有我的风流：我常常在夕阳西晒时骑了车迎着天边扁大的日头直追。日头是追不到的，我没有夸父的荒诞，但晚景的温存却被我这样偷尝了不少。有三两幅画图似的经验至今还栩栩留着。只说看夕阳，我们平常只知道登山或是临海，但实际只须辽阔的天际，平地上的晚霞有时也是一样的神奇。有一次我赶到一个地方，手把着一家村庄的篱笆隔着一大田的麦浪，看西天的变幻。有一次是正冲着一条宽广的大道，过来一大群羊，放草归来的，偌大的太阳在它们后背放射着万缕的金辉，天上却是乌青青的，只剩这不可逼视的威光中的一条大路，一群生物！我心头顿时感着神异性的压迫，我真的跪下了，对着这冉冉渐翳的金光。再有一次是更不可忘的奇景，那是临着一大片望不到头的草原，满开着艳红的罂粟，在青草里亭亭的像是万盏的金灯，阳光从褐色云里斜着过来，幻成一种异样的紫色，透明似的不可逼视，刹那间在我迷眩了的视觉中，这草田变成了……不说也罢，说来你们也是不信的！

一别二年多了，康桥，谁知我这思乡的隐忧？也不想别的，我只要那晚钟撼动的黄昏，没遮拦的田野，独自斜倚在软草里，看第一个大星在天边出现！

十五年一月十五日[15]

【注释】

【1】康桥：通译剑桥，在英国东南部，这里指剑桥大学。1922年，青年诗人徐志摩即将离开英国回到阔别多年的祖国，就在返国前夕，他又写下了一首《康桥再会吧》。

【2】Backs：英语，这里可译作"僻静之岸"。

【3】Pembroke, St. Katharine's, king's, Clare, Trinity, St. John's：均为剑桥大学的学院名称，依次可译为：潘命洛克、圣卡萨琳、王家、克莱亚、三一、圣约翰。

【4】翡冷翠：佛罗伦萨。

【5】柯罗（1796—1875）：法国画家。

【6】肖班（1810—1849）：通译肖邦，波兰作曲家、钢琴家。

【7】不可浼（měi）：不可沾染，这里是高不可及的意思。

【8】唼喋（shà zhá）：这里是鱼在水里吃东西的声音。

【9】话匣子：指留声机。

【10】天听：古人认为天有意志和知觉，故称上天的听闻为"天听"，上天的临视为"天视"。

【11】春放：指春天万物竞相生长的景象。

【12】挂单：佛教名词，指游方和尚到庙里投宿。

【13】每"望"：这里指每个家庭。望，指门族，如郡望。

【14】传呼快马迎新月，却上轻舆趁晚凉：出自陆游《醉中到白崖而归》。这里引用有误，原诗为"偶呼快马迎新月，却上轻舆御晚风"。

【15】十五年：1926 年。

 **【点评】**

一篇好文章全靠"文气充沛"。"文气"是文章的灵魂，也最见作品的尽境。这篇散文之所以成为我国现代早期游记散文的代表作，首先在于它的感人，其次是它完美的艺术形式。而感人的是徐志摩的真情投入。"真正震撼人心的作品，必然是直指本心，写出人性的共相，触及人性的本然，使读者会其心而同其心"，这篇散文便是了。

康桥，那是徐志摩心中千遍万遍唱不尽的爱宠，是断断不肯对它做骚人墨客式的清论高谈、评头论足。随徐志摩踏时光而行，步步有声。作者以中国画常用的散点透视法，引导我们从不同角度浏览康桥，交给我们三幅传神写意的中国水墨：淡泊悠远、田园情调的康河坝筑图；堂皇典丽、气象高华的学院建筑群；超凡脱俗、惟妙惟肖的克莱亚三环洞桥。

作者写景时惯常使用欧化长句，把读者"消化"一个句子的时间拉长、节奏放慢，恰似一种从容漫步山水的心情；而写感悟，则多用短句，以适合表达感情的急促与热烈。或用长句把一串短句轻轻托住，或长短句错综出现，使长短相间、错落有致、快慢相形，形成一种起伏的韵律美。

反复、排比手法恰到好处地运用，使语言有了强烈的节奏感和音乐感，洋溢着灵动的乐谱情调，甚至写出了满纸的回音与乐声。

 【思考探究】

1. 文中作者描绘了哪几幅图画，试着用几句话概括一下。
2. 徐志摩的天性是唯美的，这点在本文中是如何表现的？
3. 作者写景状物时所用的语言和当代作家相比有什么异同？

康桥再会吧（节选）
徐志摩

康桥，再会吧；
我心头盛满了别离的情绪，
你是我难得的知己，我当年
辞别家乡父母，登太平洋去，
（算来一秋二秋，已过了四度
春秋，浪迹在海外，美土欧洲）
扶桑风色，檀香山芭蕉况味，
平波大海，开拓我心胸神意，
如今都变了梦里的山河，
渺茫明灭，在我灵府的底里；
我母亲临别的泪痕，她弱手
向波轮远去送爱儿的巾色，
海风咸味，海鸟依恋的雅意，
尽是我记忆的珍藏，我每次
摩按，总不免心酸泪落，便想
理箧归家，重向母怀中匍伏，
回复我天伦挚爱的幸福；
我每想人生多少跋涉劳苦，
多少牺牲，都只是枉费无补，
我四载奔波，称名求学，毕竟
在知识道上，采得几茎花草，
在真理山中，爬上几个峰腰，
钧天妙乐，曾否闻得，彩虹色，
可仍记得？——但我如何能回答？
我但自喜楼高车快的文明，
不曾将我的心灵污抹，今日
我对此古风古色，桥影藻密，
依然能坦胸相见，惺惺惜别。

我和清华的八年缘分（节选）

梁实秋

> 梁实秋（1902—1987），原名梁治华、字实秋，笔名子佳、秋郎、程淑等，祖籍浙江杭县（今杭州），生于北京。中国著名的散文家、学者、文学批评家、翻译家，国内第一个研究莎士比亚的权威，曾与鲁迅等左翼作家笔战不断。一生给中国文坛留下了两千多万字的文字创作，其散文集创造了中国现代散文著作出版的纪录。代表作有《雅舍小品》《英国文学史》等。

一

我自民国四年进清华学校读书，民国十二年毕业，整整八年的工夫在清华园里度过。人的一生没有几个八年，何况是正在宝贵的青春？四十多年前的事，现在回想已经有些模糊，如梦如烟，但是较为突出的印象则尚未磨灭。有人说，人在开始喜欢回忆的时候便是开始老的时候。我现在开始回忆了。

民国四年，我十四岁，在北京新鲜胡同京师公立第三小学毕业，我的父亲接受朋友的劝告要我投考清华学校。这是一个重大的决定，因为这个学校远在郊外，我是一个古老的家庭中长大的孩子，从来没有独自在街头闯荡过，这时候要捆起铺盖到一个陌生的地方去住，不是一件平常的事，而且在这个学校经过八年之后便要漂洋过海离乡背井到新大陆去负笈求学，更是难以设想的事。所以父亲这一决定下来，母亲急得直哭……

二

八月末，北京已是初秋天气，我带着铺盖到清华去报到，出家门时母亲直哭，我心里也很难过。我以后读英诗人 Cowper 的传记时之特别同情他，即是因为我自己深切体验到一个幼小的心灵在离开父母出外读书时的那种滋味——说是"第二次断奶"实在不为过。第一次断奶，固然苦痛，但那是在孩提时代，尚不懂事，没有人能回忆自己断奶时的懊恼，第二次断奶就不然了，从父母身边把自己扯开，在心里需要一点气力，而且少不了一阵辛酸。

清华园在北京西郊的海淀的西北。出西直门走上一条漫长的马路，沿途有几处步兵统领衙门的"堆子"，清道夫一铲一铲地在道上撒黄土，一勺一勺地在道上泼清水。路的两旁是铺石的路专给套马的大敞车走的。最不能忘的是路边的官柳，是真正的垂杨柳，好几丈高的丫杈古木，在春天一片鹅黄，真是柳眼挑金，更动人的时节是在秋后，柳丝飘拂到人的脸上，一阵阵的蝉噪，夕阳古道，情景幽绝。我初上这条大道，离开温暖的家，走上一个新的环境，心里不知是什么滋味。

海淀是一小乡镇，过仁和酒店微闻酒香，那一家的茵陈酒"莲花白"是有名的，再过去不远有一个小石桥，左转趋颐和园，右转经圆明园遗址，再过去就是清华园了。清华园原是清室某亲贵的花园，大门上"清华园"三字是大学士那桐题的，门并不大，有两扇铁栅，门内左边有一棵状如华盖的老松，斜倚有态，门前小桥流水，桥头上经常系着几匹小毛驴。

园里谈不到什么景致，不过非常整洁，绿草如茵，校舍十分简朴，但是一尘不染。原来的一点点中国式的园林点缀保存在"工字厅"、"古月堂"，尤其是工字厅后面的荷花池，徘徊池畔，有"风来荷气，人在木荫"之致。塘坳有亭翼然，旁有巨钟为报时之用。池畔松柏参天，厅后匾额上的"水木清华"四字确是当之无愧。又有长联一副："槛外山光，历春夏秋冬，万千变幻，都非凡境；窗中云影，任东西南北，去来澹荡，洵是仙居。"（祁寯藻书）我在这个地方不知消磨了多少黄昏。

西园榛莽未除，一片芦蒿，但是登土山西望，圆明园的断垣残石历历可见，俯仰苍茫，别饶野趣。我记得有一次郁达夫特来访问，央我陪他到圆明园去凭吊遗迹，除了那一堆石头什么也看不见了，所谓"万园之园"的四十美景只好参考后人画图于想象中得之。

新生的管理是很严格的。斋务主任陈筱田先生是个了不起的人物，天津人，说话干脆而尖刻，精神饱满，认真负责。学生都编有学号，我在中等科时是五八一，在高等科时是一四九，我毕业后十几年在南京车站偶然遇到他，他还能随口说出我的学号。每天早晨七点打起床钟，赴盥洗室，每人的手巾脸盆都写上号码，脏了要罚。七点二十分吃早饭，四碟咸菜如萝卜干、八宝菜之类，每人三个馒头，稀饭不限。饭桌上，也有各人的学号，缺席就要记下处罚。脸可以不洗，早饭不能不去吃。陈先生常常躲在门后，拿着纸笔把迟到的一一记下，专写学号，一个也不漏掉。我从小就有早起的习惯，永远在打钟以前很久就起床，所以从不误吃早饭。

于此我不能不提到梁任公先生。大概是我毕业前一年，我们几个学生集议想请他来演讲。他的大公子梁思成是我同班同学，梁思永、梁思忠也都在清华，所以我们经过思成的关系一约就成了。任公先生的学问事业是大家敬仰的，尤其是他心胸开朗，思想赶得上潮流，在"五四"以后俨然是学术巨擘。他身体不高、头秃、双目炯炯有光，走起路来昂首阔步，一口广东官话，声如洪钟。他讲演的题目是《中国韵文里表现的情感》，他情感丰富，记忆力强，用手一敲秃头便能背诵出一大段诗词，有时手之舞之足之蹈，有时口沫四溅涕泗滂沱，频频从口袋里掏出一块大毛巾来揩眼睛。这篇演讲分数次讲完，异常的成功，我个人对中国文学的兴趣就是被这一篇演讲所鼓动起来的。以前读曾毅《中国文学史》，因为授课的先生只是照着书本读一遍，毫无发挥，所以我越读越不感兴趣。任公先生以后由学校聘请住在工字厅主讲《中国历史研究法》，以后清华大学成立，他被聘为研究所教授，那是后话了。

清华毕业时照例要考体育，包括田径、爬绳、游泳等项。我平常不加练习，临考大为紧张，马约翰先生对于我的体育成绩只是摇头叹息。我记得我跑四百码的成绩是九十六秒，人几乎晕过去。一百码是十九秒。其他如铁球、铁饼、标枪、跳高、跳远都还可以勉强及格，游泳一关最难过。清华有那样好的游泳池，按说有好几年的准备应该没有问题，可惜是这好几年的准备都是在陆地上，并未下过水里，临考只得舍命一试。我约了两位同学各持竹竿站在两边，以备万一。我脚踏池边猛然向池心一扑，这一下子就浮出一丈开外，冲力停止之后，情形就不对了，原来水里也有地心吸力，全身直线下沉。喝了一口大水之后，人又浮到水面，尚未来得及喊救命，已经再度下沉。这时两根竹竿把我挑了起来，成绩是不及格，一个月后补考。这一个月我可天天练习了，好在不止我一人，尚有几位陪伴我。补考的时候也许是太紧张，老毛病又发了，身体又往下沉，据同学告诉我，我当时在水里扑腾得好厉害，水珠四溅，翻江倒海一般，否则也不会往下沉。这一沉，沉到了池底。我摸到大理石的池底，滑腻腻的。我心里明白，这一回只许成功不许失败，便在池底连爬带泳地前进，喝了几口水之后，头已露出水面，知道快泳完全程了，于是从从容容来了几下子蛙式泳，安安全全地跃登彼岸。马约翰先生笑得弯了腰，挥手叫我走，说："好啦，算你及格了。"这是我毕业时极不光荣的一个插曲，我现在非常悔恨，年轻时太不知道重视体育了。

我记得仔细阅读过的书刊包括有：胡适的实验主义，尝试集，短篇小说集，中国哲学史，周作人的欧洲文学史，域外小说集，王星拱的科学方法论，潘家洵译的易卜生戏剧，少年中国的丛书，共学社的丛书、晨报丛书等。新潮、新青年等杂志更不待言是每期必读的。当然，那时候学力未充，鉴别无力，自己并无坚定的见地，但是扩充眼界，充实腹笥，总是一件好事。所以我那时看的东西很杂，进化论与互助论，资本论与安那其主义，托尔斯泰与萧伯纳，罗索与柏格森，太戈耳与王尔德，兼收并蓄，杂糅无章。没有人指导，没有人讲解，暗中摸索，有时自以为发掘到宝藏而沾沾自喜，有时全然失去比例与透视。幸而，由于我的天生的性格，由于我的家庭的管教，我尚能分辨出什么是稳健的康庄大道，什么是行险侥幸的邪恶小径。三十岁以后，自己知道发奋读书，从来不敢懈怠，但是求知的热狂在"五四"以后的那一段期间仍然是无可比拟的。

因为探求新知过于热心，对于学校正常的功课反倒轻视疏忽了。基本的科学，不感兴趣，敷敷衍衍地读完一年生物学之后对于物理化学即不再问津，这一缺憾至今无法补偿。对于数学我更没有耐心，自己给自己制造了一个借口曰："性情不近。"梁任公先生创"趣味说"，我认为正中下怀，我对数学不感兴趣，因此数学成绩仅能勉强维持及格，而并不觉得惭怍。不但此也，在英文班上读些文学名著，也觉得枯燥无味，莎士比亚的戏剧亦不能充分赏识，他的文字虽非死文字，究竟嫌古老些，哪有时人翻译出来的现代作品那样轻松？于是有人谈高尔华绥、萧伯纳、王尔德、易卜生，亦从而附和之；有人谈莫泊桑、柴霍甫、屠格涅夫、法朗士，亦从而附和之。如响斯应，如影斯随，追逐时尚，皇皇然不知其所届。这是"五四"以后之一窝蜂的现象，表面上轰轰烈烈，如花团锦簇，实际上不能免于浅薄幼稚。

民国十二年八月里，在凄风苦雨的一天早晨，我在院里走廊上和弟妹们吹了一阵胰子泡，随后就噙着泪拜别父母，起身到上海候船放洋。在上海停了一星期，住在旅馆里写了一篇纪实的短篇小说，题为《苦雨凄风》，刊在《创造周报》上。我这一班，在清华是最大的一班，入学时有九十多人，上船时淘汰剩下六十多人了。登"杰克逊总统号"的那一天，船靠在浦东，创造社的几位到码头上送我。住在嘉定的一位朋友派人送来一面旗子，上面亲自绣了"乘风破浪"四个字。其实我哪里有宗悫的志向？我愧对那位朋友的期望。

清华八年的生涯就这样结束了。

【点评】

梁实秋散文集文人散文与学者散文的特点集于一体，旁征博引，内蕴丰盈，行文崇尚简洁，重视文调，追求"绚烂之极趋于平淡"的艺术境界及文调雅洁与感情渗入的有机统一。且因洞察人生百态，文笔机智闪烁，谐趣横生，严肃中见幽默，幽默中见文采。20世纪初的清华大学是中外思潮交会的大熔炉，无数作家、学者无不得益于其中深厚无比的人文熏陶。这篇散文让我们近距离体验到了清华良好的学风和厚重的文化底蕴，也提供了清华百年之所以孕育出无数仁人大家的最佳答案。

文章开头，清华园的夕阳古道和小桥流水边的毛驴让我们感受到一种中国式的诗意之美。接下来，作者以入学生活为线，将吃饭、早起、写信等生活琐事也写得饶有兴致。行笔处有意无意间道出清华对自己完整人格的精心塑造。梁启超、马约翰等老师的精心施教以及自己在学习上的苦苦求索，让我们感受到了一个追求理想的学子那种纯真而热切的求知欲。清华八年的正规教育，对梁实秋一生来说实在是受益无穷。梁实秋阅读面很广，读书方式也是中西合璧式的。在新文化运动的影响下，他广泛阅读了西洋文学作品和代表"五四"时代精神的众多刊物，而对学校指定的必读书目往往不屑一顾，在别人每晚挤图书馆用功的时候，却总是逍遥自得地看新出版的文艺作品。广泛自由的阅读渐渐活跃了他的思想，他气质中保守尚旧的一面也逐渐消退，变得崇尚激扬情感。

梁实秋的散文讲究精化内敛，特别是回忆过往的长篇散文，文虽长，写的又是当年的生活琐事，却毫无拖沓散漫之感，不仅恬淡自然，而且另有况味，是散文中的佳作。

【思考探究】

1. 本文在描写人物时有何特色？

2. 清华的办学历史中，培养了无数英才，你从本文找到原因了吗？

3. 叙述往事，最易流于拖沓，本文是如何将琐事述说得饶有风味的？

西南联大中文系（节选）

汪曾祺

　　西南联大中文系的教授有清华的，有北大的，应该也有南开的。但是哪一位教授是南开的，我记不起来了，清华的教授和北大的教授有什么不同，我实在看不出来。联大的系主任是轮流坐庄。朱自清先生当过一段系主任。担任系主任时间较长的，是罗常培先生。学生背后都叫他"罗长官"。罗先生赴美讲学，闻一多先生代理过一个时期。在他们"当政"期间，中文系还是那个老样子，他们都没有一套"施政纲领"。事实上当时的系主任"为官清简"，近于无为而治。中文系的学风和别的系也差不多：民主、自由、开放。当时没有"开放"这个词，但有这个事实。中文系似乎比别的系更自由。工学院的机械制图总要按期交卷，并且要严格评分的；理学院要做实验，数据不能马虎。中文系就没有这一套。记得我在皮名举先生的"西洋通史"课上交了一张规定的马其顿国的地图，皮先生阅后，批了两行字："阁下之地图美术价值甚高，科学价值全无。"似乎这样也可以了。总而言之，中文系的学生更为随便，中文系体现的"北大"精神更为充分。

　　……

　　我要不是读了西南联大，也许不会成为一个作家。至少不会成为一个像现在这样的作家。我也许会成为一个画家。如果考不上联大，我准备考当时也在昆明的国立艺专。

一九八八年

论读书

培 根

　　弗兰西斯·培根（Francis Bacon，1561—1626）是英国哲学家、思想家、作家和科学家，被马克思称为"英国唯物主义和整个现代实验科学的始祖"。他在逻辑学、美学、教育学方面也提出许多思想，著有《新工具》《论说随笔文集》等。

　　培根的代表作《论说随笔文集》围绕人和人性进行论述，分析了人的性格是如何形成的；人的行为是如何由其自身第一性（天性）、环境、习惯、教育所决定的；人是通过"教条和言语"即通过不断的"以习惯和风俗为表现的实践"而达到自身的完善，其同时也充分体现了培根渊博的学识和哲人的睿智。

　　读书足以怡情，足以傅采，足以长才。其怡情也，最见于独处幽居之时；其傅采也，最见于高谈阔论之中；其长才也，最见于处事判事之际。练达之士虽能分别处理细事或判别枝节，然纵观统筹，全局策划，则舍好学深思者莫属。读书费时过多易惰，文采藻饰太盛则矫，全凭条文断事乃学究故态。读书补天然之不足，经验又补读书之不足，盖天生才干犹如自然花草，读书然后知如何修剪移接；而书中所示，如不以经验范之，则又大而无当。有一技之长者鄙读书，无知者慕读书，而明智之士用读书，然书并不以用处告人，用书之智不在书中，而在书外，全凭观察得之。读书时不可存心诘难作者，不可尽信书上所言，亦不可只为寻章摘句，而应推敲细想。书有可浅尝者，有可吞食者，少数则须咀嚼消化。换言之，有只须读其部分者，有只须大体涉猎者，少数则须全读，读时须全神贯注，孜孜不倦。书亦可请人代读，取其所作摘要，但只限题材较次或价值不高者，否则书经提炼犹如水经蒸馏，淡而无味矣。

　　读书使人充实，讨论使人机智，笔记使人准确。因此不常做笔记者须记忆特强，不常讨论者须天生聪颖，不常读书者须欺世有术，始能无知而显有知。读史使人明智，读诗使人灵秀，数学使人周密，科学使人深刻，伦理使人庄重，逻辑修辞使人善辩：凡有所学，皆成性格。人之才智但有滞碍，无不可读适当之书使人顺畅，一如身体百病，皆可借相宜之运动除之。滚球利睾肾，射箭利胸肺，漫步利肠胃，骑术利头脑，诸如此类。如智力不集中，可令读数学，盖演题须全神贯注，稍有分散须重演；如不能辨异，可令读经院哲学，盖是辈皆吹毛求疵之人；如不善求同，不善以物阐证另一物，可令读律师之案卷。如此头脑中凡有缺陷，皆有特药可医。

【点评】

《论读书》是培根众多散文随笔中的一篇，此文的中文译本出自近现代著名的外语学家、散文家王佐良之手。王先生古文造诣很深，颇具大家风范，此篇译文行文流畅、韵律优美、意趣盎然，配以原文的立论清新，读起来朗朗上口，如高山流水一般，气魄非凡。

读书有何益处？高尔基曾发出"书是人类进步的阶梯"的感慨，雨果也有"书籍是改造灵魂的工具"的陈述。一个人孤独寂寥、心绪烦闷的时候，书可以帮你排除寂寞，打开心结；和朋友海阔天空、高谈阔论的时候，书中知识会滔滔不绝而出，彰显个人的才气；在处世行事时，书中知识又会化作才干和智慧，帮助你顺利前行。就像文中提到的"怡情""傅采""长才"，培根眼中对读书价值的追求，对现在的我们也有积极现实的意义。读书益处这么多，交这个朋友，我们何乐而不为呢？

会读书还要知道如何用书。文中提及"而明智之士用读书""用书之智不在书中，而在书外"，一方面，高明的人能够用"读书"，即读书学到的东西要和实践结合起来，转化成自身所需，才能达到理想的读书效果；另一方面，提示我们只有入得书才能理解书中蕴含的智慧，同时能出得书才能实现书中智慧，而且后者越显重要。

此外，文中还提到读书的方法"读书须全神贯注，孜孜不倦"。读书可有取舍，精读、略读、代读视内容而定。读一本好书，不应该浅尝辄止，而应当细嚼消化，推敲细想，慢慢品味。如果书中的思想体会不到，要旨领悟不深，那么读书也就变得索然无味了。

培根此文写于 17 世纪，但其影响完全超过了时间和地域，其思想的光辉让读者一生受用无穷。读书开启心智、充实人生、提升品位、丰富情感。让我们多读书、读好书，珍惜与每一本好书的缘分吧。

本文句子短小精悍，排比工整匀称，类比触类旁通。这些语言手段产生的文体效果是其他语言形式很难替代的，通过这些语言手段表达的思想更是耐人寻味、发人深思。

【思考探究】

1. 培根的论学思想和中国先哲的教育思想有哪些异同？

2. 培根的思想对当前我国的教育改革有什么启发？

3. 辛弃疾的词《西江月·遣兴》中说："近来始觉古人书，信着全无是处。"结合本文，你有什么看法？

书

朱 湘

拿起一本书来，先不必研究它的内容，只是它的外形，就已经很够我们赏鉴了。

那眼睛看来最舒服的黄色毛边纸，单是纸色已经在我们的心目中引起一种幻觉，令我们以为这书是一个逃免了时间之摧残的遗民。它所以能幸免而来与我们相见的这段历史本身，就已经是一本书，值得我们的思索、感叹，更不须提起它的内涵的真或美了。

还有那一个个正方的形状，美丽的单字，每个字的构成，都是一首诗；每个字的沿革，都是一部历史。飙是三条狗的风：在秋高草枯的旷野上，天上是一片青，地上是一片赭，中疾的猎犬风一般快地驰过，嗅着受伤之兽在草中滴下的血腥，顺了方向追去，听到枯草飒索地响，有如秋风卷过去一般。昏是婚的古字：在太阳下了山，对面不见人的时候，有一群人骑着马，擎着红光闪闪的火把，悄悄向一个人家走近。等着到了竹篱柴门之旁的时候，在狗吠声中，趁着门还未闭，一声喊齐拥而入，让新郎从打麦场上挟起惊呼的新娘打马而回。同来的人则抵挡着新娘的父兄，做个不打不成交的亲家。

印书的字体有许多种：宋体挺秀有如柳字，麻沙体夭娇有如欧字，书法体娟秀有如褚字，楷体端方有如颜字，楷体是最常见的了。这里面又分出许多不同的种类来：一种是通行的正方体；还有一种是窄长的楷体，棱角最显；一种是扁短的楷体，浑厚颇有古风。还有写的书：或全体楷体，或半楷体，它们不但看来有一种密切的感觉，并且有时有古代的写本，很足以考证今本的印误以及文字的假借。

如果在你面前的是一本旧书，则开章第一篇你便将看见许多朱色的印章，有的是雅号，有的是姓名。在这些姓名别号之中，你说不定可以发现古代的收藏家或是名倾一世的文人，那时候你便可以让幻想驰骋于这朱红的方场之中，构成许多缥缈的空中楼阁来。还有那些朱圈，有的圈得豪放，有的圈得森严，你可以就它们的姿态以及它们的位置，悬想出读这本书的人是一个少年，还是老人；是一个放荡不羁的才子，还是老成持重的儒者。你也能借此揣摩出这主人公的命运：他的书何以流散到了人间？是子孙不肖，将他舍弃了？是遭兵逃反，被一班庸奴偷窃出了他的藏书楼？还是运气不好，家道中衰，自己将它售卖了，来填偿债务，或是支持家庭？书的旧主人是这样。我呢？我这书的今主人呢？他当时对着雕花的端砚，拿起新发的朱笔，在清淡的炉香气息中，圈点这本他心爱的书，那时候，他是绝想不到这本书的未来命运。他自己的未来命运，是个怎样的结局；正如这现在读着这本书的我，不能知道我未来的命运将要如何一般。

更进一层，让我们来想象那作书人的命运：他的悲哀，他的失望，无一不自然地流露在这本书的字里行间。让我们读的时候，时而跟着他啼，时而为他扼腕叹息。要是，不幸上再加上不幸，遇到秦始皇或是董卓，将他一生心血呕成的文章，一把火烧为乌有；或是像《金瓶梅》《红楼梦》《水浒传》一般命运，被浅见者标作禁书，那更是多么可惜的事情呵！

天下事真是不如意的多。不讲别的，只说书这件东西，它是再与世无争也没有的了，也都要受这种厄运的摧残。至于那琉璃一般脆弱的美人，白鹤一般兀傲的文士，他们的遭忌更是不言可喻了。试想含意未申的文人，他们在不得意时，有的采樵，有的放牛，不仅无异于庸人，并且备受家人或主子的轻蔑与凌辱；然而他们天生的性格倔强，世俗越对他白眼，他却越有精神。他们有的把柴挑在背后，拿书在手里读；有的骑在牛背上，将书挂在牛角上读；有的在蚊声如雷的夏夜，囊了萤照着书读；有的在寒风冻指的冬夜，拿了书映着雪读。然而时光是不等人的，等到他们学问已成的时候，眼光是早已花了，头发是早已白了，只是在他们的头额上新添加了一些深而长的皱纹。

咳！不如趁着眼睛还清朗，鬓发尚未成霜，多读一些"人生"这本书罢！

 【知识链接六】

议论文（一）

议论文的三要素：论点、论据、论证

一、论点——是作者对某个问题所持的见解和主张。

论点包括：中心论点和分论点。一篇议论文一般只有一个中心论点，①有的文章围绕中心论点提出几个分论点，分论点是为中心论点服务的；②有的文章有几个并列的分论点。

论点位置：A. 经常放在文章开头；B. 放在文章中间；C. 放在文章结尾；D. 标题直接提出；E. 没在文章中直接表现，是要读者概括的。（把握论点的位置有助于我们找论点）

课堂练习：

A.《美与丑》；B. 有志者事竟成；C. 拼搏与成功；D. 读书的乐趣

以《美与丑》为例，确立论点，选取材料，酝酿精彩的开头和结尾，列提纲，完成初步的构思。

1. 美与丑是个热门话题，它是一个内容十分宽泛的话题：人的仪表美丑、心灵美丑，大自然中的美丑，社会环境中的美丑，文艺作品中的美丑，舞台形象的美丑……写这个题目，同学们不能面面俱到，也不必过多地进行理论探讨，应该选你为之激动或苦恼的具体话题。这种话题，不但有话可说，感受真切，也容易说清楚。

2. 请同学们认真思考，确立自己的论点。

（1）自己确立的论点写在事先准备的稿纸上。

（2）说说自己的论点，讨论。

（3）展示一些正确的论点：

心灵美比外表美更迷人；智慧让人美丽，无知让人丑陋；行为的丑可以掩盖外表的美；要善于发现美，勇于揭露丑；自私最丑陋，奉献最美丽。

二、论据——是支撑论点的材料，是作者用来证明论点正确的理由和依据。

任何论点，只有被充分的根据做证明后，才会有说服力；没有根据的论点，即使正确，即使深刻，也不能说服人。所以作者在表明自己观点态度的同时，也必须提出充足有力的根据，比如赞成什么，为什么赞成，认为某个现象不好，根据是什么，这样才能做到有根有据，以理服人。

议论文的论据可分为以下两种类型：

A. 事实论据：包括史实、典型事例、统计数字等。作为事实论据的材料必须真实、确凿并且有代表性，所选的事例和观点要统一，否则就失去了事实论据的说服力，影响了议论效果。

B. 道理论据：包括被实践检验的真理、古今中外名家的论述、格言、谚语以及自然和社会科学的原理、概念、定律、公式等。

议论文论点论据总汇

一、诚信

1. 经典论点

（1）言必信，行必果。

（2）诚信能促进人与人之间的交往。

（3）诚信是诚实和信用的统一。

（4）诚信会使友谊更加牢固。

2. 理论论据

（1）民无信不立。

——孔子

（2）小信诚则大信立。

——韩非子

（3）人无忠信，不可立于世。

——程颐

（4）失去钱财可找，失去信任难挽。

——谚语

3. 事实论据

（1）晋文公退避三舍。 （2）商鞅立木取信。

（3）曾子杀猪教子。 （4）"狼来了"的教训。

二、生命

1. 经典论点

（1）生命的意义在于燃烧。

（2）一个真正的人，必须是生而对人民有用，死而对人民有益。

（3）生命的可贵之处在于通过造福于人类而得到永生。

（4）生活的不幸和委屈应该激起奋斗的火花，而不应促使生命走向死亡。

2. 理论论据

（1）生当作人杰，死亦为鬼雄。

——李清照《夏日绝句》

（2）人生自古谁无死？留取丹心照汗青。

——文天祥《过零丁洋》

（3）人固有一死，或轻于鸿毛，或重于泰山。

——司马迁

（4）生如春花之烂漫，死如秋叶之静美。

——泰戈尔

（5）生命的多少用时间计算，生命的价值用奉献计算。

——裴多菲

（6）人的生命，似洪水奔流，不遇着岛屿、暗礁，难以激起美丽的浪花。

——奥斯特洛夫斯基

（7）无用的生命，只是过早的死亡。

——歌德

（8）一个人如果碌碌无为，只为自己渺小的生存而虚度一生，那么，即使他高寿活到一百岁，又有什么价值和意义呢？

——杨沫

3. 事实论据

（1）孙思邈百岁著书立说。

（2）"135 岁"的爱迪生。

（3）为了信念而战胜死亡的保尔·柯察金。

三、创新

1. 经典论点

（1）人需要有创新精神。

（2）创新能促进社会发展。

（3）创新需要不断地观察思考。

（4）创新不要在乎别人的眼光。

（5）创新要打破传统的束缚。

（6）创新需要灵活的头脑。

（7）创新需要有一定的知识和能力作为前提。

（8）创新和异想天开是有区别的。

2. 理论论据

（1）穷则变，变则通。

——《周易》

（2）人才进行工作，天才进行创造。

——舒曼

（3）第一个形容女人像花的人是聪明人，第二个再这样形容得是傻子。

——巴尔扎克

（4）处处是创造之地，天天是创造之时，人人皆是创造之人。

——陶行知

3. 事实论据

（1）"鸳鸯火锅"的诞生。

（2）哥伦布竖鸡蛋。

（3）锯掉经理的椅背。

反面事例：

（4）守株待兔。

（5）郑人买履。

（6）刻舟求剑。

（7）"胜家"缝纫机公司固步自封的后果。

四、书籍

1. 经典论点

（1）书籍是文明的载体。

（2）书籍是进步的阶梯。

（3）书籍是精神的食粮。

（4）书山有路勤为径。

（5）腹有诗书气自华。

（6）读书应去芜存精。

（7）好书如益友。

（8）理论应联系实际。

（9）尽信书不如无书。

2. 理论论据

（1）书是人类进步的阶梯。

——高尔基

（2）读一切好的书，就是和许多高尚的人说话。

——笛卡儿

（3）温故而知新。

——孔子《论语》

（4）读书使人头脑充实，讨论使人明辨是非，做笔记则使人知识精确。

——培根《论读书》

（5）好书如"圣水"，坏书似"魔鬼"。

——高占祥《求知善读》

（6）书犹药也，善读可以医愚。

——刘向

（7）读书破万卷，下笔如有神。

——杜甫

（8）读书有三到：心到、眼到、口到。

——朱熹

（9）书籍是全世界的营养品。生活里没有书籍，就好像大地没有阳光；智慧里没有书籍，就好像鸟儿没有翅膀。

——莎士比亚

（10）读史使人明智，读诗使人聪慧，演算使人精密，哲理使人深刻，道德使人高尚，逻辑修辞使人善辩。总之，读书能塑造人的性格。

——培根《论读书》

（11）读书而不能运用，则所读书等于废纸。

——华盛顿

3. 事实论据

（1）吴下阿蒙。

（2）李白"只要功夫深，铁杵磨成针"。

（3）钱钟书的"笨功夫"。

（4）鲁迅读书嚼辣椒驱寒。

（5）宋太宗喜欢读书。

（6）苏轼"立志识遍天下字，发奋读尽人间书"。

五、幸福

1. 经典论据

（1）幸福靠追求和创造。

（2）有钱不一定幸福。

（3）身心健康才能感受幸福。

（4）劳动创造幸福。

（5）人人都有追求幸福的权利。

（6）没有爱心就没有幸福。

2. 理论论据

（1）人是自身幸福的设计师。

——培根

（2）亲善产生幸福，文明带来和谐。

——雨果

（3）幸福永远存在于人类不断的追求中，而不存在于和谐与稳定之中。

——鲁迅

（4）我以为真正得到自由和幸福是毫无私心地为人民服务。

——丁玲

（5）人的永恒的幸福不在于得到任何东西，而在于献身于比自己更伟大的事业。

——泰戈尔

（6）星星和月亮在一起，珍珠和玛瑙在一起；庄稼和土地在一起，幸福和劳动在一起。

——中国谚语

（7）人们能得到的最大幸福，最自由、最快乐的心境，莫过于爱别人和为别人献身。

——托尔斯泰

（8）幸福不在于理想，而在于旨在造福他人的，为生活所需的经常性的劳力。

——托尔斯泰

3. 事实论据

（1）工作就是幸福（科学家富兰克林）。

（2）为天下人谋幸福（林觉民）。

（3）忘我就是快乐（海伦·凯勒）。

（4）刑场上的婚礼（陈铁军和周文雍）。

（5）王光美开展"幸福工程"。

六、财富

1. 经典论据

（1）君子爱财，取之有道。

（2）金钱只是财富的一部分。

（3）知识就是财富。

（4）劳动创造财富。

（5）财富要靠劳动去创造。

（6）富有不能忘节约。

（7）"拜金"导致心灵空虚。

（8）财富有时能让人失去理智。

2. 理论论据

（1）君子喻于义，小人喻于利。

——《论语》

（2）致富的方法不是勤奋，更不是节俭，而是选择合适的方法、合适的时机和合适的地点。

——爱默生

（3）权力和财富不会促进，反而会损害道德和自由的事业。

——雪莱

（4）财富应该藏在我们的脑袋里和我们心里。

——斯威夫特

3. 事实论据

（1）顶礼膜拜（战国·苏秦）。

（2）比尔·盖茨的财富。

（3）李嘉诚先生的精神世界。

（4）不知钱为何物（英国化学家卡文迪）。

（5）富豪后代做码头工人（勒克菲勒的儿子哈里）。

（6）被金钱断送的科学家（法国化学家拉瓦锡贪污被杀、法国著名物理学家斯塔克依附希特勒，二战后被判刑）。

七、科技

1. 经典论点

（1）科技是人类智慧的结晶。

（2）科技能转化成财富。

（3）科技能使国富民强。

（4）科技能促进社会经济的发展。

（5）我们应该培养自己的科技意识。

（6）科技的取得是需要付出艰辛努力的。

（7）辨别真科学与伪科学。

（8）科技也是在不断进步的。

2. 理论论据。

（1）科学是老老实实的学问，来不得半点虚假，既要有直观洞察的想象能力，又要有步步不落空的钻研精神，攀登悬崖，一落空就会粉身碎骨。

——华罗庚

（2）科学不是为了个人荣誉，不是为了私利，而是为人类谋幸福。

——钱三强

（3）应当热爱科学，因为人类没有什么力量比科学更强大、更所向无敌的了。

——高尔基

（4）热爱科学就是热爱真理。

——费尔巴哈

（5）追求科学需要特殊的勇敢。

——伽利略

（6）科学的探讨和研究，其本身就含有至美，其自身给人的愉快就是报酬。

——居里夫人

（7）科学给人以确定性，也给人以力量。只依靠实践而不依靠科学的人就像行船人不用舵与罗盘一样。

——丹皮尔

（8）科学的技术成就是极为显著的，它能将匮乏的经济转为充裕的经济。

——尼赫鲁

3. 事实论据

（1）月亮做证（科学宣告阿姆斯特朗无罪）。

（2）知识型百万富翁（中关村企业巨头）。

（3）英吉利海峡隧道通车。

（4）希特勒空战败于雷达。

（5）阿基米德的神火。

（6）硅谷的神话（年产值 400 亿美元）。

（7）科学家的价值（钱学森被美国海军次长金波尔阻挠回国，认为他抵得上五个师）。

（8）四次工业革命（完全验证了"科技是第一生产力"的论断）。

八、审美观

1. 经典论点

（1）美能净化心灵。

（2）有抱负也是一种美。

（3）审美要有高尚的情操。

（4）美要善于发现，丑要敢于揭露。

2. 理论论据

（1）清水出芙蓉，天然去雕饰。

——李白

（2）外貌美只能取悦一时，内心美方能经久不衰。

——歌德

（3）人类有一种爱美的本性。

——罗曼·罗兰

（4）人并不是因为美丽才可爱，而是因为可爱才美丽。

——托尔斯泰

（5）身体的美，若不与聪明才智相结合，就是某种动物性的东西。

——德谟克里特

（6）真正的美，是美在它本身能显出奕奕的神采。爱好时髦是一种不良的风尚，因为她的容貌是不因为她爱好时髦而改变的。

——卢梭

3. 事实论据

（1）曹操嫁女（重品德、才能）。

（2）向痞盂道歉（卓别林）。

（3）中国历史上的"四大丑女"（一是黄帝的妻子嫫母，二是齐国的无盐皇后，三是孟光，四是东晋时阮德尉的女儿，四位都是德美才佳的丑女）。

（4）外貌美与心灵美（雨果《巴黎圣母院》中的人物形象）。

九、爱国

1. 经典论点

（1）爱国是中华民族的传统美德。

（2）爱国体现在行动上。

（3）爱国的方式多种多样。

（4）爱国是每一个公民义不容辞的责任。

（5）爱国应该从一点一滴做起。

2. 理论论据

（1）天下兴亡，匹夫有责。

——顾炎武

（2）位卑未敢忘忧国。

——陆游

（3）人生自古谁无死？留取丹心照汗青。

——文天祥

（4）我们爱我们的民族，这是我们自信心的源泉。

——周恩来

（5）我是中国人民的儿子，我深情地爱着我的祖国和人民。

——邓小平

（6）国家是大家的，爱国是每个人的本分。

——陶行知

（7）人类最高的道德是什么？那就是爱国心。

——拿破仑

（8）爱国高于一切。 ——肖邦

3. 事实论据

（1）爱国英雄杨靖宇。

（2）自沉汨罗江的忠魂——屈原。

（3）文天祥与《正气歌》《过零丁洋》。

（4）因为我是中国人（童第周）。

（5）贫贱难移赤子心（数学家苏步青）。

（6）华罗庚毅然回国。

（7）我代表我的祖国（徐悲鸿）。

（8）伟大的爱国者肖邦。

第七单元 情深义重

情是生命的属性。世间没有情感雨露的浇灌便是沙漠、荒芜一片。生活之所以多姿多彩就在于各种情感的演绎，亲情的无怨无悔、友情的志同道合、爱情的浪漫唯美……情深才见生命的意义，情深才现世间的精彩。如果说"情"是感性的、自发的，那么"义"就具有理性的一面。"义"是一种责任的体现，"桃园三结义"为朋友两肋插刀，"一日心期千劫在""然诺重，君须记！"（《金缕曲·赠梁汾》）。义不容辞、义薄云天，当代青年人须谨记国家兴亡匹夫有责。

宴桃园豪杰三结义

罗贯中

罗贯中（1330？—1400？）名本，字贯中，号湖海散人，山西太原人。他生活于元末明初，是著名小说家、戏曲家。据说他是"有志图王"之人，很有政治抱负，曾参与元末农民起义，做过张士诚的幕僚。

《三国演义》是罗贯中根据一定的政治思想、道德观念和美学理想，有选择地借鉴民间流传的丰富多彩的三国故事，参酌《资治通鉴》和《资治通鉴纲目》提供的记事格式和叙事框架，博采陈寿《三国志》与裴松之注以及范晔《后汉书》等史传中的有关材料，加以整合、润色、虚构和想象，用浅近的通俗的语言进行生动传神的演绎、编创而成。它不仅是我国第一部长篇白话历史小说，同时也是一部较早的比较成熟的章回体小说，更是一部对中华民族的精神和性格产生了深远影响的伟大作品。

滚滚长江东逝水，浪花淘尽英雄。是非成败转头空。青山依旧在，几度夕阳红。白发渔樵江渚上[1]，惯看秋月春风。一壶浊酒喜相逢。古今多少事，都付笑谈中。

——调寄《临江仙》[2]

话说天下大势，分久必合，合久必分。周末七国分争，并入于秦。及秦灭之后，楚、汉分争，又并入于汉。汉朝自高祖斩白蛇而起义[3]，一统天下，后来光武中兴，传至献帝[4]，遂分为三国。

推其致乱之由，殆始于桓、灵二帝[5]。桓帝禁锢善类[6]，崇信宦官。及桓帝崩，灵帝即位，大将军窦武、太傅陈蕃共相辅佐。时有宦官曹节等弄权[7]，窦武、陈蕃谋诛之，机事不密，反为所害，中涓自此愈横[8]。

建宁二年四月望日[9]，帝御温德殿。方升座，殿角狂风骤起。只见一条大青蛇，从梁上飞将下来，蟠于椅上。帝惊倒，左右急救入宫，百官俱奔避。须臾，蛇不见了。忽然大雷大雨，加以冰雹，落到半夜方止，坏却房屋无数。建宁四年二月，洛阳地震；又海水泛溢，沿海居民，尽被大浪卷入海中。光和元年[10]，雌鸡化雄。六月朔[11]，黑气十余丈，飞入温雄殿中。秋七月，有虹现于玉堂[12]；五原山岸[13]，尽皆崩裂。种种不祥，非止一端。

帝下诏问群臣以灾异之由，议郎蔡邕上疏[14]，以为蜺堕鸡化[15]，乃妇寺干政之所致[16]，言颇切直。帝览奏叹息，因起更衣。曹节在后窃视，悉宣告左右；遂以他事陷邕于罪，放归田里。后张让、赵忠、封谞、段珪、曹节、侯览、蹇硕、程旷、夏恽、郭胜十人朋比为奸[17]，号为"十常侍"[18]。帝尊信张让，呼为"阿父"。朝政日非，以致天下人心思乱，盗贼蜂起。时巨鹿郡有兄弟三人[19]，一名张角，一名张宝，一名张梁。那张角本是个不第秀才，因入山采药，遇一老人，碧眼童颜，手执藜杖，唤角至一洞中，以天书三卷授之，曰："此名《太平要术》，汝得之，当代天宣化[20]，普救世人；若萌异心，必获恶报。"角拜问姓名。老人曰："吾乃南华老仙也。"言讫，化阵清风而去。角得此书，晓夜攻习，能呼风唤雨，号为"太平道人"。中平元年正月内[21]，疫气流行，张角散施符水，为人治病，自称"大贤良师"。角有徒弟五百余人，云游四方，皆能书符念咒。次后徒众日多，角乃立三十六方，大方万余人，小方六七千，各立渠帅[22]，称为将军；讹言："苍天已死[23]，黄天当立[24]；岁在甲子[25]，天下大吉。"令人各以白土书"甲子"二字于家中大门上。青、幽、徐、冀、荆、扬、兖、豫八州之人，家家侍奉大贤良师张角名字。角遣其党马元义，暗赍金帛，结交中涓封谞，以为内应。角与二弟商议曰："至难得者，民心也。今民心已顺，若不乘势取天下，诚为可惜。"遂一面私造黄旗，约期举事；一面使弟子唐周，驰书报封谞。唐周乃径赴省中告变[26]。帝召大将军何进调兵擒马元义，斩之；次收封谞等一干人下狱。

张角闻知事露，星夜举兵，自称"天公将军"，张宝称"地公将军"，张梁称"人公将军"。申言于众曰[27]："今汉运将终，大圣人出。汝等皆宜顺天从正，以乐太平。"四方百姓，裹黄巾从张角反者四五十万。贼势浩大，官军望风而靡。何进奏帝火速降诏，令各处备御，讨贼立功。一面遣中郎将卢植[28]、皇甫嵩[29]、朱儁[30]，各引精兵、分三路讨之。

且说张角一军，前犯幽州界分。幽州太守刘焉，乃江夏竟陵人氏，汉鲁恭王之后也[31]。当时闻得贼兵将至，召校尉邹靖计议。靖曰："贼兵众，我兵寡，明公宜作速招军应敌。"刘焉然其说[32]，随即出榜招募义兵。

榜文行到涿县[33]，引出涿县中一个英雄。那人不甚好读书；性宽和，寡言语，喜怒不形于色；素有大志，专好结交天下豪杰；生得身长七尺五寸[34]，两耳垂肩，双手过膝，目能自顾其耳，面如冠玉，唇若涂脂；中山靖王刘胜之后[35]，汉景帝阁下玄孙，姓刘，名备，字玄德。昔刘胜之子刘贞，汉武时封涿鹿亭侯，后坐酎金失侯[36]，因此遗这一枝在涿县。玄德祖刘雄，父刘弘。弘曾举孝廉[37]，亦尝作吏，早丧。玄德幼孤，事母至孝；家贫，贩屦织席为业[38]。家住本县楼桑村。其家之东南，有一大桑树，高五丈余，遥望之，童童如车盖[39]。相者云[40]："此家必出贵人。"玄德幼时，与乡中小儿戏于树下，曰："我为天子，当乘此车盖。"叔父刘元起奇其言，曰："此儿非常人也！"因见玄德家贫，常资给之。年十五岁，母使游学，尝师事郑玄[41]、卢植，与公孙瓒等为友[42]。

及刘焉发榜招军时，玄德年已二十八岁矣。当日见了榜文，慨然长叹。随后一人厉声言曰："大丈夫不与国家出力，何故长叹？"玄德回视其人，身长八尺，豹头环眼，燕颔虎须，声若巨雷，势如奔马。玄德见他形貌异常，问其姓名。其人曰："某姓张，名飞，字翼德。世居涿郡，颇有庄田，卖酒屠猪，专好结交天下豪杰。恰才见公看榜而叹，故此相问。"玄德曰："我本汉室宗亲，姓刘，名备。今闻黄巾倡乱，有志欲破贼安民，恨力不能，故长叹耳。"飞曰："吾颇有资财，当招募乡勇，与公同举大事，如何。"玄德甚喜，遂与同入村店中饮酒。

正饮间，见一大汉，推着一辆车子，到店门首歇了，入店坐下，便唤酒保："快斟酒来吃，我待赶入城去投军。"玄德看其人：身长九尺，髯长二尺；面如重枣[43]，唇若涂脂；丹凤眼，卧蚕眉，相貌堂堂，威风凛凛。玄德就邀他同坐，叩其姓名。其人曰："吾姓关，名羽，字长生，后改云长，河东解良人也[44]。因本处势豪倚势凌人，被吾杀了，逃难江湖，五六年矣。今闻此处招军破贼，特来应募。"玄德遂以己志告之，云长大喜。同到张飞庄上，共议大事。飞曰："吾庄后有一桃园，花开正盛；明日当于园中祭告天地，我三人结为兄弟，协力同心，然后可图大事。"玄德、云长齐声应曰："如此甚好。"

次日，于桃园中，备下乌牛白马祭礼等项，三人焚香再拜而说誓曰："念刘备、关羽、张飞，虽然异姓，既结为兄弟，则同心协力，救困扶危；上报国家，下安黎庶。不求同年同月同日生，只愿同年同月同日死。皇天后土[45]，实鉴此心，背义忘恩，天人共戮！"誓毕，拜玄德为兄，关羽次之，张飞为弟。祭罢天地，复宰牛设酒，聚乡中勇士，得三百余人，就桃园中痛饮一醉。

来日收拾军器，但恨无马匹可乘。正思虑间，人报有两个客人，引一伙伴当[46]，赶一群马，投庄上来。玄德曰："此天佑我也！"三人出庄迎接。原来二客乃中山大商[47]：一名张世平，一名苏双，每年往北贩马，近因寇发而回。玄德请二人到庄，置酒管待，诉说欲讨贼安民之意。二客大喜，愿将良马五十匹相送；又赠金银五百两，镔铁一千斤[48]，以资器用。

玄德谢别二客，便命良匠打造双股剑。云长造青龙偃月刀，又名"冷艳锯"，重八十二斤。张飞造丈八点钢矛。各置全身铠甲。共聚乡勇五百余人，来见邹靖。邹靖引见太守刘焉。三人参见毕，各通姓名。玄德说起宗派，刘焉大喜，遂认玄德为侄。

【注释】

【1】渔：打鱼人。樵：砍柴人。江渚（zhǔ）：水中小块陆地。

【2】调寄《临江仙》：此词作者为杨慎。杨慎（1488—1559），明代文学家，字用修，号升庵，新都（今属四川）人。所作《调寄临江仙》是《廿一史弹词》中第三段《说秦汉》的开场词，后毛宗岗父子评刻《三国演义》时将其放在卷首。

【3】自高祖斩白蛇：刘邦做亭长时，往骊山押送劳工，夜中，刘邦喝醉了酒，令一人前行，前行者回报道，前面有一条大蛇阻挡在路上。刘邦勇往直前，挥剑将挡路大白蛇斩为两段，路开通了，走数里，刘邦倒头就睡。有一老妇人在蛇被杀死的地方哭，有人问原因，老妇人说："有人将我子杀死。"又问："何以见得你儿子被杀？""我儿就是化成为蛇的白帝子（代指秦朝），因挡在路上被赤帝子（代指汉朝）所斩。"

【4】献帝：刘协，公元178—220年在位。

【5】殆（dài）：大概，恐怕。桓：指汉桓帝刘志，公元147—167年在位。灵：指汉灵帝刘宏，公元168—189年在位。

【6】善类：好人，指当时反对宦官专权的士大夫。

【7】弄权：不正当地使用权力。

【8】中涓：官名，亦作涓人，后世一般用作宦官之代称。

【9】建宁：汉灵帝年号。望日：天文学上指月亮圆的那一天的白天，通常指夏历每月十五日，有时是十六日或十七日。这里指夏历公元169年4月15日。御温德：汉帝举行朝会大典的地方。

【10】光和元年：光和，汉灵帝年号，指公元178年。

【11】朔（shuò）：夏历的每月初一。

【12】玉堂：汉宫殿名。

【13】五原山岸：五原山，郡名，属并州，治所在今内蒙古包头西北。岸，本指江河湖海等水边的陆地，这里引申为山脚。

【14】议郎：官名，负责顾问应对。蔡邕（yōng）：字伯喈，开封陈留圉人。东汉文学家、书法家，蔡文姬之父。

【15】蜺（ní）堕：古人认为色彩鲜明的内环叫虹，代表雄性。色彩暗淡的外环叫蜺，代表雌性。正常的虹外圈为蜺，内圈为虹。这里所说的"蜺堕"，是指蜺进内圈。鸡化：雌鸡化雄。

【16】妇寺：妇，指皇太后、皇后、皇帝乳母之类。寺，寺人，侍人，指宦官。干政：干预政事。

【17】朋比为奸：坏人勾结在一起干坏事。朋比，依附，互相勾结。

【18】常侍：秦时始置，东汉时由宦官担任，掌管文书和传达诏令，权力极大。

【19】巨鹿郡：今河北宁晋县南。非今天巨鹿县。

【20】宣化：传布君命，教化百姓。

【21】中平：汉灵帝年号。

【22】渠帅：旧时统治阶级称武装反抗者的首领或部落酋长，这里专指太平道各教团组织的首领。

【23】苍天已死：暗示东汉即将灭亡。

【24】黄天当立：指太平道的天下。

【25】甲子：指公元184年。

【26】省中：古代皇帝居处称禁中，政府长官办公的地方叫省中。

【27】申言：郑重地宣告。

【28】中郎将：官名，三国时为四品或五品。卢植：字子干，涿郡涿人，通古今学，为当时大儒。

【29】皇甫嵩：字义真，安定朝那（今甘肃镇原东南）人，东汉末期名将。灵帝时为北地太守。黄巾起义爆发时，任左中郎将，与朱儁率军镇压起义军，后官至太尉，封槐里侯。

【30】朱儁：字公伟，会稽上虞（今属浙江）人，东汉末年和皇甫嵩齐名的名将。被封为西乡侯，后拜右车骑将军，更封钱塘侯。

【31】汉鲁恭王：即刘余，汉景帝之子，封鲁王，谥号"恭"。

【32】然其说：赞同他的意见。然，以为……然，以为……正确。

【33】涿县：幽州涿郡涿县，今河北涿州市。

【34】七尺五寸：古人一尺相当于今天的七八寸。

【35】中山靖王刘胜：刘胜是汉景帝的庶子，被封为中山王，生卒年不详。

【36】坐酎（zhòu）金失侯：刘贞因为所献酎金数量与成色违反规定，而被削去侯爵。坐，因为。酎金，古代诸侯向皇帝交纳的贡金，做祭祀用。

【37】孝廉：孝廉是汉武帝时设立的察举考试科目，孝是指孝顺父母的男子，廉是办事廉正的官吏。汉武帝采纳董仲舒的建议于元光元年（前134）下诏郡国每年察举孝者、廉者各一人。不久，这种察举就通称为举孝廉，并成为汉代察举制中最为重要的岁举科目，是汉代政府官员的重要来源。

【38】贩屦（jù）：古代用麻葛制成的一种鞋。

【39】童童：枝叶茂盛，生气蓬勃。

【40】相者：旧指以相术供职或为业的人。

【41】郑玄（127—200），字康，北海高密（今山东高密）人，经学大师，博古通今、精于天文历算。

【42】公孙瓒：字伯珪，辽西令支（今河北迁安）人。东汉末年献帝年间占据幽州一

带的军阀。

【43】重枣：赭红色。

【44】解良：今山西解县。

【45】皇天后土：指天地，旧时迷信天地能主持公道、主宰万物。皇天，古代称天。后土，古代称地。

【46】伴当（dàng）：旧指陪同主人出门的仆从，后也泛指同伴。

【47】中山：冀州中山国，治卢奴，今河北定州市。

【48】镔（bīn）：精炼的铁。

【点评】

《宴桃园豪杰三结义》出现在《三国演义》第一回。主要写刘玄德、关云长、张翼德三人的桃园结义事件，自此逐一推出书中的主要人物，为三分天下埋下伏笔。桃园三结义，三个偶遇大汉以兄弟相称，举酒而跪，誓言："不求同年同月生，但求同年同月同日死。"他们的结义不是为了个人私利，而是为了上报国家、下安黎庶的理想。在以后的惊涛骇浪中，三人始终不离不弃，生死相托，全凭一个"义"字。刘、关、张出身社会下层，无所依凭，能够成立蜀国，也全凭一个"义"字。"义"是以后他们赖以同生死的精神支柱，也是作者宣扬的品德。

本文出现的人物众多，作者以线串珍珠之法，用一个人物带出另一个人物，使故事情节环环相扣，头绪众多而线索分明。作者以东汉宦官专权引出黄巾之乱，以黄巾之乱引出鲁恭王之后刘焉，由刘焉引出中山靖王之后刘备，并强调刘备血缘的正统，由刘备看榜引出张飞，再由刘备与张飞村店中饮酒引出关羽。至此，刘、关、张桃园三结义，水到渠成。且作者百忙之中又插入刘备小传，暗示刘备必成大器，也奠定了拥刘贬曹的基调。故事的敷演采用古白话，描写生动形象，活灵活现，人物性格鲜明。

【思考探究】

1. 巨鹿郡张角同姓三兄弟与刘、关、张三异姓结拜兄弟有何不同之处？

2. 作者对刘、关、张出场时的外貌描写与各自性格有何联系？

3. 刘、关、张赖以结义的共同基础是什么？我们从这里可以看出作者的什么政治倾向？

4. 这篇文章出场的人物众多，可是却多而不乱，请问作者是运用什么艺术手法来安排人物的？

鹧鸪天[1]

贺 铸

贺铸（1052—1125），字方回，号庆湖遗老，祖籍山阴（今浙江绍兴），生于卫州（今河南卫辉市），北宋著名词人。

贺铸是宋太祖贺皇后五世族孙，17岁赴京，授右班殿直，此后20年辗转各地任低级武职，抑郁不得志。元祐时改文职，为通直郎，曾通判泗州、太平州，晚年定居苏州。

贺铸诗、词、文兼善，尤长于词。其词风斑斓多彩、刚柔相济、辞采绮丽、音律谐美。贺铸又喜炼字，善于融化晚唐人诗句入词，有《东山词》传世。

重过阊门万事非[2]，同来何事不同归[3]？梧桐半死清霜后[4]，头白鸳鸯失伴飞。
原上草，露初晞[5]，旧栖新垅两依依[6]。空床卧听南窗雨，谁复挑灯夜补衣？

【注释】

【1】鹧鸪天：词牌名。此词是宋徽宗建中靖国元年（1101）作者重过苏州时悼念亡妻所作。贺铸妻赵氏，为宋宗室济国公赵克彰之女。

【2】阊门：即阊阖门，苏州城西门，此处指苏州。

【3】何事：为什么。

【4】梧桐半死：据说用半死半生的梧桐树根制琴，其声最悲，见枚乘《七发》。作者用来比喻丧偶之痛。清霜后：秋天，此指年老。

【5】"原上草"二句：形容人生短促，如草上露水易干。语出乐府古辞《薤露》："薤上露，何易晞！露晞明朝更复落，人死一去何时归？"晞（xī）：干。

【6】旧栖：旧居。指生者住所。新垅：新坟。指死者葬所。

【点评】

贺铸年近五十时曾闲居苏州三年，其间妻子亡故。贺铸伉俪长期相濡以沫，甘苦共尝，痛定思痛，写下了这首情真意切、哀伤动人的悼亡词。

这首词在艺术构思上最突出之处，是将生者与死者合写，词笔始终关合自己与妻子双方。说到自己痛悼，即提及妻子对自己的情谊；说到妻子新亡，又想到自己的孤寂。这是以夫妻间情感的交融、生命的协调为基础的，"旧栖新垅两依依"，正显示了夫妻感情已超越时空，超越生死，融成了难以分割的整体。

在表现手法上，此词将赋、比、兴结合，三者参酌运用，丰富了情感表现的手段，增强了艺术感染力。所谓赋，在这里指直抒胸臆，尽情倾泻。如开头的"重过阊门万事非，同来何事不同归"问得无理，然而有情；结末两句，将往昔爱妻挑灯补衣，与如今自己空床辗转相映照，倾吐了深切的哀思。词中还借物喻人，以"清霜""头白"喻年老，以"梧桐半死""鸳鸯失伴"喻丧偶，既形象又贴切。"原上草"两句，亦比亦兴，既是以草上露干比喻妻子新丧，又以青草离离的荒郊景象引启下面的"旧栖""新垅"，烘染了凄凉气氛。

词中两次用反诘句，如峰峦突兀而起，把情感推向高潮，是全篇最动人心魂之处。

【思考探究】

1. 这首词是如何关合生者与死者双方来抒发感情的？
2. 具体说明词中赋、比、兴三种表现手法的结合运用。
3. 说出词中所用比喻的含义。

【辑评】

此词最有骨，最耐人寻味。

方回词，儿女、英雄兼而有之。

结二语清而有骨，亦有味。（清·陈廷焯《云韶集》卷三）

悲惋于直截处见之，当是悼亡作。（清·陈廷焯《词则·别调集》卷一）

此在悼亡词中情文相生，等于孙楚。"鸳鸯"句与潘安仁诗"如彼翰林鸟，双飞一朝只"正同。下阕从"新垅""旧栖"见意。"原上草"二句，悲"新垅"也。"空床"二句，悲"旧栖"也。（近代，俞陛云《宋词选释》）

【相关链接】

江城子·乙卯正月二十日夜记梦

苏 轼

十年生死两茫茫。不思量。自难忘。千里孤坟，无处话凄凉。纵使相逢应不识，尘满面，鬓如霜。

夜来幽梦忽还乡。小轩窗。正梳妆。相顾无言，惟有泪千行。料得年年肠断处，明月夜，短松冈。

《钗头凤》二首

陆 游 唐 琬

陆游（1125—1210），字务观，中年自号放翁，越州山阴（今浙江省绍兴）人，南宋杰出爱国诗人、词人。少年时即受家庭中爱国思想熏陶，高宗时应礼部试，为秦桧所黜。中年入蜀，投身军旅生活，官至宝谟阁待制。陆游诗、词、文皆长，尤以诗歌成就最高，今存九千多首，内容极为丰富。其诗有的抒发政治抱负，反映人民疾苦，风格雄浑豪放；有的抒写日常生活，也多清新之作。诗风兼有李白、杜甫之长，基本特征是现实主义，也具有浓厚的浪漫主义色彩。陆游词虽不多，但无论创作理念，还是创作风格，都形成了自己的特色，或清丽缠绵、情致深婉，或慷慨雄浑、激情悲愤，或寓意深刻、苍凉旷远。其词作数量不如诗篇，但与诗都同样贯穿了气吞残虏的爱国主义精神。陆游著述颇丰，有《剑南诗稿》《渭南文集》《南唐书》《老学庵笔记》等传世。

唐琬，字蕙仙，生卒年月不详。陆游的表妹，陆游母舅唐诚女儿，自幼文静灵秀、才华横溢。陆家曾以一只精美无比的家传凤钗作信物，与唐家定亲。陆游20岁（绍兴十四年）与唐琬结合。不料唐琬与陆游的亲密感情，被陆母认为唐琬把儿子的前程耽误殆尽，遂命陆游休了唐琬。陆游曾另筑别院安置唐琬，其母察觉后，命陆游另娶一位温顺本分的王氏女为妻。唐琬尔后由家人做主嫁给了皇家后裔同郡士人赵士程。1155年（绍兴二十年），礼部会试失利后陆游到沈园去游玩，偶然遇见了唐琬，两个人都非常难过。游感伤地在墙上题了一首词《钗头凤·红酥手》。1156年，唐琬再次来到沈园瞥见陆游的题词，不由得感慨万千，于是和了一阕《钗头凤·世情薄》，随后不久便抑郁而终。

钗头凤
陆 游

红酥手[1]，黄滕酒[2]，满城春色宫墙柳[3]。东风恶，欢情薄。一怀愁绪，几年离索[4]。错，错，错！

春如旧，人空瘦，泪痕红浥鲛绡透[5]。桃花落，闲池阁，山盟虽在，锦书难托[6]。莫，莫，莫！

【注释】

【1】红酥：红润而软腻。

【2】 黄縢酒：一作黄藤酒，宋时官酒上以黄纸封口，又称黄封酒。

【3】 宫墙：山阴为古越国都城，又曾为宋高宗时行都，故称沈园之墙为宫墙。

【4】 离索：离群索居，分离也。

【5】 浥（yì）：沾湿。鲛绡：传说鲛人织绡，极薄，后以泛指薄纱。鲛，神话传说中生活在海中的人，其泪珠能变成珍珠。亦作"蛟人"。

【6】 锦书：书信。难托：难以寄出。

钗头凤
唐　琬

世情薄，人情恶，雨送黄昏花易落。晓风干，泪痕残，欲笺心事[1]，独语斜栏。难，难，难！

人成各，今非昨，病魂常似秋千索。角声寒[2]，夜阑珊[3]，怕人寻问，咽泪装欢。瞒，瞒，瞒！

 【注释】

【1】 笺：写，诉说。

【2】 角：号角，古人吹角以为昏明之节。寒：凄凉幽怨。

【3】 阑珊：残，将尽。

 【点评】

陆游的这首词始终围绕着沈园这一特定的空间来安排自己的笔墨，上片由追昔到抚今，而以"东风恶"转折；过片回到现实，以"春如旧"与上片"满城春色"句相呼应，以"桃花落，闲池阁"与上片"东风恶"句相照应，把同一空间不同时间的情事和场景历历如绘地叠映出来。全词多用对比的手法，如上片，越是把往昔夫妻共同生活时的美好情景写得逼切如现，就越使得他们被迫离异后的凄楚心境深切可感，也就越显出"东风"的无情和可憎，从而形成感情的强烈对比。再如上片写"红酥手"，下片写"人空瘦"，在形象、鲜明的对比中，充分地表现出"几年离索"给唐氏带来的巨大精神折磨和痛苦。全词节奏急促、声情凄紧，再加上"错，错，错"和"莫，莫，莫"先后两次感叹，荡气回肠，大有恸不忍言、恸不能言的情致。总而言之，这首词达到了内容和形式的完美统一，是一首别开生面、催人泪下的作品。

唐琬的《钗头凤》，是对陆游所作的《钗头凤》词的呼应。陆游原词把眼前景、现在事融为一体，又灌之以悔恨交加的心情，着力描绘出一幅凄怆酸楚的感情画面，故颇能以特有的声情见称于后世。而唐琬则不同，她的处境比陆游更悲惨。她只是把自己所遭受的愁苦真切地写出来，本词纯属自怨自泣、独言独语的感情倾诉，主要以缠绵执着的感情和悲惨的遭遇感动古今。在唐琬看来，世道人情是那样的险恶，一条封建礼法就把她和陆游这对恩爱夫妻活活拆散。遭受打击的她犹如风雨黄昏中的残花。满腹心事无处诉说，只能忍受无奈和痛恨。此时的唐琬，犹如秋千架上的绳索，飘飘荡荡，无法把握自己的命运。而更为不幸的是，改嫁后，连表达的自由也没有了。长夜无眠，角声凄凉，欲诉痛苦而不得，只能强作颜笑。

 【思考探究】

    1. 仔细体会"东风恶，欢情薄。一怀愁绪，几年离索。错，错，错！"所含的两重意蕴。

    2. 两首《钗头凤》的艺术特点有何不同？

    3. 《钗头凤·世情薄》塑造了一个什么样的女子形象？

 【相关链接】

沈园二首

陆 游

一

城上斜阳画角哀，沈园非复旧池台。

伤心桥下春波绿，曾是惊鸿照影来。

二

梦断香消四十年，沈园柳老不吹绵。

此身行作稽山土，犹吊遗踪一泫然。

金缕曲·赠梁汾[1]

纳兰性德

纳兰性德（1655-1685），原名成德，字容若，号楞伽山人，满州正黄旗人。其父纳兰明珠位极人臣，权倾朝野。他于康熙十五年（1676年）考中进士，官至一等侍卫，但无意功名，酷爱读书，多结交名士。纳兰性德很有文学天赋，诗文俱佳，而尤以词作著称，与陈维崧、朱彝尊并称"清初三大家"。可惜英年早逝，有《通志堂集》《纳兰词》等传世。

德也狂生耳。偶然间、缁尘京国[2]，乌衣门第[3]。有酒惟浇赵州土[4]，谁会成生此意[5]？不信道、遂成知己。青眼高歌俱未老[6]，向樽前、拭尽英雄泪。君不见，月如水。

共君此夜须沉醉。且由他、蛾眉谣诼[7]，古今同忌。身世悠悠何足问，冷笑置之而已。寻思起、从头翻悔。一日心期千劫在[8]，后身缘、恐结他生里[9]。然诺重，君须记。

【注释】

【1】梁汾：纳兰性德好友顾贞观。顾贞观（1637—1714），字华峰，号梁汾，无锡人，以高标格、重义气著称。

【2】缁（zī）尘：黑色尘土，比喻名利场的污染。

【3】乌衣门第：东晋王、谢两族居住在建康（今南京）乌衣巷，故后世以乌衣门第代指贵族门第。

【4】有酒句：此引用李贺《浩歌》中的诗句"买丝绣作平原君，有酒唯浇赵州土。"赵州土：指平原君的坟墓，平原君有礼贤下士的美名。

【5】成生：纳兰性德自称，因其原名成德。

【6】青眼：表示敬意。魏晋时阮籍对鄙俗之人用白眼，对知交则以青眼相对。

【7】"蛾眉"句：语出《离骚》："众女嫉余之蛾眉兮，谣诼谓余以善淫。"

【8】心期：彼此深切了解。千劫：佛教用语，极言时间之长、变化之大。

【9】后身缘：迷信说法，转世再生时重逢的缘分。

【点评】

作者鄙视名利场而喜欢结交饱学超俗之士，与顾贞观交情最深。顾仕途失意，只任过秘书院典籍的微职，但作者把他视为知己，不仅平等相待，而且在他以及他的友人遇到麻烦时都是尽力帮助。如顾的好友吴汉槎获罪流放，顾填词寄怀，纳兰读后深受感动，设法将吴救回，此事成为广为流传的士林佳话。从中足见二人的友谊和作者对朋友的云天高义。

这首词作于二人订交之初，表现出作者乍逢知音的狂喜、豪情与深慨。

纳兰性德本是写情高手，以"缠绵婉约""哀感顽艳"著称，而此作风格迥异，在他的全部作品中当属"另类"。这首词的突出特点是情感直露、奔放，使一个"狂生"的形象跃然纸上，可谓"狂态可掬"。不过，直露却不浅薄，究其原因有三：第一，眼界高，气势足，大有睥睨一世之概；其二，善用顿挫，如上片由开篇的"狂生"转入"谁会"的落寞，再转为"青眼高歌"的昂扬，继而跌入"英雄泪"的感慨，最后以"月如水"宕开一笔，一气贯穿而又跌宕有致；其三，用典恰切，读者由典故自然联想到屈原、阮籍、李贺和平原君，从而使作品表达的人生态度具有了历史厚重感。

 【思考探究】

1. 具体分析这首词表达情感直露而不浅薄的特点。
2. 说一说词中几处用典的含义及作用。

 【辑评】

顾梁汾与成容若友善，容若专工小令，慢词间一为之。惟题梁汾杼香小影"德也狂生耳"一首，最为佚宕。(清·郭唐《灵芬馆词话》卷二)

顾梁汾舍人，风神俊朗，大似过江人物。无锡严荪友诗："曈曈晓日凤城开，才是仙郎下直回。绛蜡未消封诏罢，满身清露落宫槐。"其标格如许。画《侧帽投壶图》，长白成容若题《贺新凉》一阕于上云云。词旨嵚崎磊落，不啻坡老、稼轩，都下竞相传写。于是教坊歌曲间，无不有《侧帽词》者。(清·彭孙通《词藻》卷三)

纳兰容若成德，深于情者也，固不必刻画《花间》，俎豆《兰畹》，而一声《河满》，辄令人怅惘欲涕。情致与《弹指》最近，故两人遂成莫逆。读两家短调，觉阮亭脱胎温李，犹费拟议。其中赠寄梁汾《贺新凉》《大酬》诸阕，念念以来生相订交，情至此，非金石所能比坚。(清·谢章铤《赌棋山庄词话》卷七)

背　影

三　毛

　　三毛（1943—1991），原名陈懋平。1974年以笔名"三毛"在《联合报》发表作品《中国饭店》引起关注。第一部散文集《撒哈拉的故事》在1976年5月出版。自此以后，三毛先后出版了作品集：《雨季不再来》《哭泣的骆驼》《温柔的夜》《背影》《梦里花落知多少》《万水千山走遍》《送你一匹马》《倾城》以及剧本《滚滚红尘》等。

　　那些日子，夜间总是跟着父母亲在家里度过，不断有朋友来探望我，我说着西班牙话，父母便退到卧室里去。窗外的海，白日里平静无波，在夜间一轮明月的照耀下，将这拿走荷西生命的海洋爱抚得更是温柔。

　　父亲、母亲与我，在分别了十二年之后的第一个中秋节，便是那样度过了。

　　讲好那天是早晨十点钟去拿十字架和木栅栏的，出门时没见到母亲。父亲好似没有吃早饭，厨房里清清冷冷的，他背着我站在阳台上，所能见到的，也只是那逃也逃不掉的海洋。

　　"爹爹，我出去了。"我在他身后低低地说。

　　"要不要陪你去？今天去做哪些事情？爹爹姆妈语言不通，什么忙也帮不上你。"

　　听见父亲那么痛惜的话，我几乎想请他跟我一起出门，虽然他的确是不能说西班牙话，可是如果我要他陪，他心里会好过得多。

　　"哪里，是我对不起你们，发生这样的事情……"话再也说不下去了，我开了门便很快地走了。

　　不敢告诉父亲说我不请工人自己要去做坟的事，怕他拼了命也要跟着我同去。

　　要一个人去搬那个对我来说还是太重的十字架和木栅栏，要用手指再一次去挖那片埋着荷西的黄土，喜欢自己去筑他永久的寝园，甘心自己用手，用大石块，去挖，去钉，去围，替荷西做这世上最后的一件事情。

　　那天的风特别大，拍散在车道旁边堤防上的浪花飞溅得好似天高。

　　我缓缓地开着车子，堤防对面的人行道上也沾满了风吹过去的海水，突然，在那一排排被海风蚀剥得几乎成了骨灰色的老木房子前面[1]，我看见了在风里，水雾里，踽踽独行的母亲。

　　那时人行道上除了母亲之外空无人迹，天气不好，熟路的人不会走这条堤防边的大道。

　　母亲腋下紧紧地夹着她的皮包，双手重沉沉地各提了两个很大的超级市场的口袋，那些东西是这么重，使得母亲快蹲下去了般弯着小腿在慢慢一步又一步地拖着。

她的头发在大风里翻飞着，有时候吹上来盖住了她的眼睛，可是她手上有那么多的东西，几乎没有一点法子拂去她脸上的乱发。

眼前孤零零在走着的妇人会是我的母亲吗？会是那个在不久以前还穿着大红衬衫跟着荷西与我像孩子似的采野果子的妈妈？是那个同样的妈妈？为什么她变了，为什么这明明是她又实在不是她了？

这个憔悴而沉默妇人的身体，不必说一句话，便河也似的奔流出来了她自己的灵魂，在她的里面，多么深的悲伤、委屈，顺命和眼泪像一本摊开的故事书，向人诉说了个明明白白。

可是她手里牢牢地提着她的那几个大口袋，怎么样的打击好似也提得动它们，不会放下来。

我赶快停了车向她跑过去："姆妈，你去哪里了，怎么不叫我？"

"去买菜啊！"母亲没事似的回答着。

"我拿着超级市场的空口袋，走到差不多觉得要到了的地方，就指着口袋上的字问人，自然有人会拉着我的手带我到菜场门口，回来自己就可以了，以前荷西跟你不是开车送过我好多次吗？"母亲仍然和蔼地说着。

想到母亲是在台北住了半生也还弄不清街道的人，现在居然一个人在异乡异地拿着口袋到处打手势问人菜市场的路，回公寓又不晓得走小街，任凭堤防上的浪花飞溅着她，我看见她的样子，自责得恨不能自己死去。

荷西去了的这些日子，我完完全全将父母亲忘了，自私的哀伤将我弄得死去活来，竟不知父母还在身边，竟忘了他们也痛，竟没有想到，他们的世界因为没有我语言的媒介已经完全封闭了起来，当然，他们日用品的缺乏更不在我的心思里了。

是不是这一阵父母亲也没有吃过什么？为什么我没有想到过？

只记得荷西的家属赶来参加葬礼过后的那几小时，我被打了镇静剂躺在床上，药性没有用，仍然在喊荷西回来，荷西回来！父亲在当时也快崩溃了，只有母亲，她不进来理我，她将我交给我眼泪汪汪的好朋友格劳丽亚，因为她是医生。我记得那一天，厨房里有油锅的声音，我事后知道母亲发着抖撑着用一个小平底锅在一次一次地炒蛋炒饭，给我的婆婆和荷西的哥哥姐姐们开饭，而那些家属，哭号一阵，吃一阵，然后赶着上街去抢购了一些岛上免税的烟酒和手表、相机，匆匆忙忙地登机而去，包括做母亲的，都没有忘记买了新表才走。

以后呢？以后的日子，再没有听见厨房里有炒菜的声音了。为什么那么安静了呢？好像也没有看见父母吃什么。"姆妈上车来，东西太重了，我送你回去。"我的声音哽住了。

"不要，你去办事情，我可以走。"

"不许走，东西太重。"我上去抢她的重口袋。"你去镇上做什么？"妈妈问我。

我不敢说是去做坟，怕她要跟。

"有事要做，你先上来嘛！"

"有事就快去做，我们语言不通不能帮上一点点忙，看你这么东跑西跑连哭的时间也没有，你以为做大人的心里不难过？你看你，自己嘴唇都裂开了，还在争这几个又不重的袋子。"她这些话一讲，眼睛便湿透了。

母亲也不再说了，怕我追她似的加快了步子，大风里几乎开始跑起来。

我又跑上去抢母亲袋子里沉得不堪的一瓶瓶矿泉水，她叫了起来："你脊椎骨不好，快放手。"

这时，我的心脏不争气地狂跳起来，又不能通畅地呼吸了，肋骨边针尖似的刺痛又来了，我放了母亲，自己慢慢地走回车上去，趴在驾驶盘上，这才将手赶快压住了痛的地方。等我稍稍喘过气来，母亲已经走远了。

我坐在车里，车子斜斜地就停在街心，后望镜里，还是看得见母亲的背影，她的双手，被那些东西拖得好似要掉到地上，可是她仍是一步又一步地在那里走下去。

母亲踏着的青石板，是一片又一片碎掉的心，她几乎步伐踉跄了，可是手上的重担却不肯放下来交给我，我知道，只要我活着一天，她便不肯委屈我一秒。

回忆到这儿，我突然热泪如倾，爱到底是什么东西，为什么那么辛酸那么苦痛，只要还能握住它，到死还是不肯放弃，到死也是甘心。

父亲，母亲，这一次，孩子又重重地伤害了你们，不是前不久才说过，再也不伤你们了，这么守诺言的我，却是又一次失信于你们，虽然当时我应该坚强些的，可是我没有做到。

守望的天使啊！你们万里迢迢地飞去了北非，原来冥冥中又去保护了我，你们那双老硬的翅膀什么时候才可以休息？

终于有泪了。那么我还不是行尸走肉，父亲，母亲，你们此时正在安睡，那么让我悄悄地尽情地流一次泪吧。

孩子真情流露的时候，好似总是背着你们。你们向我显明最深的爱的时候，也好似恰巧都是一次又一次的背影。什么时候，我们能够面对面地看一眼，不再隐藏彼此，也不只在文章里偷偷地写出来，什么时候我才肯明明白白地将这份真诚在我们有限的生命里向你们交代得清清楚楚呢。

 【注释】

【1】蚀剥：剥落。

 【点评】

作家贾平凹这样评价三毛和她的作品："年轻的坚强而又孤独的三毛对于大陆年轻人的魅力，任何局外人做任何想象来估价都是不过分的。"

本文节选自三毛散文《背影》。

《背影》里，三毛刻画的是荷西过世后父母到加纳利岛陪伴她时的情景。当时，三毛处于一种极度悲伤的境地，而忽视了近在眼下的父母亲。她有一天无意中看见了母亲孤身到菜市场买日用品走在沿海堤防上的背影。年已花甲的母亲孤零零地行走于异国的土地上，心中担心着女儿，却又无处诉说，只能尽力做一些事，想减轻女儿的包袱，给人一种沁人肺腑的悲凉之感。文中三毛以母亲的背影，作为抒情突破口，运用白描的手法，以朴实的文字，向读者展示了母亲脆弱、孤单的背影，表露着三毛作为女儿，对年老双亲所承受的苦难抱以的悔恨以及对他们的爱的感动。

【思考探究】

1. 文中两次写了母亲的背影，每一次写到背影表达作者怎样的思想感情？

2. "孩子真情流露的时候，好似总是背着你们。你们向我显明最深的爱的时候，也好似恰巧都是一次又一次的背影。"谈谈你对这两句话的理解。

3. 你的父母也一定有特殊的影像留在你的脑海，请和同学们一起分享。

【相关链接】

三毛妈妈的一封信

三毛，我亲爱的女儿：

我的女儿，在逝去的岁月中，虽有太多的坎坷，但我们已用尽爱的金线，一针一针经纬地织补起来，希望父母的巧手神工能织得像当初上帝赐给你的一样，天衣无缝，重度你快乐健康的人生。孩子，请接受父母的祝福和祈祷，愿主赐恩。

你车祸的消息，一直等你出院后，你姐姐才告诉我们（瞒得好紧）。当时我脑中一片茫然，整个世界仿佛都在旋转，泪含满眶，默默无语，心碎片片，千水万山，无法亲临照顾。孩子，你怕我们伤心难受，教姐姐慢慢再讲，这是你的孝心，但你可想到，我们知道了一样地神伤，担忧焦急，一直到收到你的录音带与照片后，仍未能释然。看到你消瘦无力的样子，更耿耿于怀；每次午夜梦回，你可曾听到母亲依依的呼唤？天涯海角，不论离我们有多么遥远，我们的心灵总是彼此相通。尤其是你父亲，是你一生中最大的凭依。前一阵他患眼疾，视力衰退，你每信都殷殷问候，思亲之情，隐于字间，读后常使我们泫然泪下，思念更深。最近虽然你没有提及任何不妥，但在家信中常感觉到你又在病中。

撒哈拉的一段生活，使你亏损太多，等荷西找到了新的工作，安顿好家，快快地回来吧，让我们好好地看看久别的女儿，是否依旧神采飘逸。

夜已很深，春天的夜晚仍有寒意，请为父母多披上一件外衣，珍重复珍重。千言万言，难诉尽母亲的心语。我的女儿，愿你快乐健康！

顺祝：

平安！

母示

一九七六年四月一日午夜

（标题由编者拟定，略有删节）

第七单元　情深义重

论友谊（节选）

蒙　田

米歇尔·埃凯姆·蒙田（1533—1592），文艺复兴时期法国重要的人文主义思想家、散文家。

蒙田的写作，用他自己的话说纯属"闲话家常，抒写情怀"。在代表作《蒙田随笔全集》中，日常生活、传统风俗、人生哲理等无所不谈，特别是旁征博引了许多古希腊罗马作家的论述。书中，作者还对自己做了大量的描写与剖析，使人读来有娓娓而谈的亲切之感，增加了作品的文学趣味。《蒙田随笔全集》是16世纪各种思潮和各种知识经过分析的总汇，有"生活的哲学"之美称，书中语言平易通畅，不事雕饰，在法国散文史上占有重要地位，开创了随笔式作品之先河。

我们喜欢交友胜过其他一切，这可能是我们的本性所使然。亚里士多德说，好的立法者对友谊比公正更关心。然而，友谊形色色，通常靠欲望或利益、公众需要或私人需要来建立维持；友谊越是掺入本身以外的其他原因、目的和利益，就越不美丽高贵，越无友谊可言。

自古就有四种友谊：血缘的、社交的、待客的和男女情爱的。它们无论单独的或是联合起来，都不符合我所谈的友谊。

子女对于父亲，更多的是尊敬。友谊需要交流，父子之间太不平等，不可能有这种交流；友谊可能会伤害父子间天然的义务。父亲心里的秘密不可能告诉孩子，怕孩子对父亲过于随便而有失体统；孩子也不可能向父亲提意见，纠正父亲的错误，这却是友谊的一个最重要职责。

若将对女人的爱情同友谊做比较，尽管爱情来自我们的选择，也不可能放到友谊的位置上。我承认，爱情之火更活跃，更激烈，更灼热。但爱情是一种朝三暮四、变化无常的情感，它狂热冲动，时高时低，它忽冷忽热，把我们系于一发之上。而友谊是一种普遍和通用的热情，它平和稳健、冷静沉着，经久不变，它愉快而高雅，丝毫不会让人难过和痛苦。再者，爱情不过是一种疯狂的欲望，越是躲避的东西越要追求。

爱情一旦进入友谊阶段，也就是进入意愿相投的阶段，它就会衰弱和消逝。爱情是以身体的快感为目的，一旦享有了，就不复存在。相反，友谊越被人向往，就越被人享有，友谊在获得以后才会升华、增长和发展，因为它是精神上的，心灵会随之净化。

至于婚姻，那是一场交易。唯有进去是自由的（其期限是强制性的，取决于我们意愿以外的东西），通常是为了别的目的才进行这场交易的，此外，还要清理千百种不相干的复杂纠纷，它们足以导致关系破裂和扰乱强烈的感情。而友谊只跟它自身相关，不涉及其他交易。

通常所谓的朋友和友谊，只是指由心灵相通的机遇相联结的频繁交往和亲密关系。在我所谓的友谊中，心灵互相融合，且融合得天衣无缝，再也找不到联结处。若有人逼问我为什么喜欢他，我很感到很难说清楚，只好回答："因为是他，因为是我。"

除了我能论述和阐明的之外，还有一种无法解释和命中注定的力量在促成我和拉博埃西之间的友谊。在尚未谋面之前，就因为别人谈起对方，我们就开始互相寻觅，就超越常理地互相产生了好感。我觉得这是一种天命。我们是通过名字来互相拥抱的。一次偶然的机会，在某次市政重大节日上，我们邂逅，一见如故，相见恨晚。从此，再也没人比我们更接近的了。拉博埃西用拉丁语写了一首杰出的讽刺诗，后来发表了[1]。在诗中，他对我们之间的友谊如此神速地臻于完美做了辩解和说明。我们相识时都已是成人，他比我大几岁[2]，我们的友谊起步较晚，来日不多了，因此不能拖拖拉拉，按部就班，浪费时间，不能像一般人做的那样，小心翼翼，先要进行长期的接触。我们的友谊自成模式，只能参考自己。这不是一种、二种、三种、四种、一千种特别的要素，而是所有这些要素混合在一起说不清道不明的精髓，它攫住了拉博埃西的全部意志，使他的意志浸入并融合在我的意志中，如饥似渴，心心相印。我说的融合，那是千真万确的，我们不再有任何自己的东西，也不清是他的还是我的。

古罗马执政官们在判决提比略·格拉库斯之后[3]，追捕所有和他有来往的人。他最好的朋友凯厄斯·布洛修斯也在此列[4]。莱利乌斯当着罗马执政官的面，问布洛修斯愿意为他的朋友做哪些事，后者回答："一切。"莱利乌斯又问，"什么？一切？要是他命令你放火烧神殿呢？"布洛休斯反驳道："他从没这样命令过。"莱利乌斯又说："假如他下命令呢？"另一个回答："我就服从。"史书上说，如果他真是格拉库斯的挚友，他就不必用最后这一大胆的供认来冒犯执政官，不该放弃他对格拉库斯意志的信任。然而，指责这一回答具有煽动性的人，并不了解这个奥秘，并没有像应该的那样认定他对格拉库斯的意志了如指掌，他俩的友谊是一种力量，也是彼此知根知底的。他们是真正的朋友，而不是一般同胞，不是国家的朋友和敌人，不是热衷于冒险和制造混乱的朋友。他们互相信赖，互相钦慕。你不妨用道德和理性来引导这种依恋的鞍辔（如不这样，就绝不可能牵住缰绳），你就会觉得布洛休斯应该这样回答。如若他们的行动不协调，那么，无论按我的标准还是按他们的标准，他们就不再是朋友了。况且，换了我，我也会这样回答。

不要把一般友谊和我说的友谊混为一谈。我和大家一样，也经历过这种平常的友谊，而且是最完美无缺的，但我劝大家不要把规则混淆了，否则就会搞错。身处一般的友谊中，走路时要握紧缰绳，临深履薄，小心翼翼，随时都要防备破裂。"爱他时要想到有一天要恨他；恨他时要想到有一天会爱他。"奇隆如是说。这一警句，对于我说的那种至高

·203·

无上的友谊而言，是极其可憎的，但对于普通而平常的友谊而言，却是苦口良药。亚里士多德有句至理名言用在后者身上恰如其分："啊，我的朋友，没有一个是朋友。"

利益和效劳可以培育其他友谊，但在我所说的崇高友谊中，这是不屑一提的，因为我们的意志已是水乳交融。必要时，我也会求朋友帮忙，但我们之间的友谊丝毫不会因此而增加，我也不会因为得到了帮助而感到庆幸。因此这样的朋友相结合，才是完美的结合，他们再也不感觉不着义务，对于那些会引起分歧的字眼，如利益、义务、感激、请求、感谢等，他们尤其憎恨，并把它们从他们中间赶走。其实他们之间的一切——愿望、思想、看法、财产、女人、孩子、荣誉和生命——都是共有的，他们行动一致，根据亚里士多德的定义，是两个躯体共有一个灵魂。因而，他们不可能借给或给予对方任何东西。正因为如此，为使婚姻与这神圣的友谊有些臆想的想象，立法者们禁止丈夫和妻子之间立赠予证书，想由此推断一切都应属于夫妻双方，没有任何东西可以分开。

普通的友谊是可以同几个人分享的。你可以喜欢这个人相貌英俊，那个人性格随和或慷慨大方，欣赏这个人有慈父般心肠，那个人有兄弟般情谊，如此等等。但我说的友谊绝对掌握和统治着我们的灵魂，是不可能同第三者分享的。如果两个人同时来要你帮忙，你跑去帮谁？如果他们要你做的事南辕北辙，你把谁放在先，谁置于后？如果他们其中一个人给你讲了件事，要你保守秘密，而另一个人有必要知道，你如何摆脱困境？如果你的友谊是唯一和根本的，那就免除了一切义务。我发誓保守的秘密，我就可以不违背誓言，不会讲给我以外的任何人听。一个人一分为二，那就是相当大的奇迹了；有些人还说可以一分为三，那就是不知天高地厚。大凡相同的，就不再是独一无二了。

古人米南德说[5]，只要能遇见朋友的影子，就算是幸福了。

【注释】

【1】 这首诗由蒙田收进拉博埃西的文集中。

【2】 两人相识时，蒙田25岁，拉博埃西28岁。

【3】 提比略·格拉库斯：（前162—前133），古罗马护民官，试图进行农业改革，把大贵族的土地归还给平民，但未得平民欢迎。他本人在反动贵族掀起的民众暴乱中被杀。

【4】 凯厄斯·布洛修斯：活动期为公元前2世纪，罗马军人，政治家。公元前140年成为执政官。

【5】 米南德：希腊新喜剧诗人。生于雅典，贵族出身。米南德是亚里士多德的吕刻昂学院的继承人泰奥弗拉斯托斯的弟子，米南德写了105部剧本，得过8次奖。古希腊新喜剧只传下米南德的两部完整的剧本《恨世者》《萨摩斯女子》和残剧《公断》《割发》《赫罗斯》《农夫》等。

【点评】

在《论友谊》中蒙田结合自身的经验探讨友谊，把友谊划分为普通友谊和崇高友谊。

普通友谊表现为四种形式，即血缘的、社交的、待客的和男女情爱的，它们总是与世俗的功利目的或需要相联系，友谊本身是手段，是低层次的。而崇高友谊是以真诚为基础的两个品德高尚者的相互吸引，友谊自身即是目的，这种崇高友谊完全排斥世俗功利目的，它是通向人生幸福的桥梁。

为了明确崇高友谊与普通友谊的区别，蒙田对血缘关系和男女情爱形式逐一做了剖析。血缘关系，这些良好关系受到自然法则和社会义务的约束，没有从中升华出崇高友谊。爱情一旦进入友谊的位置，即意愿相投，便会迅速衰弱和消逝。接着，从自己与拉博埃西的真挚友情中升华出对崇高友谊的理性认识。他认为两颗友好心灵的接近、碰撞，需要摆脱自然法则和社会义务的束缚，实现灵活自由的交流。且与普通友谊不同，崇高友谊产生于两人之间，绝对主宰着两个人的灵魂，无法容纳第三个人。

本文语言平易流畅，旁征博引，鉴古知今。行文缜密而不失活泼，结构自由而不失严谨，富有理趣。

 【思考探究】

　　1. 蒙田写这篇文章时，法国刚经历过三十年的宗教战争，谈谈这篇文章给当时的法国人带来的慰藉。

　　2. 文中谈到的血缘关系、男女爱情与作者的崇高友情之间的矛盾，你同意吗？为什么？

 【知识链接七】

议论文

三、论证方法

（一）议论文的论证方式有以下两种：

1. 立论：直接提出并阐明论点的论证方式叫立论。用这种方式写作的议论文被称为"立论文"。

2. 驳论：通过反驳对立的论点来阐明自己的论点的议论方式叫驳论。这类议论文常称为"驳论文"。

（二）常见的论证方法有以下几种：

最基本的论证方法：摆事实、讲道理。

常用论证方法：

1. 比喻论证，其作用是将抽象的道理寓于具体的形象之中，使道理通俗易懂，深入浅出，容易被人接受。

2. 类比论证，通过讲故事、打比方的办法将相类似的两件事进行比较，从而由此及彼，自然地得出新结论的论证方法。它以浅寓深，以近比远，形象鲜明，有很强的说服力。（常有"同样""诸如此类"等词语）

3. 举例论证，用确凿典型的事实来证明论点，事实胜于雄辩，具有很强的说服力。

4. 对比论证，运用正反两方面的事例或道理进行对比，在对比中证明论点，鲜明的对比，正确错误分明，是非曲直明确，给人印象深刻。

5. 引用论证，具有权威性，论证有力。（如引用故事则属于举例论证，如引用名言则属于道理论证。）

6. 引申论证，通过对事理原因或结果的周密分析，层层剖析，从而证明论点的正确性、合理性，精彩深刻。

7. 对比论证，在进行议论文写作前必须牢固掌握议论文的有关知识，认真思考，确立正确的论点，选用典型、新颖并与论点保持一致的论据，运用恰当的论证方式、方法，才能使读者信服你的观点。

四、议论文的结构

传统的模式：如总分式、并列式、递进式、正反式、对比式、归纳式等，下面以《说"思"》作文题目为例，分别加以说明。

（一）总分式

这种结构形式是按照提出问题、分析问题、解决问题的顺序来展开论述的。

1. 学会思考是一个很重要的问题

2. 搞好学习、工作、科研等都需要多思考

3. 要养成善于思考的习惯

（二）并列式

先提出总论点，然后并列地从几个方面分别对总论点加以论述，即论述部分是由并列的几个分论点的论述组成的。

提出论点后，从正反两个方面进行论证。任何一个论点，既可以从正面论述，又可以从反面论述；把两方面结合起来，说明才更透彻。有些论点可侧重从正面论述，结合进行反面论述；有些论点可侧重反面论述，结合进行正面论述。

1. 要提倡多动脑筋

2. 多动脑筋的重要

3. 不动脑筋的危害

（三）对比式

通过对比来论证论点。对比有正与反的对比，现在和过去的对比，这一事物与另一事物的对比，同一事物各个不同发展阶段的对比，等等。对比可以使观点更为鲜明。

1. 生活中的两种人：勤于动脑的人；懒于动脑的人。

2. 不同态度的不同结果

3. 不同态度的不同思想根源

4. 应学习第一种态度，做勤于思考的人

（四）归纳式

先摆出一系列能说明总论点的事实，然后归纳得出总论点。归纳式往往用于段落里对某个观点的论证，而用作全文结构形式的较少，一般与其他形式结合使用。

1. 牛顿从观察苹果落地到发现万有引力定律

2. 瓦特从观察烧开水到发明蒸汽机

3. 马克思从观察商品交换到发表剩余价值学说

4. 凡事必须多动脑

五、写作基本模式：

"立论—入据—结承—选据—归纳"。

第一步：立论。即在文章开篇首先明确提出论点，给人以论点鲜明的印象。当然，也可以说明论证的背景、缘由等有关前提，通过简单引述，提出论点。

第二步：入据。即在上面提出论点后，第一次进入用论据阐述。这一步定位的论据最好选用史实，一般应是较古老的历史论据。有时可以是寓言、传说、历史掌故、名人逸闻逸事等。

第三步：结承。即在第二步阐述论据的基础上，进行简要分析，指出其具有的一般意义，进行小结。在此基础上，要随之联系现实生活，对论点加以阐述，承上启下，为下一步论证做准备。

第四步：选据。即在上文小结承转之后，再一次运用现实生活中的事例做论据，进行论证。选用的事例要新，最好是当前媒体中新出现的典型事例。这些论据实际上与第二步中的历史论据形成推进和选加的关系，故称之为"选据"。这样，一古一今，一旧一新，选择的论据，角度有变化，为论点提供了扎实有效的证明事例。

第五步：归纳。在前面双重的事实论据论证的基础上，进行综合分析，以进一步揭示论点在当代的现实意义，或者提出解决问题的思路和方法，对全文加以总结。

这种模式，易于掌握，可操作性强，比较适合考场作文。因为它有如下优点：

1. 思路清晰，阅卷老师，一看即明。

2. 逻辑严密。五步模式，环环相扣，一气呵成，无啰唆拖沓之嫌。

3. 论据充实，论证充分。有效地克服了写议论文内容空乏的毛病。

4. 在考场上容易理清头绪，保持清醒的头脑。只要平时掌握了这种思维模式，考场上就不会手忙脚乱而影响水平的正常发挥。

（一）下面看一篇例文，仔细体会写作要领。

还是淡泊宁静些好

"非淡泊无以明志，非宁静无以致远。"自从诸葛亮在他的《诫子书》中讲过这话以后，经过一千余年岁月的沉淀，已凝固成一句著名的箴言而被许多人奉为座右铭。恐怕这足以说明，这句话所包含的人生意味该是多么隽永深长；淡泊宁静，该是多么令人崇尚的美德。

此为第一步：立论。是直接提出抽象认识的过程。

在我国历史上，能做到淡泊宁静的志士仁人并不鲜见。博于学而精于思的庄周，曾因贫困贷米度日；楚庄王闻其才名，用厚币礼聘，许以为相，庄周却表示宁为"孤豚"，不为"牺牛"，将做官视同被宰杀而献祭的牛，甘愿清心寡欲，终于成为一代宗师。诸葛亮少时不求闻达，躬耕于南阳，遍读诸子百家；因为通阴阳，晓八卦；仰知天文，俯察地理；定国安民，用兵施政之道，无不了然于胸，终成一代名相。

第二步：入据。列举历史论据，这是从抽象到具体的过程。

从上面的例子可以看出，淡泊宁静，对于我国古代志士仁人来说，乃是一种修身立世所追求的境界，一种恒定志向、获取成功的路径，一种于扰攘红尘中保持独立人格的自重和高洁。因此，作为一种美德，才世世代代被人广为称颂。

今天，我们生活在一个巨变的时代，市场经济大潮的涌动，已使急功近利成为时尚；社会心态的浮躁和浅薄，也使世俗化、物欲化倾向日益明显。在这种情况下，要做到淡泊宁静也许更难了。但是，难以做到并非不应该做到；唯其难以做到，也就更需要我们大力倡导。

第三步：结承。对第二步所举论据进行分析，并联系实际指出所提问题的论点，论据和论证是议论文的三要素论点是灵魂，论据是血肉，论证是骨骼论点是解决"要证明什么"的问题，论据是解决"用什么来证明"的问题，论证是解决"怎样进行证明"的问题三者紧密联系，就能构成一个完整的论证过程。

六、作业：阅读下面的文字，根据要求作文

在中国，"面子"是个人人皆知的词语，《辞海》中这样解释：俗谓体面光荣。从字意上来讲，把面子解释成体面和荣誉无可厚非，面子就是对自我尊严的维护。人是要有尊严的，一个人如果不去重视自己的尊严，不维护自己的尊严，至少说明他是一个不重视道德操守的人。这里说的尊严，是指大是大非、民族气节、个人基本道德操守等。在这些方面，人是不能含糊的，不能退却和忽视，维护这种尊严与维护人格相一致。

人们给面子赋予了新的内涵和外延，许多摩擦和冲突，都是因为面子而引起，常常因为一个眼神儿、动作、表情、一句话、小小的利益分配不均等，就造成双方的不合，继而相互较劲，越较劲儿，越不合，弄到后来不可收拾。面子起到了支配人的情感和行为的作用，让"面子"这个词的原意大变。原本是个褒义词，现在成为造成人际关系的重要障碍。许多社会问题的产生，分析其终极原因，常是因为面子。怎么看待面子问题呢，请以"面子"为题，写一篇文章。

要求：立意自定，文体最好是议论文，不少于800字，不得抄袭。

七、范文

（一）并列议论式：

围绕中心排列几个议论段落，一段一个小分论点。

开头：或故事，或引用，或开门见山交代总论点

论点：每段一个相同句式的句子交代或引出分论点（分论据）。

结尾：从"为什么"的角度深化论点

并列结构例文一篇

稳中求胜

梁山智有吴用，道有公孙，武更是好汉如云。英雄如雨，却以宋江为首。蜀国谋赖孔明，勇让关张，却以刘备为王，东木西金，南水北火，却以戌土居中。何也，宋公明为人沉稳，刘备做事敦厚，戌土谦稳厚实，终脱颖而出，施展风采，各得其所，故曰：为人沉稳，稳中求胜，吉。

沉稳从志而来。一个人若没有远大的志向，只沉迷于现实的花花世界之中，自然无法拥有沉稳的性格。班超投笔从戎，志在报国，在对匈奴一战中从容不迫，沉稳冷静，终弘扬国威，不教胡马度阴山。林则徐斩钉截铁，志在禁烟，在与洋人交涉中不卑不亢，稳中含刚，终虎门销烟，让洋人胆战心寒。有远大的志向，眼光便放得远，心胸便沉稳下来，故曰：非有志者不能稳也。

沉稳从难而来。一个人若没有经历无数的挫折与磨难，身陷蜜水与襁褓之中，自然无法拥有沉稳的性格，一遇困境，便心浮气躁，岂能成所谓大事者哉。君不见文王拘而演《周易》，仲尼厄而作《春秋》，左丘失明厥有《国语》，孙子膑脚《兵法》修列。没有经历磨难，便无法形成沉稳的性格，也就无法取得辉煌的成就。始皇大一统以来，不居安思危，身陷声色犬马，终心浮气躁，毫无沉稳。一夫作难而七庙隳，身死人手，为天下笑。倘若秦王不念纷奢，经历磨难，以求沉稳，则可递三世以至万世而为君。

沉稳从无欲而来。孟子曰："无欲者，可王矣。"无欲就是没有私欲，做大事者，不能因蝇头私利而毁坏全局，只有这样才能练就出沉稳的性格，赢得最终的胜利。如来佛祖抛除私欲，性格沉稳，终修成正果，普度众生，诸葛孔明淡泊明志，宁静致远，终运筹帷幄，功成名就。有了私欲，心中自然无法沉稳下来，遇事则慌，处事则乱。霸王以一己私欲，赶走亚父，气走韩信，终被困垓下，遗憾千古，长使英雄泪满襟。霸王之败，后人哀之。后人哀之而不鉴之，则必使后人而复哀后人矣。

宋公明以沉稳之心赢得了好汉的拥护，刘备以沉稳之心赢得了半壁江山，而自然界的大山以沉稳的性格也在四季中变化出不同的色彩。让我们拥有一颗和大山一样沉稳的心吧，在我们的人生中也变化出不同的色彩来。

【点评】：这是一篇"规范"的议论文。文章在亮出中心论点"为人沉稳，稳中求胜"之后，便从三个方面展开了充分的论述："沉稳从志而来，沉稳从难而来，沉稳从无欲而来。"令人可喜的是，这三个分论点，并非在同一平面上展开，而是"层层深入"。再者，文中所用例证，均采自高中语文课本。文中提到的人物如宋江、刘备、孔明、班超、林则徐、秦始皇、西楚霸王等，均为人所熟知。更为难能可贵的是，作者将古典诗文如《出塞》《过秦论》《阿房宫赋》及名人如孟子、孔明等的名句信手拈来，且运用得十分熨帖。

（二）对照式结构（互补严密美）

特点：文章主体由两个部分构成，两个部分构或正反对比，或转折补充，或辩证分析，论证严密全面

对照式结构例文：

勿为情所障目

古人云：一叶障目，不见泰山。在茫茫人世中浮沉的我们，有时总不免对事物产生错误或肤浅的认知，然而有谁想过，蒙蔽我们真实的双眼的，也许就是每个人都具有的"情"呢，以情障目，不见泰山。

情近，则信任、亲近；情疏，则怀疑、冷淡。这恐怕是人之皆有的常情。然而这或亲或疏的情，却往往在很大程度上左右着我们的认知和决策，使之偏于浅薄或偏颇。翻开中国古代王朝兴衰史一看，竟有如斯感叹。

君不见，为博褒姒一笑，周幽王三百里烽火，不仅烧出了片刻的欢喜，更吞噬了周朝的大好河山；只因凭着"六宫粉黛无颜色，回眸一笑百媚生"的妹妹，杨国忠便在一系列提拔中平步青云，扬眉吐气，唐王朝的衰败也由此而起；而吴三桂情动之下"冲冠一怒为红颜"的劣迹，千古年来仍然令人发指。愤激至死的屈原，惨死风波的岳飞之所以成为令人扼腕的悲剧，除了统治阶级的利益冲突，难道就没有很大一部分是与君王疏远的原因吗？只因君王为情所障目，看不到有幸埋葬忠骨的青山，只瞥见白铁无辜铸成的佞臣。

情之障目，岂止不见泰山而已，幸于古往今来，无数仁人志士为国奋斗终身，当为今人所仰，后人所慕。他们之所以能对事物有正确的认知，往往是从能不为情所障目而起。林觉民在《与妻书》中挥泪唱出一曲"草木为之含悲，风云因而变色"的悲壮挽歌，正由于他不为夫妻之情所障；毛泽东在儿子壮烈牺牲后表现出的坚定理智，难道不是他创下"欲与天公试比高"伟大业绩的原因？对待亲属家人从来没有特殊要求的彭德怀，若不是不为情所障，又何有"谁敢横刀立马，唯我彭大将军"的英雄气概，为情所障，不见泰山；不为情所障，则得有真知灼见。"横眉冷对千夫指"的鲁迅，若不能脱出"人情"枷锁，又怎能成为天地间最不屈的斗士，中国最硬的脊梁？过多地考虑恩情亲疏，只会为自己的认知带来不必要的障碍。因此，我们须做到理智、清醒地对待自己的感情，勿以情障目，勿以亲疏论英雄。

是的，只有身在最高层，才能不畏浮云遮望眼。因而我们每个人都应做到：勿为情所障目。

【结构分析】主体部分第三段写"以情障目"，第四、五段写"不以情障目"，正反对照，叙议结合。采用这种写法要注意分段，增加层次，不要正面反面各写一大段。如果觉得一正一反过于单薄，也可以增加层次，反复使用正反对照。

第八单元　自信人生

《周易》说"天行健，君子以自强不息"。

自信是人际交往的需要。自信，更容易给人带来良好的人际交往氛围和人际交往效果。自信使人勇敢。自信的人总是能够以一种轻松自然的态度来面对生活中复杂的情景或挑战，表现出一种大智大勇的气度。自信使人果断。自信的人勇于承担责任，不会因为事关重大而优柔寡断，不会想着逃避不好的结果而瞻前顾后。自信使人谦虚。自信的人更能正确对待自己的优点和缺点，从而可以更加全面地认识自己，不断进步。自信可为我们提供强大的内驱力，推动我们实现别样人生。

燕昭王求士

《战国策》

> 《战国策》，简称《国策》。作者无考，当是战国时各国史官。西汉末年，经刘向校正编次，分为东周、西周、秦、齐、楚、赵、魏、韩、燕、宋、卫、中山12策，共33篇，定名为《战国策》。《战国策》是一部国别体史书，主要记载战国时代谋臣策士纵横捭阖、谋划游说的言论和行动，体现出尚权谋、求功利的思想倾向。它的记事上继春秋，下迄秦灭，保存了战国时许多重要史料，但其中也有夸大虚构之处。
>
> 《战国策》具有很强的文学性。它叙事长于铺张夸饰，人物刻画有声有色，行文笔调恣肆激越，说理透辟周详，善用寓言、比喻来说明抽象道理。《战国策》文风对后代史传文和政论文的发展有很大影响。

燕昭王收破燕后，即位，卑身厚币[1]，以招贤者，欲将以报雠[2]。故往见郭隗先生曰[3]："齐因孤国之乱，而袭破燕。孤极知燕小力少，不足以报。然得贤士与共国[4]，以雪先王之耻，孤之愿也。敢问以国报雠者奈何？"郭隗先生对曰："帝者与师处，王者与友处，霸者与臣处，亡国与役处。诎指而事之[5]，北面而受学，则百己者至；先趋而后息，先问而后嘿[6]，则什己者至[7]；人趋己趋，则若己者至；冯几据杖[8]，眄视指使[9]，则厮役之人至；若恣睢奋击，呴籍叱咄[10]，则徒隶之人至矣。此古服道致士之法也[11]。王诚博选国中之贤者，而朝其门下，天下闻王朝其贤臣，天下之士必趋于燕矣。"昭王曰："寡人将谁朝而可？"郭隗先生曰："臣闻古之君人，有以千金求千里马者，三年不能得。涓人言于君曰[12]：'请求之。'君遣之。三月得千里马，马已死，买其骨五百金，反以报君。君大怒曰：'所求者生马，安事死马[13]而捐五百金？'涓人对曰：'死马且买之五百金，况生马乎？天下必以王能市马。马今至矣！'于是不能期年，千里之马至者三。今王诚欲致士，先从隗始。隗且见事[14]，况贤于隗者乎？岂远千里哉！"

于是昭王为隗筑宫而师之。乐毅自魏往[15]，邹衍自齐往[16]，剧辛自赵往[17]，士争凑燕[18]。燕王吊死问生，与百姓同其甘苦。二十八年，燕国殷富，士卒乐佚轻战。于是遂以乐毅为上将军，与秦、楚、三晋合谋以伐齐[19]，齐兵败，闵王出走于外[20]。燕兵独追北[21]，入至临淄[22]，尽取齐宝，烧其宫室宗庙。齐城之不下者，唯独莒、即墨[23]。

 【注释】

【1】卑身厚币：放低自己的姿态，拿出丰厚的礼物。币，指礼物。

【2】报雠：报仇。雠，同"仇"。

【3】郭隗：燕国的贤士。

【4】共国：共谋国政。

【5】诎指：屈己，指不坚持自己的意见。诎，同"屈"。指，同"旨"，意旨。

【6】先问而后嘿：先向贤者请教，然后默想。嘿，同"默"，沉默，默思。

【7】什己者：比自己强十倍的人。什，同"十"。

【8】冯：同"凭"，倚靠。几，几案，小矮桌。据，持。

【9】眄（miǎn）视：斜视。此句意为用眼色指使人。

【10】呴（hǒu）籍叱咄：作践人，呵斥人。呴，同"吼"，跳跃。咄，呵斥声。

【11】服道致士之法：遵行王道、招致人才的方法。

【12】涓人：指国君的近身侍从。

【13】安事：何用。

【14】见事：被重用。

【15】乐毅：魏国名将乐羊之后。入燕后，得到燕昭王的重用，率兵伐齐，连破七十余城，被封为昌国君。昭王死后，燕惠王中了齐国的反间计，怀疑乐毅，乐毅便逃奔赵国。

【16】邹衍：骈衍，齐人，战国时著名学者，阴阳家的代表人物。

【17】剧辛：本为赵人。入燕后为燕谋划破齐之策。后伐赵，没有取胜，为赵人所杀（一说自杀）。

【18】凑：奔赴。

【19】三晋：指韩、赵、魏三国，都是从原来的晋国分出的。

【20】闵王：齐宣王之子。出走于外：齐闵王曾联合魏、韩，连年攻楚、秦，继而攻灭宋国。后因各国联合攻齐，临淄城被攻破，他逃到莒，不久被杀。

【21】北：败逃。此指败逃的齐兵。

【22】临淄：齐国首都，在今山东淄博。

【23】莒（jǔ）：地名，今山东莒县。即墨：地名，故城在今山东平度东南。

 **【点评】**

课文围绕"燕昭王向郭隗求教"分为两部分，阐述了郭隗的谋略。

第一部分写燕昭王向郭隗请教求士之法。先写郭隗回答燕昭王"敢问以国报仇者奈何"的问题，主要从事理上分析阐述"致士之法"。接着郭隗回答燕昭王"谁朝而可"的问题，提出求士要从身边做起，要示人以信。第二部分写燕昭王听从郭隗计策的结果，说明了郭隗谋略的正确性，也照应了文章开头的燕昭王意愿。

课文以燕昭王求士的前因后果为线索，有问题、有回答、有结果，首尾呼应，人物鲜明、事件具体。文章的说辞纵横铺陈、辩答恣肆。而在对话中，郭隗老谋深算，用了一连串的排比句式，铺张扬厉，体现了《战国策》中谋臣策士的语言特色。他运用的买死马骨可以得到千里马的寓言故事，也收到了直接劝说所难以达到的说服效果。同时，燕昭王的知人善用和善于纳谏形象也十分鲜明。

 【思考探究】

1. 请指出文中的通假字、异体字、古今异义字及词类活用的文词句子。
2. 郭隗在提出自己的谋略时运用了一些什么修辞手法，各有什么作用？
3. 燕昭王能富国强兵、报仇雪耻的原因是什么？

 【相关链接】

九方皋相马

《列子》

秦穆公谓伯乐曰："子之年长矣，子姓有可使求马者乎？"伯乐对曰："良马可形容筋骨相也。天下之马者，若灭若没，若亡若失。若此者绝尘弭辙，臣之子皆下才也，可告以良马，不可告以天下之马也。臣有所与共担缠薪菜者，曰九方皋，此其于马非臣之下也。请见之。"穆公见之，使行求马。三月而反报曰："已得之矣，在沙丘。"穆公曰："何马也？"对曰："牝而黄。"使人往取之，牡而骊。穆公不说。召伯乐而谓之曰："败矣！子所使求马者，色物、牝牡尚弗能知，又何马之能知也?"伯乐喟然太息曰："一至于此乎！是乃其所以千万臣而无数者也。若皋之所观，天机也。得其精而忘其粗，在其内而忘其外。见其所见，不见其所不见；视其所视，而遗其所不视。若皋之相马，乃有贵乎马者也。"马至，果天下之马也。

登楼赋

王　粲

王粲（177—217），字仲宣，山阳高平（今山东邹城）人。少时即有才名，曾受到蔡邕赏识，以文才而闻名天下。与曹植合称"曹王"，"建安七子"之一，为"七子之冠冕"。

其先依刘表，未被重用，后为曹操幕僚，备受曹操重用，官拜侍中，赐爵关内侯，在兴革制度、谋划军事方面发挥了重要作用。在随曹操征吴时，王粲病死途中。由于他亲历战乱，感受较深，部分作品感情深沉，慷慨悲壮，现实性较强。有《王侍中集》。

登兹楼以四望兮[1]，聊暇日以销忧[2]。览斯宇之所处兮[3]，实显敞而寡仇[4]。挟清漳之通浦兮[5]，倚曲沮之长洲[6]。背坟衍之广陆兮[7]，临皋隰之沃流[8]。北弥陶牧[9]，西接昭丘[10]。华实蔽野[11]，黍稷盈畴[12]。虽信美而非吾土兮[13]，曾何足以少留[14]！

遭纷浊而迁逝兮[15]，漫逾纪以迄今[16]。情眷眷而怀归兮[17]，孰忧思之可任[18]？凭轩槛以遥望兮[19]，向北风而开襟。平原远而极目兮，蔽荆山之高岑[20]。路逶迤而修迥兮[21]，川既漾而济深[22]。悲旧乡之壅隔兮[23]，涕横坠而弗禁[24]。昔尼父之在陈兮，有归欤之叹音[25]。钟仪幽而楚奏兮[26]，庄舄显而越吟[27]。人情同于怀土兮[28]，岂穷达而异心[29]！

惟日月之逾迈兮[30]，俟河清其未极[31]。冀王道之一平兮，假高衢而骋力[32]。惧匏瓜之徒悬兮[33]，畏井渫之莫食[34]。步栖迟以徙倚兮[35]，白日忽其将匿[36]。风萧瑟而并兴兮，天惨惨而无色。兽狂顾以求群兮[37]，鸟相鸣而举翼，原野阒其无人兮[38]，征夫行而未息。心凄怆以感发兮，意忉怛而憯恻[39]。循阶除而下降兮[40]，气交愤于胸臆。夜参半而不寐兮，怅盘桓以反侧[41]。

🌊 【注释】

【1】 兹：此。

【2】 聊：姑且，暂且。暇日：假借此日。暇：通"假"，借。

【3】 斯：这。

【4】 寡：少。仇：匹敌。

【5】 挟：带。清漳：指漳水，发源于湖北南漳，经江陵注入长江。浦：河流注入江海的地方。

【6】倚：靠。沮：沮水，发源于湖北保康，与漳水汇合后注入长江。

【7】坟：高地。衍：低平之地。

【8】皋：水旁边。隰：低湿之地。

【9】弥：终，极尽。陶牧：范蠡帮助越王勾践灭吴后弃官来到陶，自称陶朱公。牧：郊外。湖北江陵西有陶朱公墓，故称陶牧。

【10】昭丘：楚昭王的坟墓，在阳郊外。

【11】华：同"花"。

【12】黍（shǔ）稷（jì）：泛指农作物。黍，谷物名，性黏，籽粒供实用或酿酒，去皮后北方称黄米子。一说是糯米。稷，谷物名，古今著录，所述形态不同。

【13】信美：确实美。吾土：我的故乡。

【14】曾：乃，竟然。

【15】纷浊：纷乱混浊，比喻乱世。

【16】逾：超过。纪：十二年。

【17】眷眷（juàn）：依恋向往的样子。

【18】孰：谁。任：承受。

【19】凭：倚靠。

【20】荆山：在湖北南漳。高岑：小而高的山。

【21】逶迤（wēiyí）：弯曲而绵延不断的样子。修：长。迥：远。

【22】济：渡。

【23】壅（yōng）：阻塞。

【24】涕：眼泪。弗禁：止不住。

【25】昔尼父之在陈兮，有"归欤"之叹音：据《论语·公冶长》记载，孔子周游列国的时候，在陈、蔡绝粮时感叹："归欤，归欤！"尼父，孔子。

【26】钟仪幽而楚奏兮：指楚国乐官钟仪被囚，仍不忘弹奏家乡的乐曲。《左传·成公九年》载钟仪被郑国作为俘虏献给晋国，晋侯让他弹琴，晋侯称赞说："乐操土风，不忘旧也。"

【27】庄舄（xì）显而越吟：指越人庄舄身居要职，仍说家乡方言。《史记·张仪列传》载，庄舄在楚国做官时病了，楚王说，他原来是越国的穷人，现在楚国做了大官，还能思念越国吗？便派人去看，原来他正在用家乡话自言自语。

【28】人情同于怀土兮：人都有怀念故乡的心情。

【29】岂穷达而异心：哪能因为穷困和腾达就不同了呢？

【30】惟：语首助词。

【31】俟（sì）：等待。

【32】假：凭借。衢：大道。

【33】惧匏（páo）瓜之徒悬：担心自己像匏瓜那样被白白地挂在那里。《论语·阳

货》："吾岂匏瓜也哉？焉能系而不食？"比喻不为世所用。

【34】畏井渫（xiè）之莫食：害怕井掏好了，却没有人来打水吃。渫，除去污秽。《周易·井卦》："井渫不食，为我心恻。"比喻洁身自持而不为人所重用。

【35】栖迟：游息，居住。徙倚：流连徘徊。

【36】匿（nì）：隐藏。

【37】狂顾：惊恐地回头望。

【38】阒（qù）：寂静。

【39】忉怛（dāodá）：悲痛。憯（cǎn）恻：伤感。憯，同"惨"。

【40】循：沿着。阶除：阶梯。

【41】盘桓：这里指内心不平静。

 【点评】

本篇是王粲在荆州依刘表时登麦城（故城在今湖北省当阳市东南，漳水和沮水会合处）城楼所作，主要抒写作者生逢乱世、长期客居他乡、才能不得以施展而产生的思乡之情和怀才不遇之忧，表现了作者对动乱时局的忧虑与对国家和平统一的希望，也倾吐了作者以天下为己任、渴望施展抱负、建功立业的心情。全篇结构严谨，寓情于景，抒情意味浓厚，风格沉郁悲凉，语言流畅自然，是建安时代抒情小赋的代表作品。

 【思考探究】

1. 试分析本文的艺术特色。
2. 通过本文，谈谈你对建安时代抒情小赋的看法。

 【相关链接】

典论·论文

[三国·魏] 曹丕

粲长于辞赋。干时有逸气，然非粲匹也。如粲之《初征》《登楼》《槐赋》《征思》，干之《玄猿》《漏卮》《圆扇》《橘赋》，虽张、蔡不过也，然于他文未能称是。

与韩荆州书

李 白

李白（701—762），字太白，号青莲居士，祖籍陇西成纪（今甘肃省秦安县）。5 岁时，随父迁居绵州昌隆（今四川江油）。25 岁辞亲远游，寓居安陆（今属湖北）。天宝元年（公元742），被征召入长安，供奉翰林。后因与当政者不合，被迫离京。东游齐鲁，南下吴越。安史之乱爆发，李白在庐山应永王李璘之聘，入佐幕府。永王璘与肃宗抗衡，事败，李白受株连，被判流放夜郎（治所在今贵州正安西北）。途中遇赦，沿江东下，寓居当涂（今属安徽）县令李阳冰家。代宗宝应二年（公元763）前后病逝。

李白是继屈原之后我国最伟大的浪漫主义诗人。他才华横溢，抱负宏大。在他现存的 900 多首诗歌中，有对当时社会腐朽势力的猛烈抨击，有对美好理想的执着追求，有对祖国壮丽山河的热情讴歌，有对处境困厄的愤激抗争，充分体现了他奔放的激情、脱不羁的豪气和积极用世的精神。当然，李白的有些作品也时或流露了饮酒享乐、求仙访道的消极思。在艺术上，李白的诗想象丰富、夸张奇特、绘景抒情、挥洒自如，形成了飘逸、奔放、雄奇、壮丽的独特风格，对后世产生了深远的影响。有《李太白集》。

白闻天下谈士相聚而言曰[1]："生不用封万户侯[2]，但愿一识韩荆州。"何令人之景慕[3]，一至于此耶！岂不以有周公之风，躬吐握之事[4]，使海内豪俊奔走而归之，一登龙门[5]，则声价十倍！所以龙盘凤逸之士，皆欲收名定价于君侯[6]。愿君侯不以富贵而骄之！寒贱而忽之，则三千宾中有毛遂，使白得颖脱而出[7]，即其人焉。

白，陇西布衣，流落楚、汉[8]。十五好剑术，遍干诸侯；三十成文章，历抵卿相[9]。虽长不满七尺，而心雄万夫。皆王公大人许与气义。此畴曩心迹[10]，安敢不尽于君侯哉！

君侯制作侔神明[11]，德行动天地，笔参造化，学究天人[12]。幸愿开张心颜，不以长揖见拒[13]。必若接之以高宴，纵之以清谈[14]，请日试万言，倚马可待[15]。今天下以君侯为文章之司命，人物之权衡[16]，一经品题，便作佳士。而君侯何惜阶前盈尺之地[17]，不使白扬眉吐气，激昂青云耶？

昔王子师为豫州，未下车，即辟荀慈明，既下车，又辟孔文举[18]。山涛作冀州，甄拔三十余人，或为侍中、尚书[19]，先代所美。而君侯亦荐一严协律，入为秘书郎，中间崔宗之、房习祖、黎昕、许莹之徒[20]，或以才名见知，或以清白见赏。白每观其衔恩抚躬[21]，忠义奋发，以此感激，知君侯推赤心于诸贤腹中[22]，所以不归他人，而愿委身国士[23]。傥急难有用，敢效微躯[24]。

且人非尧舜[25]，谁能尽善？白谟猷筹画，安能自矜[26]？至于制作，积成卷轴[27]，则欲尘秽视听[28]。恐雕虫小技[29]，不合大人。若赐观刍荛[30]，请给纸墨，兼之书人，然后退扫闲轩[31]，缮写呈上。庶青萍、结绿，长价于薛、卞之门[32]。幸推下流[33]，大开奖饰，惟君侯图之[34]。

【注释】

【1】谈士：言谈之士。孔融《与曹操论盛孝章书》："天下谈士，依以扬声。"

【2】万户侯：食邑万户的封侯。唐朝封爵已无万户侯之称，此处借指显贵。

【3】景慕：敬仰爱慕。

【4】周公：姬旦，周文王子，武王弟。因采邑在周（今陕西岐山县北），故称周公。吐握：吐哺（口中所含食物）握发（头发）。周公自称"我一沐（洗头）三握发，一饭三吐哺，起以待士，犹恐失天下之贤人"（见《史记·鲁世家》），后世因以"吐握"形容礼贤下士。

【5】龙门：在今山西河津西北黄河两岸，峭壁对峙，形如阙门。传说江海大鱼能上此门者即化为龙。东汉李膺有高名，当时士人有受其接待者，名为登龙门。

【6】龙盘凤逸：喻贤人在野或屈居下位。收名定价：获取美名，奠定声望。君侯：对尊贵者的敬称。

【7】毛遂：战国时赵国平原君食客。秦围邯郸，赵王使平原君求救于楚，毛遂请求随同前往，自荐曰："臣乃今日请处囊中耳。使遂早得处囊中，乃颖脱而出，非特其末见而已。"随从至楚，果然说服了楚王，使其同意发兵。平原君乃以为上客（见《史记·平原君虞卿列传》）。颖（yǐng）：指锥芒。颖脱而出，喻才士若获得机会，必能充分显示其才能。

【8】陇西：古郡名，始置于秦，治所在狄道（今甘肃临洮）。李白自称十六国时凉武昭王李暠之后，李暠为陇西人。布衣：平民。楚汉：当时李白家于安陆（今属湖北），往来于襄阳、江夏等地。

【9】干：干谒，对人有所求而请见。诸侯：此指地方长官。历：普遍。抵：拜谒，进见。卿相：指中央朝廷高级官员。

【10】畴曩（chóu nǎng）：往日，平素。

【11】制作：指文章著述。侔（móu）：相等，齐同。东汉崔瑗《张平子碑》："数术穷天地，制作侔造化。"

【12】参：参与。造化：自然的创造化育。天人：天道和人道。南朝梁钟嵘《诗品序》："文丽日月，学究天人。"

【13】开张：开阔，舒展。长揖：相见时拱手高举自上而下以为礼。

【14】清谈：汉末魏晋以来，士人喜高谈阔论，或评议人物，或探究玄理，称为清谈。

【15】倚马可待：喻文思敏捷。东晋时袁宏随同桓温北征，受命作露布文（檄文、捷

书之类），他倚马前而作，手不辍笔，顷刻便成，而文极佳妙。

【16】司命：原为神名，掌管人之寿命。此指判定文章优劣的权威。权：秤锤。衡：秤杆。此指品评人物的权威。

【17】惜阶前盈尺之地：意即不在堂前接见我。

【18】王子师：东汉王允字子师，灵帝时为豫州刺史（治所在沛国谯县，即今安徽亳县），征召荀爽（字慈明，汉末硕儒）、孔融（字文举，孔子之后，汉末名士）等为从事。全句原出西晋东海王司马越《与江统书》。

【19】山涛：字巨源，西晋名士，竹林七贤之一。为翼州（今河北高邑西南）刺史时，搜访贤才，甄拔隐屈。侍中、尚书：中央政府官名。

【20】严协律：名不详。协律，协律郎，属太常寺，掌校正律吕。秘书郎：属秘书省，掌管中央政府藏书。崔宗之：李白好友，开元中入仕，曾为起居郎、尚书礼部员外郎、礼部郎中、右司郎中等职，与孟浩然、杜甫亦曾有交往。房习祖：不详。黎昕：曾为拾遗官，与王维有交往。许莹：不详。

【21】抚躬：抚身自问的样子。

【22】推赤心于诸贤腹中：《后汉书·光武本纪》："萧王（刘秀）推赤心置人腹中。"

【23】国士：国中杰出的人。

【24】儻：同"倘"。

【25】且：提起连词。

【26】谟猷（mò yóu）：谋划，谋略。

【27】卷轴：古代帛书或纸书以轴卷束。

【28】尘秽视听：请对方观看自己作品的谦语。

【29】雕虫小技：西汉扬雄称作赋为"童子雕虫篆刻""壮夫不为"（见《法言·吾子》）。虫书、刻符为当时学童所习书体，纤巧难工。此处乃自谦之词。

【30】刍荛（chú ráo）：割草为刍，打柴为荛，刍荛指草野之人。亦用以谦称自己的作品。

【31】闲轩：静室。

【32】青萍：宝剑名。结绿：美玉名。薛：薛烛，古代善相剑者，见《越绝书外传·记宝剑》。卞：卞和，古代善识玉者，见《韩非子·和氏》。

【33】幸推下流：希望（您）推荐我。

【34】惟：发语词。图之：考虑这件事。

☁ 【点评】

本文约作于开元二十二年（公元 734），李白在襄阳（今属湖北）。韩荆州，即韩朝宗，时任荆州长史兼襄州刺史、山南东道采访使。李白抱负宏大，自称"愿为辅弼，使寰区大定，海县清一"（《代寿山答孟少府移文书》）。但他不欲经由进士、明经等常规考试进入仕途，而企图一朝蒙受帝王赏识，获得重用。故广事干谒，投赠诗文，以表现才能，培养声名。作此文前，已多次上书和谒见地方长官，又曾入京谋求出路，未果。

本文也是干谒之作。文章开头借用天下谈士的话，赞美韩朝宗谦恭下士，识拔人才，再从平原君的故事中，自然地表达了自荐的心情和要求。接着作者简介自己的经历和才能，能文能武，心雄万夫，讲究气节道义。第三段进一步希望韩朝宗能够认识自己的才能而加以任用。第四段推开一步，补充说明自己要求归附韩朝宗的原因。最后说自己愿呈献文章，求得对方赏识。

文章的写作特点主要有：第一，文章骈散并用，长短错落，有万夫莫当之势，"虽长不满七尺，而心雄万夫"的气概，和"日试万言，倚马可待"，成为千古佳句。第二，用典很多，但用得都很恰当。第三，引前代任人唯贤的事例，引今日韩荆州任人唯贤的事例，很有说服力。第四，虽长揖求官，但仍不失名士风范。

 【思考探究】

1. 鉴赏气势雄壮的文风，理解李白求官不得的痛苦与孤独。
2. 领悟古代自我推荐信引经据典的委婉风格。
3. 说说文章的第一段、第三段、第五段分别用了哪些典故，有什么作用？

答司马谏议书

王安石

王安石（1021—1086），字介甫，晚号半山，临川（今江西抚州）人，北宋著名的政治家和文学家，唐宋八大家之一。列宁曾称他是"中国十一世纪的改革家"。仁宗庆历二年（1042）进士，做过十多年地方官。仁宗嘉祐三年（1058），他写了《上仁宗皇帝言事书》，系统地提出变法主张。神宗熙宁二年（1069），任参知政事，次年升宰相，倚靠神宗，实行新法，遭到保守派的反对。在变法与反变法的斗争中，他两次出任宰相，两次被迫辞职。晚年退居江宁（今江苏南京）。曾封荆国公，世称王荆公。

王安石在诗、词、散文等方面都有独特的成就。他的散文以识见高超、议论犀利、逻辑谨严、笔力雄健著称。他主张文章应"有补于世""以适用为本"，有《临川先生文集》。

某启：

昨日蒙教。窃以为与君实游处相好之日久[1]，而议事每不合，所操之术多异故也[2]。虽欲强聒[3]，终必不蒙见察，故略上报，不复一一自辨。重念蒙君实视遇厚，于反复不宜卤莽[4]，故今具道所以[5]，冀君实或见恕也。

盖儒者所争，尤在于名实[6]。名实已明，而天下之理得矣。今君实所以见教者[7]，以为侵官、生事、征利、拒谏[8]，以致天下怨谤也。某则以谓受命于人主[9]，议法度而修之于朝廷[10]，以授之于有司，不为侵官；举先王之政，以兴利除弊，不为生事；为天下理财，不为征利；辟邪说，难壬人[11]，不为拒谏。至于怨谤之多，则固前知其如此也[12]。人习于苟且非一日，士大夫多以不恤国事、同俗、自媚于众为善[13]，上乃欲变此，而某不量敌之众寡，欲出力助上以抗之，则众何为而不汹汹然[14]？盘庚之迁，胥怨者民也[15]，非特朝廷士大夫而已。盘庚不为怨者故改其度，度义而后动[16]，是而不见可悔故也[17]。

如君实责我以在位久，未能助上大有为，以膏泽斯民，则某知罪矣；如曰今日当一切不事事，守前所为而已，则非某之所敢知。

无由会晤，不任区区向往之至[18]。

【注释】

【1】君实：司马光的字。当时同辈交往，自称称名，称人称字。

【2】每：往往，常常。操：持，采取。术：方术，方法，这里指政治主张。

【3】强聒（guō）：强做解释，勉强唠叨。聒：喧扰，声音嘈杂。

【4】反复：指书信往来。卤莽：鲁莽，简慢草率。

【5】具道所以：详细说明这样做的理由。

【6】尤在于名实：特别注重名义和实际。

【7】君实所以见教者：君实您用来指教我的。

【8】以为：认为。侵官：侵犯官员的职权。生事：惹是生非，制造事端。征利：与民争利。拒谏：拒绝劝告。

【9】则：却。以谓：以为。谓，通"为"。人主：国君。

【10】修之于朝廷：在朝廷上讨论修订。

【11】难：责难。壬（rén）人：善以巧言献媚的人。壬，佞的假借字。

【12】固前知：本来事先就知道。固，本来。

【13】不恤（xù）国事：不关心国事。同俗：附和世俗之见。自媚于众：向流俗谄媚讨好。

【14】汹汹然：大吵大闹的样子。汹汹，通"讻讻"，喧扰。

【15】盘庚二句：商朝最初建都于亳（故址在今河南商丘北），后几经迁易。盘庚执政时，决定迁都于殷（今河南安阳），遭到臣民的反对。胥：相与。

【16】度义而后动：考虑这样做是适宜的然后采取行动。

【17】是：认定做得对。

【18】不任：不胜。区区：拳拳，诚挚的意思。向往之至：仰慕到了极点。

【点评】

北宋神宗熙宁年间，王安石出任参知政事，积极推行新法以富国强兵，遭到朝中保守势力的反对。保守派代表人物司马光一再致书王安石，要求罢黜新法，恢复旧制，王安石以此信作答，驳斥保守势力对新法的种种指责，表示了坚持改革、绝不为流言俗议所动的决心。

这是一篇驳论，反驳简劲有力。作者先把名实必须相符确立为辨别是非的原则，而后针对司马光来信中强加于新法的"侵官、生事、征利、拒谏、怨诽"五个罪名，以新法的实绩逐一进行批驳，要言不烦，理直气壮，势如破竹，干脆利落地驳倒了政敌的谬论。

本文属书信体裁，行文简练，结构紧凑。虽然措辞委婉、语气平和，但观点鲜明，维护新法的态度决绝，具有寓刚于柔的特色。

【思考探究】

　　1. 翻译下面的句子。
　　（1）则固前知其如此也。
　　（2）如曰今日当一切不事事。
　　2. 从文中看，王安石为什么要进行这场变法？
　　3. 实施变法时，出现了怎样的情形？司马光和王安石分别认为出现这种情形的原因是什么？
　　4. 在如此严峻的情形面前，王安石采取了何种驳论方法，他对变法持怎样的态度？文中哪些语句集中体现了他的这种态度？

 【相关链接】

谏逐客书

李　斯

　　臣闻吏议逐客，窃以为过矣。

　　昔缪公求士，西取由余于戎，东得百里奚于宛，迎蹇叔于宋，来邳豹、公孙支于晋。此五子者，不产于秦，而缪公用之，并国二十，遂霸西戎。孝公用商鞅之法，移风易俗，民以殷盛，国以富强，百姓乐用，诸侯亲服，获楚、魏之师，举地千里，至今治强。惠王用张仪之计，拔三川之地，西并巴、蜀，北收上郡，南取汉中，包九夷，制鄢、郢，东据成皋之险，割膏腴之壤，遂散六国之从，使之西面事秦，功施到今。昭王得范雎，废穰侯，逐华阳，强公室，杜私门，蚕食诸侯，使秦成帝业。此四君者，皆以客之功。由此观之，客何负于秦哉？

　　向使四君却客而不内，疏士而不用，是使国无富利之实，而秦无强大之名也。

　　今陛下致昆山之玉，有随、和之宝，垂明月之珠，服太阿之剑，乘纤离之马，建翠凤之旗，树灵鼍之鼓。此数宝者，秦不生一焉，而陛下说之，何也？必秦国之所生然后可，则是夜光之璧不饰朝廷；犀、象之器不为玩好；郑、卫之女不充后宫；而骏良駃騠不实外厩；江南金锡不为用，西蜀丹青不为采。所以饰后宫、充下陈、娱心意、说耳目者，必出于秦然后可，则是宛珠之簪、傅玑之珥、阿缟之衣、锦绣之饰不进于前；而随俗雅化、佳冶窈窕赵女不立于侧也。夫击瓮叩缶，弹筝搏髀，而歌呼呜呜快耳者，真秦之声也。《郑》《卫》《桑间》《韶》《虞》《武》《象》者，异国之乐也。今弃击瓮叩缶而就《郑》《卫》，退弹筝而取《韶》《虞》，若是者何也？快意当前，适观而已矣。今取人则不然，不问可否，不论曲直，非秦者去，为客者逐，然则是所重者，在乎色、乐、珠、玉，而所轻者，在乎民人也。此非所以跨海内、制诸侯之术也。

臣闻地广者粟多，国大者人众，兵强者士勇。是以太山不让土壤，故能成其大；河海不择细流，故能就其深；王者不却众庶，故能明其德。是以地无四方，民无异国，四时充美，鬼神降福，此五帝三王之所以无敌也。今乃弃黔首以资敌国，却宾客以业诸侯，使天下之士退而不敢西向，裹足不入秦，此所谓"借寇兵而赍盗粮"者也。

夫物不产于秦，可宝者多；士不产于秦，而愿忠者众。今逐客以资敌国，损民以益仇，内自虚而外树怨于诸侯，求国无危，不可得也。

赠与今年的大学毕业生

胡 适

胡适（1891—1962），汉族，安徽省绩溪县上庄村人。现代著名学者、诗人、历史学家、文学家、哲学家。原名洪骍，字希疆，后改名胡适，字适之，笔名天风、藏晖等，其中，适与适之之名与字，乃取自当时盛行的达尔文学说"物竞天择适者生存"典故。

胡适1917年从美学成归国，任北京大学教授，加入《新青年》编辑部，撰文反对封建主义，宣传个性自由、民主和科学，积极提倡"文学改良"和白话文学，成为新文化运动的领袖之一。代表作品有：《文学改良刍议》《庐山游记》《胡适文选》等。

两年前的六月底，我在《独立评论》（第七号）上发表了一篇《赠与今年的大学毕业生》，在那篇文字里我曾说，我要根据我个人的经验，赠与三个防身的药方给那些大学毕业生：

第一个方子是："总得时时寻一个两个值得研究的问题。"一个青年人离开了做学问的环境，若没有一个两个值得解答的疑难问题在脑子里打旋，就很难保持学生时代的追求知识的热心。"可是，如果你有了一个真有趣的问题天天逗你去想他，天天引诱你去解决他，天天对你挑衅笑，你无可奈何他——这时候，你就会同恋爱一个女子发了疯一样，没有书，你自会变卖家私去买书；没有仪器，你自会典押衣服去置办仪器；没有师友，你自会不远千里去寻师访友。"没有问题可以研究的人，关在图书馆里也不会用书，锁在试验室里也不会研究。

第二个方子是："总得多发展一点业余的兴趣。"毕业生寻得的职业未必适合他所学的；或者是他所学的，而未必真是他所心喜的。最好的救济是多发展他的职业以外的正当兴趣和活动。一个人的前程往往全看他怎样用他的闲暇时间。他在业余时间做的事业往往比他的职业还更重要。英国哲人弥儿（J. S. Mill）的职业是东印度公司的秘书，但他的业余工作使他在哲学上，经济学上，政治思想上都有很重要的贡献。乾隆年间杭州魏之琇在一个当铺做了二十几年的伙计，"昼营所职，至夜篝灯读书"。后来成为一个有名的诗人与画家（有柳州遗稿，岭云集）。

第三个方子是："总得有一点信心。"我们应该信仰：今日国家民族的失败都由于过去的不努力；我们今日的努力必定有将来的大收成。一粒一粒地种，必有满仓满屋的收。成功不必在我，而功力必然不会白费。

这是我对两年前的大学毕业生说的话，今年又到各大学办毕业的时候了。前两天我在北平参加了两个大学的毕业典礼，我心里要说的话，想来想去，还只是这三句话：要寻问题，要培养兴趣，要有信心。

但是，我记得两年前，我发表了那篇文字之后，就有一个大学毕业生写信来说："胡先生，你错了。我们毕业之后，就失业了！吃饭的问题不能解决，哪能谈到研究的问题？职业找不到，哪能谈到业余？求了十几年的学，到头来不能糊自己一张嘴，如何能有信心？所以你的三个药方都没有用处！"

对于这样失望的毕业生，我要贡献第四个方子："你得先自己反省：不可专责备别人，更不必责备社会。"你应该想想：为什么同样一张文凭，别人拿了有效，你拿了就无效呢？还是仅仅因为别人有门路有援助而你没有呢？还是因为别人学到了本事而你没学到呢？为什么同叫作"大学"，他校的文凭有价值，而你母校的文凭不值钱呢？还是仅仅因为社会只问虚名而不问实际呢？还是因为你的学校本来不够格呢？还是因为你的母校的名誉被你和你的同学闹得毁坏了，所以社会厌恶轻视你的学堂呢？——我们平心观察，不能不说今日中国的社会事业已有逐渐上轨道的趋势，公私机关的用人已渐渐变严格了。凡功课太松，管理太宽，教员不高明，学风不良的学校，每年尽管送出整百的毕业生，他们在社会上休想得着很好的位置。偶然有了位置，他们也不会长久保持的。反过来看那些认真办理而确能给学生一种良好训练的大学——尤其是新兴的清华大学与南开大学——他们的毕业生很少寻不着好位置的。

我知道一两个月之前，几家大银行早就有人来北方物色经济学系的毕业人才了。前天我在清华大学，听说清华今年工科毕业的四十多人早已全被各种工业预聘去了。现在国内有许多机关的主办人真肯留心选用各大学的人才。两三年前，社会调查所的陶孟和先生对我说："今年北大的经济系毕业生远不如清华毕业的，所以这两年我们没有用一个北大经济系毕业生。"刚巧那时我在火车上借得两本杂志，读了一篇研究，引起了我的注意；后来我偶然发现那篇文字的作者是一个北大未毕业的经济系学生，我叫他把他做的几篇研究送给陶孟和先生看看。陶先生看了大高兴，叫他去谈，后来那个学生毕业后就在社会调查所工作到如今，总算替他的母校在陶孟和先生的心目中恢复了一点已失的信用。这一件事应该使我们明白社会上已渐渐有了严格的用人标准了；在一个北大老教员主持的学术机关里，若没有一点可靠的成绩，北大的老招牌也不能帮谁寻着工作。在蔡元培先生主持的中央研究院里，去年我看见傅斯年先生在暑假前几个月就聘定了一个北大国文系将毕业的高才生。今年我又看见他在暑假前几个月就要和清华大学抢一个清华史学系将毕业的高才生。

这些事都应该使我们明白，今日的中国社会已不是一张大学文凭就能骗得饭吃的了。拿了文凭而找不着工作的人们，应该要自己反省：社会需要的是人才，是本事，是学问，而我自己究竟是不是人才，有没有本领？从前在学校挑容易的功课，拥护敷衍的教员，打倒严格的教员，旷课，闹考，带夹带，种种躲懒取巧的手段到此全失了作用。躲懒取巧混来的文凭，在这新兴的严格用人的标准下，原来只是一张废纸。即使这张文凭能够暂时混得一个饭碗，分得几个钟点，终究是靠不住保不牢的，终究要被后起的优秀人才挤掉的。

打不破"铁饭碗"不是父兄的势力，不是阔校长的荐书，也不是同学党派的援引，只是真实的学问与训练。能够如此，才是反省。能够如此反省，方才有救援自己的希望。

"毕了业就失业"的人们怎样才可以救援自己呢？没有别的法子，只有格外努力，自己多学一点可靠的本事。二十多岁的青年，若能自己勉力，没有不能长进的。这个社会是最缺乏人才又是需要人才的。一点点的努力往往就有十倍百倍的奖励，一分的成绩往往可以得着十分百分的虚声，社会上的奖掖只有远超过我们所应得的，绝没有真正的努力而不能得着社会的承认的。没有工作机会的人，只有格外努力训练自己可以希望得着工作，有工作机会的人而嫌待遇太薄地位太低的人，也只有格外努力工作可以靠成绩来抬高他的地位。只有责己是生路，因为只有自己的努力最靠得住。

 【点评】

胡适先生的《赠与今年的大学毕业生》共两篇，一篇是本书所选的 1934 年 6 月写的，另一篇是 1932 年 6 月写的。旧文今读，对于今天的毕业生和在校的大学生仍大有启发。

胡适是北大的教授，他深知学生毕业后的一些问题，比如容易丧失求知欲望、丧失理想的人生追求，前后两次的演说里，都提出了解决问题的方法：一是寻求值得研究的问题；二是充分利用闲暇时间发展非职业的兴趣；三是培养坚定的信心。

本文在这几个"方子"之余，又提出了一个现实问题"毕了业就失业"。对此，作者从为什么文凭无效开始质问，又从现实社会的择人标准说开，用身边最真切的例子点化学生，要求学生先反省，再努力。

本文旁征博引，广泛求证，使用了多方面的论据材料，或列举事例，或巧设比喻，或援引名言，大大增强了文章的说服力。本文的语言浅显自然，形象生动，娓娓叙来，打动人心。

【思考探究】

1. 面对今天的实际，你认为胡适的几点"方子"还有"药效"吗？
2. 本文带有励志性，但没有特别强烈的语气，你认为这样写好吗？
3. "毕了业就失业"这句话在现今存不存在？你是如何认识和反省的？

 【相关链接】

理工科学生也要有文史知识（节选）

苏步青

首先，学习文史知识，特别是中国近代史知识，把前天、昨天和今天做个对比，有助于大学生了解社会发展的进程，树立辩证唯物主义和历史唯物主义的世观……

我经历过中国的昨天，有一些切身的体会。1917年，我在赴日本留学时到过上海。那时的上海是半封建半殖民地社会的缩影：外滩公园挂有一块牌子，写着什么"狗与华人不准入内"，黄浦江上停泊的是英、美、日、德、法、意等列强的军舰，南京路上常见"冻死骨"。中国人被人称为"东亚病夫"。现在，情况发生了翻天覆地的变化，"东亚病夫"，变为"东亚健夫"；黄浦公园成了人们娱乐的场所；黄浦江上，停泊着我国自制的万吨巨轮；南京路热闹非凡，呈现一片欣欣向荣的景象。对比是很能说明问题的。读一读中国遭受三座大山压迫的历史，就会感到社会主义制度的无比幸福；读一读中华民族的先驱为探求真理浴血奋战的历史，就会感受到今天幸福生活来之不易。有的大学生，不懂昨天，也不懂得今天，怀疑和否定四项基本原则，向往资本主义的腐朽生活，甚至走上犯罪道路。因此必须对大学生加强思想教育，其中包括对他们进行历史唯物主义的教育，使他们树立无产阶级世界观，健康成长。

理工科学生读一点文史知识，还可以帮助他们学习和继承中华民族的优良传统，激发为祖国而奋斗的热情……

抗日战争期间，我和浙江大学师生多次内迁，全家住在贵州遵义附近的一个破庙里，吃山芋蘸盐巴过日子。"何处望神州？满眼风光北固楼"，在西迁路上，我看到祖国的大片土地惨遭沦丧，心里十分悲痛。但是，读着岳飞、陆游、辛弃疾等爱国诗人、词人的作品，他们"醉里挑灯看剑"的爱国举动，他们对失地的怀念以及所表达出来的"青山遮不住，毕竟东流去"的坚定信念，给了我战胜困难的力量。就在那艰苦的环境中，我仍坚持科学研究，培养数学人才。1949年初，国民党中央研究院企图把我带到台湾去，但是，在地下党员和爱国群众的教育下，我看清了国民党的反动面目，坚决不跟他们逃到孤岛去。今天，我们学习文史知识，要把先驱者的爱国主义品德，化为自己的爱国行动。最近几年中，我校理科青年教师、学生出国进修、留学的人数较多，出国前，我总要跟他们讲自己的这段历史，希望他们热爱社会主义祖国。现在一批批进修生和研究生陆续回国了，有的还用自己节省下来的钱，购买仪器、图书、设备赠送给学校，表现了一个中国青年应有的爱国情操，见到此，我深感欣慰。

读一点古代史，对理工科学生有效地阅读古代科学著作，以备将来从事科学技术研究，也是大有益处的。我国古代科学家很早以前就发明了指南针、造纸法、火药和印刷术，还给我们留下了像《梦溪笔谈》《天工开物》《本草纲目》《徐霞客游记》等十分珍贵的科学著作。近代科学的先驱培根说过：学史使人明智。科学技术史是一块蕴藏着巨大精神财富的宝地。读一点科学技术史，对我们今后选择研究课题，掌握研究方法，都有很好的借鉴作用。然而，这些遗产大都是用文言文记载的，如果我们没有文史知识，不会阅读古文，学习科技史也就无法实现了。相反，如果古文基础好，就能在阅读中收到事半功倍的效果。我小时候爱好文学，阅读了不少古诗古文，懂得一点古文的语法，这不仅提高了阅读古文的能力，而且在行文中也能做到语言简练。五十多年来，我从事数学教学和研究工作，也包括对数学史的研究，我通过阅读数学史，了解和熟悉一些古代科学家的情况……

　　掌握文史知识，还有利于理工科学生运用祖国的语言文字，撰写自己的研究成果。我国老一代科学家如钱学森、茅以升、竺可桢以及年轻一点的王梓坤等，他们不仅有高深的学术造诣，而且有广博的文史知识，能写一手好文章，博得读者的高度赞赏。未来的科学家，切莫把当科学家与学习文史知识对立起来，要努力使自己知识面再广博些，这也会促使你当一个名副其实的科学家。

就任北京大学校长的演说

蔡元培

蔡元培（1868—1940），字鹤卿，号孑民，乳名阿培，并曾化名蔡振、周子余，浙江绍兴人，民主主义革命家和教育家。中华民国首任教育总长，1916 年至 1927 年任北京大学校长，革新北大，开"学术"与"自由"之风；1920 年至 1930 年，蔡元培同时兼任中法大学校长。

蔡元培数度赴德国和法国留学、考察，研究哲学、文学、美学、心理学和文化史，为他致力于改革封建教育奠定思想理论基础。他为发展中国新文化教育事业，建立中国资产阶级民主制度做出了重大贡献，堪称"学界泰斗、人世楷模"。教育论著有《蔡元培教育文选》《蔡元培教育论著选》等，代表作品有《蔡元培自述》《中国伦理学史》等。

五年前，严几道先生为本校校长时[1]，余方服务教育部，开学日曾有所贡献于同校。诸君多自预科毕业而来[2]，想必闻知。士别三日，刮目相见，况时阅数载，诸君较昔当为长足之进步矣。予今长斯校，请以三事为诸君告。

一曰抱定宗旨。诸君来此求学，必有一定宗旨，欲知宗旨之正大与否，必先知大学之性质。今人肄业专门学校，学成任事，此固势所必然。而在大学则不然，大学者，研究高深学问者也。外人每指摘本校之腐败，以求学于此者，皆有做官发财思想，故毕业预科者，多入法科，入文科者甚少，入理科者尤少，盖以法科为干禄之终南捷径也[3]。因做官心热，对于教员，则不问其学问之浅深，惟问其官阶之大小。官阶大者，特别欢迎，盖为将来毕业有人提携也。现在我国精于政法者，多入政界，专任教授者甚少，故聘请教员，不得不聘请兼职之人，亦属不得已之举。究之外人指摘之当否，姑不具论，然诋谤莫如自修[4]，人讥我腐败，问心无愧，于我何惧？果欲达其做官发财之目的，则北京不少专门学校，入法科者尽可肄业于法律学堂，入商科者亦可投考商业学校，又何必来此大学？所以诸君须抱定宗旨，为求学而来，入法科者，非为做官；入商科者，非为致富。宗旨既定，自趋正轨，诸君肄业于此，或三年，或四年，时间不为不多，苟能爱惜分阴，孜孜求学，则求造诣，容有底止[5]。若徒志在做官发财，宗旨既乖[6]，趋向自异。平时则放荡冶游，考试则熟读讲义，不问学问之有无，惟争分数之多寡；试验既终，书籍束之高阁，毫不过问，敷衍三四年，潦草塞责，文凭到手，即可借此活动于社会，岂非与求学初衷大相背驰乎？光阴虚度，学问毫无，是自误也。且辛亥之役，吾人之所以革命，因清廷官吏之腐败。即在今日，吾人对于当轴多不满意，亦以其道德沦丧[7]。今诸君苟不于此时植其基，勤其学，则将来万一因生计所迫，出而仕事，但任讲席，则必贻误学生；置身政界，则必贻误国家。是误人也。误己误人，又岂本心所愿乎？故宗旨不可以不正大。此余所希望于诸君者一也。

二曰砥砺德行。方今风俗日偷[8]，道德沦丧，北京社会，尤为恶劣，败德毁行之事，触目皆是，非根基深固，鲜不为流俗所染。诸君肄业大学，当能束身自爱。然国家之兴替，视风俗之厚薄。流俗如此，前途何堪设想。故必有卓绝之士，以身作则，力矫颓俗，诸君为大学学生，地位甚高，肩此重任，责无旁贷，故诸君不惟思所以感己，更必有以励人。苟德之不修，学之不讲，同乎流俗，合乎污世，已且为人轻侮，更何足以感人。然诸君终日伏首案前，芸芸攻苦，毫无娱乐之事，必感身体上之苦痛。为诸君计，莫如以正当之娱乐，易不正当之娱乐，庶几道德无亏，而于身体有益。诸君入分科时，曾填写愿书，遵守本校规则，苟中道而违之，岂非与原始之意相反乎？故品行不可以不谨严。此余所希望于诸君者二也。

三曰敬爱师友。教员之教授，职员之任务，皆以图诸君求学便利，诸君能无动于衷乎？自应以诚相待，敬礼有加。至于同学共处一室，尤应互相亲爱，庶可收切磋之效。不惟开诚布公，更宜道义相勖[9]，盖同处此校，毁誉共之。同学中苟道德有亏，行有不正，为社会所訾詈[10]，己虽规行矩步，亦莫能辨，此所以必互相劝勉也。余在德国，每至店肆购买物品，店主殷勤款待，付价接物，互相称谢，此虽小节，然亦交际所必需，常人如此，况堂堂大学生乎？对于师友之敬爱，此余所希望于诸君者三也。

余到校视事仅数日，校事多未详悉，兹所计划者二事：一曰改良讲义。诸君既研究高深学问，自与中学、高等不同，不惟恃教员讲授，尤赖一己潜修。以后所印讲义，只列纲要，细微末节，以及精旨奥义，或讲师口授，或自行参考，以期学有心得，能裨实用；二曰添购书籍。本校图书馆书籍虽多，新出者甚少，苟不广为购办，必不足供学生之参考。刻拟筹集款项，多购新书，将来典籍满架，自可旁稽博采，无虞缺乏矣。今日所与诸君陈说者只此，以后会晤日长，随时再为商榷可也。

【注释】

【1】严几道：严复（1854—1921），几道是他的字，近代启蒙思想家、翻译家，京师大学堂改名为北京大学后的第一任校长。

【2】预科：当时北大设文、法理、工科和预科。预科相当于北大的附属高中，学制为三年（后改两年），毕业后可免试升入本科。

【3】以：把。干禄：求取功名利禄。终南捷径：比喻达到目的的便捷途径。

【4】弭（mǐ）谤（bàng）：禁止非议，制止指责议论。弭，止，息。

【5】容有底止：前途可望。容有，或许能相当深。底止，深的意思。

【6】徒：只、仅仅。乖：背离，违背宗旨。

【7】当轴：旧指当政大臣，比喻居于政要地位。语出《宋史·苏轼传》："积以论事，为当轴者恨。"以：因为。沦丧：沉没，丧失。

【8】日偷：越来越苟且敷衍，只顾眼前。偷，苟且。

【9】相勖（xù）：相互勉励。

【10】訾詈（zǐ lì）：指责，诋毁，谩骂。

 【点评】

蔡元培的这篇文章与其说是演讲，不如说是师者和长者对学生推心置腹的心与心的交流。几点教诲既深刻细致又体贴入微，可谓语重心长，感人肺腑。其中的"大学者，研究高深学问者也""品行不可以不谨严""不惟恃教员讲授，尤赖一己潜修"等警示成为众多高校及学子的标杆。

蔡元培针对普遍存在于学生中的不求学业进步但求做官发财的庸俗思想和势利作风，直截了当地对青年学子提出了三点要求：抱定宗旨、砥砺德行、敬爱师友。结尾处还提出了近期计划要做的两件事：改良讲义和添购书籍。这几点要求在当时可以说振聋发聩，直指北大多年弊端，每一点都极具针对性，都事关北大的前途和命运。所有这些举措都为北京大学"学术自由，兼容并包"精神的形成和发展奠定了良好的基础，可以说，正是这篇简短的演说为北大开启了一个新的纪元。

在结构上，这篇演讲词层次分明，脉络清楚，一气呵成。在语言上，本文用浅易的文言文写成，在简洁明快中透出文言文特有的古朴典雅。

【思考探究】

1. 蔡元培对学生提出三点要求，第一点就是"抱定宗旨"，他要青年学生抱定什么样的宗旨？

2. 蔡元培先生在第二自然段中指出北京大学多年来的弊端，请用自己的语言归纳这些弊端。

3. 结尾蔡元培先生提出了近期计划要做的两件事，一是改良讲义，一是添购书籍。这两把火是不是点得太小了，与他改革家的形象不太相符？

4. 仿照下面的句子写一句话，谈谈有关学生或学业的话题。

例：今诸君苟不于此时植其基，勤其学，则将来万一因生计所迫，出而仕事，担任讲席，则必贻误学生；置身政界，则必贻误国家。

【知识链接八】

申　论

一、申论的含义和特点

1. 含义

申论是当前公务员考试的必备科目。"申论"一词，取自孔子的"申而论之"，是指根据所给材料提出观点并阐发议论。申论含有引申、申述、申辩、议论、论证之意。增加申论部分，是对公务员考试所做的一种尝试。它要求考生针对给定的材料，概括主要问题、提出解决方案、对所提观点展开论证。这种考试是根据目前机关工作的需要，对考生理解认识能力、文字表达水平，特别是分析和解决实际问题能力的一种综合考查方法。

2. 特点

（1）材料的广泛性与非专业性。申论考试的目的在于考查考生发现问题、分析问题及解决问题的综合能力，本质上属于一种基本素质测试。因此，申论考试所给定的材料多为人们所熟知的、反映社会生活中热点问题的背景材料，政治、经济、法律、文化等均有涉及，可选择的范围较广。一般不会向某种专业性知识特别倾斜，以便保证每个考生都能有论而发。

（2）命题的针对性。申论命题一般都具有较强的现实针对性，即要求考生就一些社会现实热点问题提出自己的看法与解决该问题的方法及途径。因此，考生应在充分把握所给定材料的内容的基础上，抓住材料中预设的环境和条件，有针对性地、有重点地去分析和论证问题。

（3）解决方案的可行性。申论考试中给定材料所反映的问题基本都是现实问题，这些问题不一定有现成的解决方案，但肯定是能够解决的。因此，考生应在抓住主要问题的基础上，从解决方法、措施、步骤、时间、人员安排等角度，提出具有现实可行性的方案。

二、申论考试的基本内容和试卷结构

1. 考试内容

申论考试"主要通过应考者对给定材料进行分析、概括、提炼后，用简明扼要的文字概括出给定资料所反映的主要问题，然后针对主要问题提出解决问题的对策和可行性方案，在完成上述两项程序的基础上，紧扣给定资料及其反映的主要问题，申明、阐述、论证对问题的基本看法和解决问题的方法。以此测查应考者解决实际问题的能力，以及阅读理解能力、综合分析能力、提出问题能力和文字表达能力"。

2. 试卷结构

（1）注意事项部分

①申论考试与传统作文考试不同，是对分析驾驭材料能力与表达能力并重的考试。

②作答时限：阅读材料40分钟，作答110分钟，考试时间总长150分钟。

③仔细阅读给定的材料，按照后面提出的申论要求依次作答。

（2）资料部分

给出约1500字的材料，内容可能涉及政治、经济、法律、教育等社会现象的诸多方面。从近年来的考试的实际看，资料多少的伸缩性较大。

（3）申论要求部分

①请用150字的篇幅，概括出给定资料所反映的主要问题。

②请用不超过300字的篇幅，提出给定材料所反映问题的方案。要有条理地说明，要体现出针对性和可操作性。

③就给定资料反映的问题，用1200字左右的篇幅，自拟标题进行论述。要求中心明确，论述深刻，有说服力。

三、申论的解题环节和方法

在申论考试的全过程中，阅读材料、概括内容、提出对策、论述问题是四个主要的环节。阅读理解给定资料，是最基础的环节。这个环节虽然不能用文字直接在答卷上反映出来，却是完成其他三个环节必备的基础条件。只有认真地读懂全部给定资料，才能把握资料所反映的事件的性质，也才能准确地概括出给定资料所反映的主要问题，完成第二个环节的要求，才能针对主要问题，就给定资料所涉及的范围和条件，提出切实可行的解决问题的对策和方案，完成第三个环节的要求。最后，要充分利用给定资料，切中主要问题，全面阐明、论证应试者本人对给定资料所反映的主要内容的看法，以及解决问题的对策，完成第四个环节的要求。

1. 阅读的方法

（1）阅读理解给定资料是申论考试最基础的环节。因此必须根据申论要求，认真地反复阅读全文，采取通读与细读的方法，对材料展开阅读。具体做法如下：

①通读法：即快速扫阅全文，了解材料的题材、体裁、结构和逻辑关系，了解材料的主要内容、主要问题以及主要问题的类别和性质。通读时，应注意提高阅读速度，防止时断时续。阅读中注意力不应过多地用在数据、人名、地名等某些细节问题上，而应抓住关键词语和关键语句快速扫阅全文。

②细读法：是指在通读的基础上，根据申论要求，带着问题有针对性地阅读材料，把握材料的细节，判断和推敲材料的言外之意，为作答申论要求做准备。进行细读时，就要进一步明确材料的主要内容和主要事实，弄清材料中涉及的具体的人名、地名、数字以及事情发展的前后逻辑联系；弄清主要问题形成的特殊原因和条件，把握其主要矛盾；挖掘隐含在材料中的深刻含义，归纳出可资论证的观点。

2. 概括的方法

概括主题是一个重要的承上启下的环节，一方面它是对前面阅读资料环节的一个小结，另一方面，又使提出的对策或可行性方案以及论证过程更具有针对性，是其据以立论和展开的基础。概括材料所反映的主要问题，就是用简明的语言文字，准确地概括主要问题的内容、性质，阐明主要观点和看法。具体到写作上，则没有固定的格式，一般地说，它类似于普通文体写作中的综述，即在综合叙述事实的基础上，适当地加以评论。概述主要问题是建立在对材料内容和问题进行分析和归纳的基础之上的。材料中所反映的内容可能是多方面的，包含的意思可能是多层次的，反映的观点可能差别很大。因此，分析和归纳问题时要有所侧重，即抓住主要矛盾和主要问题，搞清问题的针对性，不能面面俱到。在概述主要问题阐明观点和看法时，要避免片面性和绝对性，适当把握分寸。

3. 提案的方法

提出对策是申论考试的关键环节，重点考查应试者的思维开阔程度、探索创新意识、应变和解决问题的能力。应试者可根据给定材料反映的主要问题及其类别与自己以往收集的这一类别的社会问题进行比较和印证，认识该主要问题形成的普遍规律以及一般的解决方案，同时根据该主要问题形成的特殊原因和条件，具体问题具体分析，在一般性解决方案的基础上，提出具体的解决方案。

提出对策的目的是为了解决问题，因此，提出的对策就要针对问题产生的现实原因、条件和具体环节，提出各种解决办法，消除问题在各个主要环节产生的原因和条件，从而使问题得以解决。提出对策不可能一步到位，方案中可能有不完善的方面，因此，要对方案反复论证评估，查找漏洞，不断进行调整和修正，从而使最终方案成为可选的最佳方案。所谓最佳方案，就是指方案首先必须合理、合法，不与国家现行的路线、方针、政策以及法律法规相抵触；其次，方案必须具有针对性和可操作性；最后，方案必须以较小的成本、较小的风险取得最大的社会效益。

在表述解决方案时，要有一定的逻辑顺序，要层次分明，前后照应，不能杂乱无章，更不能相互抵触。

4. 论述的方法

论证是申论考试最后一个环节，在一定意义上，它才算是申论的真正开始。它要求应试者充分利用给定资料，切中主要问题，全面阐明、论证自己对给定资料所反映的主要问题的基本看法以及解决问题的方案。其具体做法是：

（1）立论

立论是写作议论文的关键环节，立论就是确定议论文的中心论点。由于申论考试的议论文部分是根据所给材料引申和归纳出论点，并在此基础上旁征博引，展开论证的。因此，立论就必须立足于给定材料，从中挖掘出可资议论的中心论点。这就需要抓住给定材料所反映的主要问题，表明自己对这个主要问题的立场，要么赞成，要么反对，不能模棱两可。

在立论中，要注意处理好如下几个方面的问题：

①立论要有针对性。立论要联系社会现实。申论考试所给材料都是反映社会某一方面的问题，具有较强的现实针对性。因此，考生要在立足于给定材料所反映问题的基础上，

广泛联系社会现实中相同性质的问题，即联系所有这一类的问题，从中引申归纳出自己的中心观点。只有这样的论点，才能具有更广泛的社会现实性，才更有意义。②立论要正确、鲜明、集中、深刻、新颖。正确是指论点必须是从给定材料中引申出来的合乎社会普遍认同的观点，能够揭示问题的本质，符合客观规律。鲜明是指论点要是非明确、立场坚定。集中是指议论文中只能有一个中心论点，即论点要高度概括，能表明作者的主要看法和主要观点。深刻是指论点见解有独到之处，能发人所未发，见人所未见。新颖是指论点不人云亦云，不拾人牙慧，能给人以新的启迪。

（2）确定标题

标题是作者给文章所起的名字，也称文题或题目。标题是文章的有机组成部分，是文章的眼睛，跟文章的思想内容、题材、情调、色彩有着密不可分的关系。好的标题往往有品位，能引起读者兴趣，产生急于读下去的强烈欲望；能帮助揭示主题，有助于读者理解文意；能打动读者，会给人留下鲜明的印象和难忘的记忆。因此，写文章必须把标题拟好。

标题的确定因文而定，没有固定的格式。议论文中常见的标题的拟定方法主要有如下几种：

①标题直接点明主题。这种标题开门见山，一目了然，使读者一看就能把握文章的题旨。

申论考试中一般用这种方法拟定标题，即把中心论点高度凝练和概括，并使其成为文章的标题，表明自己对给定材料所反映主要问题的看法和观点，旗帜鲜明地表明自己的立场。

②标题概括文章的主要内容。这种标题只说明文章涉及的内容和范围，并不表明作者对这些问题的态度和观点。申论考试中若用这种方法拟定标题，就要使给定材料所反映的主要问题成为论题，并附表示议论文体裁的语词。

③标题运用设问、比喻或象征的手法。这类标题针对性强，引人注目，能启发人思考。

④标题引用语录或诗句，这类标题的拟定一般引用革命导师、英雄人物的话或现成的诗句。

当然，标题的拟定方法还有很多，但无论用什么方法拟定议论文的标题，都必须保证拟定好的标题准确、醒目、新颖、精练。

标题准确是指标题切合文意，准确反映文章的思想内容，防止过宽或过窄。标题醒目是指标题必须鲜明地表现文章的内容，具有浓厚的时代色彩和强烈的战斗性，同时，也要有较强的视觉性，并要注意字数的安排和结构的整齐。

（3）安排结构

在解决了立论和标题后，就需要进行结构安排，对文章内部的观点和材料进行合理安排，也就是确定议论文的结构。结构安排得好，文章的思路就清晰，论点就突出，说理就"言之有序"。相反，不仅思路混乱，层次不清，还会影响说服效果。一般来说，议论文都有中心论点，它贯穿全文，统帅若干论点和论据。写议论文时，要对这些有全面考虑，清楚地安排，使之有纲有目，科学化、条理化。一般采用以下结构：

①绪论：概引材料，略作分析，提出论点。

绪论也叫引论，主要任务是把要议论的问题和阐述的中心论点介绍给读者，使人们对文章所要阐明的事物有一概括的了解。绪论写在文章之首，是文章的开头。开头写好写坏，写深写浅，直接影响全文。

②本论：摆事实，讲道理，进行正面论证或反驳。

本论是文章的主体，是议论文分析问题的部分。它的任务是对文章的中心论点展开深入的分析，组织论据来证明论点的正确或反驳谬论的错误。本论的结构方式一般有如下几种方式：

并列式：即对所论述的中心分几个方面来论证。

递进式：即对论点论述层次或反驳论点批驳层次形成一个层层深入、步步发展的"阶梯式"的论证安排方式。

分总式：即文章说理层次是先逐次展开论述，之后再综合分析归纳中心论点。

总分式：即首先提出中心论点，再根据中心论点，或用几个分论点，或用几个论据分别阐述这个中心论点。

总分总式：即文章的说理层次是：先总提，后分述，最后总论。

③结论：联系实际，引申论点，发出号召。

结论是议论文解决问题的部分，是引论提出问题，本论分析问题后所做出的答案。结论应当使人读后若有所思，深得启迪。结论的方法多种多样，常见的有如下几种：

综合全篇，"卒章显志"；展示未来，鼓舞斗志；提出问题，引起注意；对症下药，提出办法；前后照应，首尾相连。

论证部分的写作应该在深入思考、运筹帷幄的基础上进行，最好事先列一个扼要的提纲，做到胸有成竹，行文流畅，并要注意论题鲜明、重点突出、线索清晰、详略得当这些写作的基本要求和规范。

四、申论考试的注意事项

1. 认真审题，明确要求

申论考试中对字数、文体及范围都是有限制性要求的。在规定字数范围内，多少一般不能超过10%，否则要被扣分。文体一般是议论文。

2. 紧扣给定资料，用语朴实简明。

无论是概括主题，陈述看法，还是提出对策，都限于试卷的给定资料，而最后的论证，也是在前述基础上，就给定资料和从中概括出的主要问题及其解决方案进行阐述和论证。切忌脱离给定资料，随意联想和发挥。申论写作完全是以实用为目的，文章的表达方式应以说明、陈述、议论等为主体，以充分表达自己概括、分析的能力和提出问题、解决问题的能力，文风力求质朴。语言朴实简明，遣词造句应当准确、简明、规范，戒除一切套话、空话。文章应当条理清晰，理据相谐，时间、地点、人员、范围、性质、程度等数据项目必须表达明确，范围应限定；用语肯定，避免歧义，剔除一切冗余信息；使用的词语符合身份，语出有据，做到庄重得体；语句、段落和篇章结构都要体现合理的逻辑关系。

3. 临考前做适量的模拟题

申论还是一门新的考试科目，许多人并不清楚。应试者借此可以了解考试试题的总体设计、考试时间的安排，把握做题的速度，并且熟悉、掌握各类题型的答题角度与答题技巧。有备而来，在考试现场不致手忙脚乱，影响临场发挥。

4. 注意试题中设定的"虚拟身份"问题。申论考试着重考核的是发现问题和解决问题的能力。针对同一件事，不同的人由于不同的身份，处在不同的工作岗位，观察事物的角度会有所不同，其提出问题的侧重点及解决方案也会有很大的区别。为此，申论试题大多为考生设定了一定的虚拟身份，考生在作答时对此务必要特别留意，一旦忽略了，就会所答非所问。

5. 书写工整，无错别字。两种情况在阅卷中都是要酌情扣分的。书写质量直接影响到考生思想意图的表达，即使在答卷中有精练的概括、中肯的对策、精彩的论述，潦草的字迹也无法让人了解文中的内容，让阅卷人进行艰苦的"考订"工作，会造成阅卷人视觉和心理上的疲劳，从而产生"质量较差"的先入为主的印象。而错别字更容易使考生思想表达变异，甚至与原意相反。因此，字迹工整、规范用字是申论写作的一个重要条件。

【例文】

2018 年××省公务员申论考试题

一、给定资料

材料一

互联网的风起云涌，不仅从根本上颠覆了许多传统行业，同时也创造了新的行业和机遇。21 世纪初，有学者提出了互联网时代协同消费的理念和发展模式，并将其分为若干阶段。最初，是代码共享，即通过互联网向用户提供信息，但信息流是单向的，用户不能参与其中进行评论和交流。当互联网进入 Web2.0 时代，用户开始通过网络平台向陌生人分享信息、表达观点，但其分享局限于内容或信息，不涉及实物交易，一般也不存在金钱报酬，仅仅是生活共享或是内容共享。

随着物物相联时代到来，网络平台公司通过互联网重新整合社会闲散资源和富余劳动力，然后再按需精准配置，实现物尽其用，社会分配从专业化向社会化转变，真正实现了离线资源的共享，即线上的分享协作渗透和延伸至线下，并由此改变了我们的文化和经济世界。如今，需求方不但可以享受到低价与个性化服务，也得到了社交机会。对企业而言，随着加入网络的节点及节点间的连接增加，网络的价值会随着用户数量的平方数增加而增加。作为一种新的商业模式，其势必会对现行制度和秩序造成冲击，为此，政府应积极提供相应的法律制度保障，才能实现可持续发展。同时，任何商业行为都是以盈利为目标，任何市场的开发也都需要资金的支持，但过度的资本运作可能导致市场滥用其优势地位，甚至违背市场规律采取不正当竞争。政府理应鼓励相关企业采取科学的商业模式，新经济应当创造真正的消费者，而不仅是通过补贴来吸引消费者。

在新经济模式中，个体成为自由劳动者，劳动力价值能充分实现并完全由自己支配。供求双方通过互联网发布自己可供分享或需求的物品，不仅能为特定的供给者或需求者提供可选择的交易对象，还有助于掌握交易对象更多的信息，避免不公平交易，降低了交易成本。对闲置物资的再利用使得前期投入的成本要么已得到回收，要么当作沉没或折旧成本而收费较低廉而令闲置物资的边际成本更低，体现出更大的成本和资源利用效率优势。由于这一系列商业活动完全有别于过往经济行为，加强政府的监督与引导，显得尤为重要。建立新的监管规则体系迫在眉睫。在新的规则出台之前，可以运用相关的法理，借鉴现行的法律法规，引导市场建立内部自律监督机制，维护市场的正常秩序。

材料二

美国某租赁房屋公司曾发生一起恶性事故。一名房东发现她的公寓被从该公司网站上招来的房客洗劫一空。她在给该公司的信上写道："他们在我柜子上凿了个洞，劫走了里面的护照、现金、信用卡和我奶奶的珠宝首饰，不仅如此，他们又搜走了我的照相机、老式电脑和装有我所有相片、日志等备份的外接硬盘。他们掠走了我的一切。"这大概是所有人对互联网时代协同消费经济模式的顾虑了。某调查公司针对美国用户对这一经济模式的调研数据显示，参与其中的人群中，57%的人表示，"对这种消费模式感兴趣，但是仍有顾虑"，而在熟悉这种经济模式的人群中，69%的人认为，"除非信任的人推荐，否则将不会相信"。

共享充电宝在成为许多市民生活"标配"的同时，也引发了不少争议。除了共享充电宝自身的质量安全外，使用者可能还会面临个人信息泄露的风险。曹先生是一位互联网公司的程序员，他说："每次看到有人使用共享充电宝，我都为他们捏把汗。其实它本质上就是一台电脑，有电脑的地方就会有黑客。现在大数据、算法不断发展，数据公司和社交软件合作，无孔不入地对个人信息进行收集。如今，我们消费时常扫二维码，通过第三方支付对其进行授权，但是第三方支付其实都绑定了个人身份信息、银行卡信息，在扫码过程中，就存在信息泄露的可能。"

本应更方便、更优惠的互联网协同消费经济，有时还会让人陷入更大的麻烦。随着家庭用品加速升级换代，如何让闲置物品流转起来，使旧物出售和消费变成"动动手指就能办成的事"，成为商家瞄准的一片蓝海。不过，由于买卖无须"打照面"、交钱与交货环节分离等原因，网络二手交易平台的信誉难以尽如人意，"省时省力不省心"，是不少人的共同印象。与一般商品不同，非标准化是二手商品的最大特点，其损耗程度、保养情况等很难得到最合理的评估、考证。如何让踏实放心取代买卖双方的彼此猜忌，除了考验平台的服务智慧、相关部门的治理决心，还有赖于社会征信体系的建立。

由于制度建设的相对滞后，经济活动过程中产生的纠纷，也让人颇费思量。租车、私厨、保洁……"互联网+"催生了很多以 App 为平台的服务业务，通过 App 和客户建立联系进行服务，是否就算是和 App 的运营公司建立了劳动关系？邓先生、孙先生等 7 名厨师，通过某公司的 App 网约客户，成为上门掌勺的"私厨"。日前，他们起诉要求法院确认自己和该公司存在劳动关系，要求支付双倍工资、休息加班费等酬劳。该公司认为，根据双方签订的商务合作协议，孙先生等通过其旗下的 App 平台，依照客户需求接单提供服务，是否接单和工作时间孙先生等人均自行掌握，他们不接受公司管理，因此双方非劳动关系。有法律界人士认为，"互联网+劳务"是近年来兴起的劳务形式，网络服务平台运营方与加入平台的劳动者间是否构成劳动关系是一个尚有争议的法律问题，这就造成劳动权益被侵害的风险加大。

某些网站只需付费即可杜撰发布不实词条，让人对这场新经济的盛宴又多添了几分忧虑。有网友打趣，互联网平台在实现"与世界分享你的知识、经验和见解"的同时，也在分享着以假乱真的故事。一方面，这一创新模式让人们醉心于知识的汪洋；另一方面，利益架构起来的知识岛屿往往会误导人们求知的航向。一位哲人曾说，一切背离了公正的知识都应叫作狡诈，而不应称为智慧。平台的开放性与真实性从来都不是背道而行，更不容许贪婪的欲望主导信息的传播。每个人不管是主动分享，还是被动接收，都应遵守规则、承担责任，用客观理性的观念培育知识的植株，做一名慧眼识珠的花匠、恪尽职守的护花使者，知识的花朵才会灿然盛开、传递芬芳。

材料三

2016 年开始，A 省省立医院尝试建立了"移动医疗平台"，上线临床医技科室 53 个、医生 500 余名，连接西南多省的市县医院及基层社区卫生服务中心 100 余家。2016 年底，位于西南边陲的瑶族自治县人民医院骨科的张医生遇到一疑难病例，通过 A 省省立医院建立的"移动医疗平台"，张医生与省立医院医生联动，很快拿出会诊结论，确定了下一步治疗方案。

"移动医疗平台"让基层医院分享到优质的医疗资源，让基层患者分享到高水平的诊疗医术。通过它，让优质医疗资源上下贯通，提升基层医疗服务能力，一定程度上化解了民众"看病难、看病贵"的难题，提高了公众对医疗卫生服务的满意度。

在新技术不断出现的今天，提升公众对公共服务的满意度，既需要国家拿出顶层设计，也需要各行各业多一些改革探索，多一些奇妙创意，多一些以弱势群体为中心的行动自觉。

日前，B 市一家养老机构探索"老少融合"养老新模式，养老院里不光住老人，年轻人也能入住。不过，年轻人必须为老人提供多种形式的志愿服务，通过累积服务时间来兑换住宿权和抵扣房租。

这家养老机构坐落在一栋大楼里，一楼是医院，老人的居住区分布在高层的几个楼层，共有 300 个床位。而在老人的居室之间，第 13 层则是专门开辟出来供年轻人居住的公益房——"志愿者之家"。走进"志愿者之家"，首先看到的是公共活动区，区内干净整洁、设施齐全，配有桌球、跑步机、电视、沙发、冰箱等。该机构负责人表示，他们开设公益房的目的，就是为了吸引年轻人参与养老事业，增强敬老、爱老、助老之风，同时也为年轻人解决房租太贵的现实问题。

年轻人怎样才能住进养老院的公益房呢？该负责人表示，首先要具备养老服务的热情，然后要通过院方考核，最终达成入住协议。获得入住"志愿者之家"资格的志愿者需要填写《志愿者报名表》《志愿者承诺书》，承诺每周参与志愿服务不低于一定次数。志愿住进养老院的公益房，是不是就意味着可以免费入住，不用负担房租了呢？答案并非如此。年轻人要想抵扣房租，就要付出劳动。据介绍，目前租金抵扣的方式是：志愿者每周参与一定次数的服务活动且完成服务内容，即可获得具有租金抵扣资格的印花，凭印花抵扣房租，印花的多少决定抵扣房租的多少。

年轻人入住养老机构的模式，在业内也引发了热议。有业内人士指出，尽管此种模式在国外早有先例，但是在国内试水，要小心公益变味。对此工作人员表示，此种模式目前在起步阶段，"志愿者之家"内部也提前制定了相应的考评规则，每次志愿服务后都会对老人进行满意度调查，目前并无强制规定能入住多久或者一定要服务到什么程度。不过，机构每半年进行一次志愿者服务考核，按照志愿者参与积极性及完成效果，决定其是否延续入住。

材料四

"观众想细看养心殿的文物，不用再趴窗户了。"据媒体报道，从 2017 年 9 月 28 日到 2018 年 2 月，深藏于故宫博物院养心殿的 268 件文物"移驾"首都博物馆，接受公众的检阅，这也是养心殿文物首次"出宫"。大批珍贵文物走出故宫，不仅仅是博物馆系统内部的一次完美合作，而且有着更为深广的意义。即文物不再一味地深"藏"不露，矜持内敛，而是正在以越来越开放的姿态，越来越亲民的路径，融入老百姓的生活。正如一位学者所言，一个一流的博物馆并不在于藏品多么丰富，而在于人们有机会看到这个馆里大量珍贵的藏品，并将博物馆文化融入自己的生活中去，从中汲取有助于现实生活的灵感。

如今飞入寻常百姓家的王谢堂前燕，可以说比比皆是。如公众像"追剧"一样密切关注海昏侯墓的考古挖掘。无论是展示时间，还是展览手段，均创下了纪录。这样的努力，既是一种文化普及，也是一次全民性的价值提升。遗憾的是，从全国范围看，文物休眠的情形不在少数。由于资金缺乏，在许多县级文保所，众多国宝级文物多年深藏在地库之中。有些文保所甚至连一个像样的仓库都没有，大量宝贵的出土文物随意堆放在地上，令人叹息。第三次全国文物普查数据显示，全国登记的不可移动文物高达 76 万处，而全国重点文物保护单位为 4295 处。这里面有多少文物常年深藏"冷宫"、不为人知？听任文物闲置，无疑是一种极大的文化浪费。国内不少地方，虽然也建起了宏伟富丽的博物馆，但由于理念的落后以及过度保护的错误意识，能够展出来与公众见面的文物仍十分有限。文物就应该走出封闭状态，接受公众的观赏，让民众共享。文化的传承、历史的重现、艺术的熏陶，往往在这种亲炙一面中得以完成。一个人若有幸在众多传承有序、历史和文化价值极高的文物精品中获得滋养，也一定会受用终生。

材料五

从 16 世纪开始，关于梁祝故里的争议就一直不断。在各地反映梁祝故事的戏曲和民间文艺作品中，梁祝的故乡一直没有得到确认。据考证，梁祝故事的流传涉及多个城市。长期以来，各地都言之凿凿，声称自己是正宗嫡派。相对于竞争故里的热闹，中国民俗保护开发研究中心的陈教授在田野调查时发现，如今能原汁原味将梁祝传说从头至尾讲一个钟头的人，只剩寥寥无几的老人了。"人们所熟悉的梁祝，只剩一个简单的故事、一个概念。它所蕴含的精神实质和文化内核，实已到了濒危的境地！"面对这样的危机，各地都认识到，合作才能共赢，一花独放不是春，百花齐放春满园。经过多方协商，这些城市达成共识，共同发布"梁祝传说"联合申遗倡议书，确立起"天下梁祝文化是一家"的理念。终于，"梁祝传说"进入我国第一批非物质文化遗产名录。

在这些城市的共同协作下，对梁祝遗存的保护与抢救也取得了很大成绩：抢救了一批梁祝文化传承人的录音、录像；整理了一批梁祝传说、歌谣；收集了一批历代有关梁祝的记载与相关文物、资料；保护了一批与梁祝传说有关的遗址遗迹；创作了一批关于梁祝的文艺作品，出版了《梁祝文化大观》《梁祝文库》等专著。与此同时，共享"梁祝"品牌资源，也给各遗存地注入了发展活力。依托梁祝文化资源，有的城市举办中国梁祝婚俗节、建设梁祝文化园，有的打造梁祝文化小镇，以此带动婚纱摄影、婚庆、休闲旅游等文化产业发展，有的对景区进行改造，恢复传统的观蝶节等。

2011 年，全国美术馆开始实行免费开放。在一片叫好声中，也有人担心：面对国内美术馆缺少固定陈列、展览参差不齐的现状，观众愿不愿意走进去？即便走进去了，在公众审美需求不断变化的今天，怎样吸引他们驻足？2012 年开始，文化部年年组织推出"全国美术馆馆藏精品展出季"活动，除以国家重点美术馆为代表的一些大型综合类美术馆每年都推出重磅展览之外，还有一些地市级甚至县级的基层美术馆也积极参与其中。参与的美术馆多了，藏在深闺的作品露脸频繁了，公共教育与推广的手段也丰富了。各美术馆打破自身馆藏资源局限和束缚，加强合作，惠民措施层出不穷。像 D 省美术馆的"水印年华——省美术馆馆藏版画作品精选"巡展至西部多个省区，某著名画家私人艺术馆的"艺术回顾展"巡展至公立美术馆，都吸引了大量观众；C 省美术馆将展出的所有馆藏精品用微信平台展现，方便观众查阅、分享和收藏，吸引了 3 500 余名观众参与。5 年来，"全国美术馆馆藏精品展出季"共推出展览 150 余个，展出藏品近 18 000 件（套），观众总量约 800 万人次。一位知名学者说，当一件件文物、一幅幅佳作走出高墙深闺，来到寻常百姓中间，虽然它的容颜依旧，它的价值却早已跨越了市场定位，带给百姓的不仅仅是自豪，还有自信，让他们更加坚定地沿着自己民族的道路走向未来。

材料六

只需缴纳 99 元押金，便可免费把书从书店带回家；10 天内归还可享免费借阅，押金随时退还；3 个月内读完 12 本可享返还押金的 8% 作为"阅读奖学金"……日前，W 省新华发行集团旗下的某书店以首创"共享书店"的身份正式亮相。这家书店一度走红网络，有着"全国最美书店""全国首家O2O智慧书城"等称号。"共享书店"实现了由买书到借书，把书店变成自家书房，由个人阅读到共享阅读的重大转变。

"共享书店"是基于对用户需求的分析和把握，依托实体书店的原有资源，通过运营模式的颠覆式变革，实现阅读服务的转型升级。该集团总经理说："近年来，消费者阅读习惯和购买方式发生了巨大变化，我们相信未来所有的书店都会实现共享。如今，我们的'阅+线上平台'已经进驻100多家全国知名泛娱乐、自媒体、新媒体，未来还将推出更多理财产品、研学游产品等等，打造'阅+生态圈'。"

与W省新华发行集团异曲同工，商务印书馆的《新华字典》App日前正式上线。据了解，这款App提供了单字、词语、汉语拼音、部首、笔画数、四角号码等一框式检索渠道，并且支持手写、摄像头取字和语音输入等功能，全面满足了用户查字、输字需求。它还具有两大特色功能，一是提供了动态和静态两种标准笔顺，并支持屏幕跟写，用户可识别、掌握3 500个基础汉字的笔画；二是由专业播音员对1万余个汉字进行播读，用户也可以点击"朗读"键测试自己普通话的准确性。此外，该App还开发了生字本、知识问答、汉字游戏等增值服务，并完整收录《新华字典》最新纸质版全部内容，提供数字版与纸质版对照查阅功能。但同时，该App每天仅有2个字免费体验、完整版需付费40元的情况也引发了争议。有媒体认为《新华字典》的收费行为是"思维落后""缺乏诚意"，单靠权威不足以赢得市场；也有媒体称，"《新华字典》作为一本工具书，具有较强的社会服务功能，但它本身也是一种文化产品，是商品。通过有偿服务来维护版权以及促进软件研发是行业通行惯例，有其合理性"。从现有的手机应用市场来看，国际流行的语言字典价格均在百余元甚至数百元人民币，远超《新华字典》的40元定价。

知识付费近年来已被社会逐渐接受，这是对知识的一种尊重，也是保持产品持续发展、服务用户的必要方式。《新华字典》作为有价值的知识产品，出品方推出App时考虑营利因素，无可厚非。但是，直接向用户收费的方式是否与现阶段新媒体产业的发展有些脱节？开放和共享是互联网经济的主要特征，一款收费的App既相对封闭，也无法体现共享精神。《新华字典》要在互联网时代取得成功，前提是符合互联网产品的逻辑、适应互联网发展的生态。

二、作答要求

问题一：根据材料二，概括互联网协同消费经济存在哪些问题？（15分）

要求：全面、准确、简明，有条理，不超过250字。

问题二：根据材料三，简述材料中的做法在改善和提高公共服务方面有哪些可借鉴的经验？（20分）

要求：（1）紧扣材料，内容具体；（2）逻辑清晰，层次分明；（3）不超过300字。

问题三：假设你是某文化报的记者，请根据材料四和材料五，以"文化共享惠民生"为题，写一篇短评。（25分）

要求：（1）紧扣主题，内容具体；（2）层次分明，语言流畅；（3）不超过500字。

问题四：根据你对材料五中画线部分"当一件件文物、一幅幅佳作走出高墙深闺，来到寻常百姓中间，虽然它的容颜依旧，它的价值却早已跨越了市场定位，带给百姓的不仅仅是自豪，还有自信，让他们更加坚定地沿着自己民族的道路走向未来"的理解，自拟题目，写一篇议论性文章。

要求：（1）自选角度，立意明确；（2）联系实际，不拘泥于给定材料；（3）思路清晰，语言流畅；（4）1 000 字左右。

第九单元　尊师重道

《学记》云："凡学之道，严师为难。师严然后道尊，道尊然后民知敬学。"

"学"是安身立命、经世致用的关键。但"学"若是态度不端正，不尊重老师的劳动，便很难学得超凡入圣，修齐治平亦沦于空谈。老师传授的是先贤的经验总结，尊师就是尊重古圣先贤、列祖列宗。就中国传统文化而言，尊师重道就是尊重为人的自性。唯尊师重道，我们才能回归纯净纯善的本性，把扭曲的人性导归正途；才能与天地万物和谐共存，化解当今人类社会的种种矛盾冲突，把世界带向一个安定和平的未来。

《论语》五则

子曰："学[1]而时习[2]之，不亦说[3]乎？有朋[4]自远方来，不亦乐[5]乎？人不知[6]，而不愠[7]，不亦君子乎？"（《学而》）

【注释】

【1】学：孔子在这里所讲的"学"，主要是指学习西周的礼、乐、《诗》《书》等传统文化。

【2】时习：在周秦时代，"时"字用作副词，意为"在一定的时候"或者"在适当的时候"。但朱熹在《论语集注》一书中把"时"解释为"时常"。"习"，指演习《礼》《乐》，复习《诗》《书》。也含有温习、实习、练习的意思。

【3】说：同"悦"，愉快、高兴的意思。

【4】有朋：一本作"友朋"。旧注说，"同门曰朋"，即同在一位老师门下学习的叫朋，也就是志同道合的人。

【5】乐：与"悦"有所区别。悦在内心，乐则见于外。

【6】人不知：知，是了解的意思。人不知，是说别人不了解自己。

【7】愠：恼怒，怨恨。

子曰："学而不思则罔[1]，思而不学则殆[2]。"（《为政》）

【注释】

【1】罔：迷惑，糊涂。

【2】殆：疑惑，危险。

子曰："三人行，必有我师焉。择其善者而从之，其不善者而改之。"（《述而》）

子曰："由也，女闻六言六蔽矣乎？"对曰："未也。""居[1]，吾语女。好仁不好学，其蔽也愚[2]；好知不好学，其蔽也荡[3]；好信不好学，其蔽也贼[4]；好直不好学，其蔽也绞[5]；好勇不好学，其蔽也乱；好刚不好学，其蔽也狂。"（《阳货》）

【注释】

【1】居：坐。

【2】愚：受人愚弄。

【3】荡：放荡。指好高骛远而没有根基。

【4】贼：害。

【5】绞：说话尖刻。

子曰："小子！何莫学夫诗？诗，可以兴[1]，可以观[2]，可以群[3]，可以怨[4]。迩[5]之事父，远之事君，多识于鸟兽草木之名。"（《阳货》）

【注释】

【1】兴：激发感情的意思。一说是诗的比兴。

【2】观：观察了解天地万物与人间万象。

【3】群：合群。

【4】怨：讽谏上级，怨而不怒。

【5】迩：近。

【点评】

孔子是春秋时代伟大的教育家，是我国教育史上第一个将毕生精力贡献给教育事业的人，开办了我国第一家私学，把文化知识传播到民间，为中国古代文化教育事业的发展做出了不可磨灭的贡献，被后世尊称为至圣先师。在《论语》中，孔子对学习的目的、学习的内容、学习的作用、学习的方法、学习的态度等均有论述，这些思想和做法至今仍有借鉴意义。

劝 学（节选）

荀 子

本文选自《荀子·劝学》。

《荀子》是战国后期儒家学派最重要的著作，是战国末年著名唯物主义思想家荀况的著作。该书旨在总结当时学术界的百家争鸣和自己的学术思想，反映唯物主义自然观、认识论思想以及荀况的伦理、政治和经济思想。该书今存 32 篇，除少数篇章外，大部分是荀子自己所写。他的文章擅长说理，组织严密，分析透辟，善于取譬，常用排比句增强议论的气势，语言富赡警炼，有很强的说服力和感染力。

荀子（约前 313—前 238），名况，战国后期赵国人，时人尊称为荀卿，汉时称为孙卿。年五十，始游学于齐国，曾在齐国首都临淄（今山东淄博）的稷下学宫任祭酒。因遭谗而适楚国，任兰陵（今山东兰陵）令。以后失官家居，著书立说，死后葬于兰陵。荀子是一位儒学大师，他在吸收法家学说的同时发展了儒家思想。在人性问题上，提倡性恶论，否认天赋的道德观念，强调后天环境和教育对人的影响。荀子对重新整理儒家典籍也有相当显著的贡献。

君子曰：学不可以已[1]。

青，取之于蓝[2]，而青于蓝；冰，水为之，而寒于水。木直中绳[3]，輮[4]以为轮，其曲中规。虽有槁暴[5]，不复挺[6]者，輮使之然也。故木受绳[7]则直，金就砺[8]则利，君子博学而日参省乎己[9]，则知明而行无过矣。

故不登高山，不知天之高也；不临深溪，不知地之厚也；不闻先王之遗言，不知学问之大也。干、越、夷、貉之子，生而同声，长而异俗，教使之然也。《诗》曰："嗟尔君子，无恒安息。靖共尔位，好是正直。神之听之，介尔景福。"[10]神莫大于化道，福莫长于无祸。

吾尝终日而思矣，不如须臾之所学也；吾尝跂[11]而望矣，不如登高之博见也。登高而招，臂非加长也，而见者远；顺风而呼，声非加疾也，而闻者彰。假[12]舆马者，非利足也，而致千里；假舟楫者，非能水也，而绝[13]江河。君子生非异[14]也，善假于物[15]也。

积土成山，风雨兴焉；积水成渊，蛟龙生焉；积善成德，而神明自得，圣心备焉。[16]故不积跬[17]步，无以至千里；不积小流，无以成江海。骐骥[18]一跃，不能十步；驽马十驾[19]，功在不舍。锲[20]而舍之，朽木不折；锲而不舍，金石可镂[21]。蚓无爪牙之利，筋骨之强，上食埃土，下饮黄泉，用心一也。蟹六跪[22]而二螯[23]，非蛇鳝之穴无可寄托者，用心躁[24]也。

☁ 【注释】

【1】已：停止。

【2】青，取之于蓝：靛青，从蓝草中取得。青，靛青，一种染料。蓝，蓼蓝，一年生草本植物，茎红紫色，叶子长椭圆形，干时暗蓝色。花淡红色，穗状花序，结瘦果，黑褐色。叶子含蓝汁，可以做蓝色染料。

【3】中绳：（木材）合乎拉直的墨线。木工用拉直的墨线来取直。

【4】𫐓：通"煣"，以火烘木，使其弯曲。

【5】虽有槁暴：即使又被风吹日晒而干枯了。有，通"又"。槁暴，枯干。槁，枯。暴，同"曝"，日晒。

【6】挺：直。

【7】受绳：经墨线丈量过。

【8】就砺：拿到磨刀石上去磨。就，动词，接近，靠近。砺，磨刀石。

【9】参省乎己：对自己检查、省察。参，一译检验，检查；二译同"叄"，多次。省，省察。乎，介词，于。

【10】嗟尔君子，无恒安息。靖共尔位，好是正直。神之听之，介尔景福：选自《诗经·小明》，意思是：你这个君子啊，不要总是贪图安逸。恭谨对待你的本职，爱好正直的德行。神明听到这一切，就会赐给你洪福祥瑞。

【11】跂：提起脚后跟。

【12】假：借助，利用。

【13】绝：横渡。

【14】生非异：本性（同一般人）没有差别。生，同"性"，天赋，资质。

【15】物：外物，指各种客观条件。

【16】积善成德，而神明自得，圣心备焉：积累善行而养成品德，达到很高的境界，通明的思想（也就）具备了。得，获得。

【17】跬：古代的半步。古代称跨出一脚为"跬"，跨两脚为"步"。

【18】骐骥：骏马。

【19】驽马十驾：劣马拉车连走十天（也能走得很远）。驽马，劣马。驾，马拉车一天所走的路程叫"一驾"。

【20】锲：用刀雕刻。

【21】镂：原指在金属上雕刻，泛指雕刻。

【22】六跪：六条腿，蟹实际上是八条腿。跪，蟹脚。一说，海蟹后面的两条腿只能

• 249

划水，不能用来走路或自卫，所以不能算在"跪"里。另一说，"六"虚指。

　　【23】螯：蟹钳。

　　【24】躁：浮躁，不专心。

 【点评】

　　《劝学》是《荀子》的首篇，它围绕"学不可以已"系统论述了学习的目的、意义、态度和方法。文章以朴素的唯物主义理论为基础，旁征博引，娓娓道来，把深奥的道理寓于大量浅显贴切的比喻当中，反映了先秦儒家在教育方面的某些正确观点，也体现了作为先秦诸子思想集大成者荀子文章的艺术风格。荀子有关学习的论述具有较强的现实意义，值得人们继承和发扬。

答李翊[1]书

韩 愈

《答李翊书》是唐代文学家韩愈于唐贞元十七年（801）创作的一篇书信体论说文。李翊曾向韩愈请教写文章的技巧，韩愈写了这篇文章作答。文章比较系统地阐述了作者的文学观，认为文章的思想内容决定表现形式，所谓"气盛则言宜"；同时结合自己的写作实践具体指出，写好文章的基本条件是要不断加强学习和修养，无望其速成，不诱于势利，树立立言的志向，并且要注意修改、求新，"惟陈言之务去"。

六月二十六日，愈白。李生足下：生之书辞甚高，而其问何下而恭[2]也。能如是，谁不欲告生以其道？道德之归也有日矣，况其外之文[3]乎？抑愈所谓望孔子之门墙而不入于其宫者[4]，焉足以知是且非邪？虽然，不可不为生言之。

生所谓"立言"[5]者，是也；生所为者与所期者，甚似而几矣。抑不知生之志：蕲[6]胜于人而取于人邪？将蕲至于古之立言者邪？蕲胜于人而取于人，则固胜于人而可取于人矣！将蕲至于古之立言者，则无望其速成，无诱于势利[7]，养其根而俟其实[8]，加其膏而希其光。根之茂者其实遂[9]，膏之沃者其光晔[10]。仁义之人，其言蔼如[11]也。

抑又有难者：愈之所为，不自知其至犹未也；虽然，学之二十余年矣。始者，非三代两汉之书不敢观，非圣人之志不敢存。处若忘，行若遗，俨乎其若思，茫乎其若迷。当其取于心而注于手也，惟陈言之务去[12]，戛戛[13]乎其难哉！其观于人，不知其非笑之为非笑也。如是者亦有年，犹不改。然后识古书之正伪，与虽正而不至焉者，昭昭然[14]白黑分矣，而务去之，乃徐有得也。当其取于心而注于手也，汩汩然[15]来矣。其观于人也，笑之则以为喜，誉之则以为忧，以其犹有人之说[16]者存。如是者亦有年，然后浩乎其沛然矣。吾又惧其杂也，迎而距之[17]，平心而察之，其皆醇也，然后肆焉。虽然，不可以不养[18]也，行之乎仁义之途[19]，游之乎《诗》《书》之源[20]，无迷其途，无绝其源，终吾身而已矣。气，水也；言，浮物也。水大而物之浮者大小毕浮。气之与言犹是也，气盛[21]则言之短长与声之高下者皆宜。

虽如是，其敢自谓几于成[22]乎？虽几于成，其用于人也奚取焉？虽然，待用于人者，其肖于器[23]邪？用与舍属诸人[24]。君子则不然。处心有道[25]，行己有方[26]，用则施诸人，舍则传诸其徒，垂诸文而为后世法。如是者，其亦足乐乎？其无足乐也？

有志乎古者希[27]矣，志乎古必遗乎今。吾诚乐而悲之。亟称其人，所以劝之，非敢褒其可褒而贬其可贬也[28]。问于愈者多矣，念生之言不志乎利[29]，聊相为言之。愈白。

 【注释】

【1】李翊：唐贞元十八年（802）进士，时权德舆主持礼部考试，祠部员外郎陆惨为副，韩愈荐李翊于陆惨，遂中第。

【2】下而恭：谦虚而恭敬。

【3】其外之文：作为道德之外部表现形式的文章。

【4】抑：不过，可是，转折连词。望孔子之门墙而不入于其宫：谦称自己对于圣人之道还是一个未能登堂入室的门外汉。

【5】立言：著书立说。

【6】蕲：通"祈"，求，希望。

【7】诱于势利：为眼前的势利所诱惑。

【8】根：比喻道德、学问的修养。实：果实，喻立言作文。

【9】遂：长得好。

【10】沃：多，充足。晔：明亮。

【11】蔼如：和蔼温顺的样子。

【12】陈言：没有表现力的陈词滥调。务去：务必除去。

【13】戛戛：吃力的样子。

【14】昭昭然：明白清晰的样子。

【15】汩汩然：水流急速的样子，喻文思泉涌。

【16】说：同"悦"，喜欢。

【17】迎而距之：试图从反面去批驳自己的文章，以检验其是否精纯。距，通"拒"，抗拒，此指批驳。

【18】养：培养、充实自己。

【19】行之乎仁义之途：在儒家"仁义"之坦途上前进。

【20】游之乎《诗》《书》之源：在《诗经》《尚书》等儒家思想的源泉中遨游。

【21】气盛：指文章的思想纯正、内容丰富。

【22】几于成：几乎达到完美无缺的地步。

【23】肖于器：像一件有固定用处的器物。

【24】舍：不用。属诸人：完全取决于别人。

【25】处心有道：心中有主见，即以儒家的思想、道德来考虑问题。

【26】行己有方：行为有准则。

【27】希：同"稀"，少人。

【28】非敢褒其可褒而贬其可贬：不敢随便褒奖自己认为可褒奖的人，贬斥自己认为可贬斥之人。

【29】不志乎利：用心不在于求利。

 【点评】

　　韩愈是唐代古文运动的倡导者和领袖，在这封信中，他高扬儒家崇古思想的旗帜，阐述了为人与为文、立行与立言之间的关系，以及道德修养对治学为文的重要性。韩愈认为有较高的道德修养是为文的前提，德是文章的内核，文是德之载体，或者说是外在的表现形式，这一思想与他所一贯倡导的"文以载道"之说是相一致的，对后世的影响极为深远。

第九单元　尊师重道

劝学诗

孟 郊

本诗选自《全唐诗》。

《全唐诗》是清康熙四十四年（1705），彭定求等十人奉敕编校，"得诗四万八千九百余首，凡二千二百余人"，共计900卷，目录13卷。曹寅奉旨刊刻《全唐诗》，康熙四十四年（1705）三月始编，次年十月，全书即编成奏上。全书架构在明代胡震亨《唐音统鉴》和清代季振宜《唐诗》的基础上，旁采残碑、断碣、稗史、杂书，拾遗补缺，巨细靡遗。

孟郊（751—814），字东野。湖州武康（今浙江德清）人，祖籍平昌（今山东临邑东北），祖先世居洛阳。唐代著名诗人。现存诗歌500多首，以短篇的五言古诗最多，代表作有《游子吟》。有"诗囚"之称，又与贾岛齐名，人称"郊寒岛瘦"。

击石乃有火，不击元[1]无烟。

人学始知道[2]，不学非自然。

万事须己运[3]，他得非我贤[4]。

青春[5]须早为，岂能长[6]少年。

【注释】

【1】元：原本，本来。

【2】道：事物的法则、规律。这里指各种知识。

【3】运：运用。

【4】贤：才能。

【5】青春：指人的青年时期。

【6】长：长期。

【点评】

这首劝学诗以比喻的修辞手法说明了学习的重要性，同时发出了时不我待、青春不可能常在的感慨，自然亲切，直击灵魂，催人奋进。

参考文献

［1］ 从维熙．远去的白帆［M］．成都：四川人民出版社，1983．

［2］ 从维熙．风泪眼［M］．北京：中国社会出版社，2005．

［3］ 冯梦龙．警世通言［M］．北京：人民文学出版社，1956．

［4］ 郭预衡．中国古代文学史［C］．上海：上海古籍出版社，1998．

［5］ 汉字五千年编委会．汉字五千年［C］．北京：新星出版社，2009．

［6］ 华东师范大学教育系，杭州大学教育系．现代西方资产阶级教育思想流派论选注
　　 ［C］王承绪译．北京：人民教育出版社，1980．

［7］ 胡适．胡适文集［C］第5卷．北京：北京大学出版社，1998．

［8］ 加缪．西西弗的神话［M］杜小真译．北京：三联书店，2009．

［9］ 加缪．加缪全集（散文卷Ⅰ）［M］丁世中，沈志明，吕永真译．上海：上海译文出
　　 版社，2010．

［10］ 礼记［M］张树国点注．青岛：青岛出版社，2009．

［11］ 梁衡．把栏杆拍遍［M］．北京：东方出版中心，2006．

［12］ 梁南．梁南自选集［M］．贵阳：贵州人民出版社，1993．

［13］ 刘晓玲．监狱警察［M］．北京：东方出版社，2010．

［14］ 路遥．路遥文集［M］．北京：北京十月文艺出版社，2010

［15］ 路遥．路遥全集［M］．北京：人民文学出版社，2005．

［16］ 论语新注［M］李毅婷，曾振宇校注．北京：人民日报出版社，2015．